# MITLESEN–MITTEILEN

# MITLESEN–MITTEILEN

## Literary Texts for Reading, Speaking, and Writing

## Larry D. Wells

State University of New York at Binghamton

**Harcourt Brace Jovanovich College Publishers**

Fort Worth   Philadelphia   San Diego
New York   Orlando   Austin   San Antonio
Toronto   Montreal   London   Sydney   Tokyo

*Acquisitions Editor*   Laura McKenna
*Special Projects Editor*   Pamela Forcey
*Production Manager*   Lula Als
*Design Supervisor*   Renée Davis
*Drawings*   Tom O'Sullivan
*Photo Research*   Rona Tuccillo

Permissions acknowledgments and photo credits appear on pages 243–244.

**Library of Congress Cataloging-in-Publication Data**

Mitlesen—Mitteilen.

   Text in German; notes in English.
   1. German language—Readers.   2. German fiction—
20th century.   3. Short stories, German.   4. German
language—Text-books for English speakers. I. Wells,
Larry D., [date].   II. Title.   III. Title:
Literary texts for reading, speaking, and writing.
PF3117.M68   1987        438.6'421        87–14072

ISBN 0-03-009127-6

Printed in the United States of America

   2 3   090   9 8 7 6

# Preface

## DESCRIPTION AND RATIONALE

*Mitlesen–Mitteilen: Literary Texts for Reading, Speaking, and Writing* is designed for students in third- and fourth-semester college German; in intermediate German conversation and composition; or in advanced high school German classes. Some instructors may find it suitable for third-year courses. The book is oriented toward speech production. Writing and oral activities focus on comprehension, speaking, vocabulary expansion, and the development of skills in composition, while also fostering an appreciation and understanding of the readings as literature. As the title suggests, students can share and help each other in their encounters with the texts. They are encouraged to do many of the reading and subsequent recall activities in group situations, thus achieving a more natural transition from linguistic activities to an exchange of personal reactions and discussion of extended or sub-surface meanings of the stories.

This reader employs *previewing* techniques for quicker reading comprehension. It also uses group recall activities *(brainstorming)*, search-and-find tasks, note-taking, and circumlocution strategies *(paraphrasing)* to get students talking and writing about what they have read, perhaps before they even fully understand the text. After all, talking about something frequently helps the *speaker* as well as the *listener* to comprehend more fully. Experience also suggests that students are unable to write and talk meaningfully in German about texts as literature if they cannot first recall and summarize or recapitulate surface content and plots. For this reason, many of the composition assignments and some of the oral activities involve retelling, summarizing, or in some way creating variations to the stories.

Except for an occasional preview activity, there are no straight plot questions in this book. In my experience, printed or instructor-produced questions usually hinder the development of inquisitive reading and self-expression in the foreign language. Instead of searching for important facts in a text and posing their own questions, students tend to let printed questions do this work for them.

Although this reader emphasizes group recall and interactive assignments, instructors and students need not embrace the approach or do all of the activities in order to use the book. Those who wish to use the strategies and activities provided may be interested in some of the teaching tips and suggestions for additional activities and assignments in *Teaching Tips for "Mitlesen–Mitteilen."*

# READINGS

The twenty-four texts include both favorites from second-year edited college German readers and new and relatively unfamiliar selections. The authors come from Austria, Switzerland, West Germany, East Germany, and Czechoslovakia. Many of the stories contain a considerable amount of useful colloquial German. Aside from brevity, the selection criteria were: (1) amount of new vocabulary, (2) linguistic difficulty, (3) probable interest for American students, and (4) thematic diversity.

Generally, the selections are quite short, often only 400 to 800 words, and can be read easily in one homework session. Most can also be quickly previewed in class, if the instructor so wishes. Several of the stories toward the end of the book are somewhat longer (1100 to 1800 words) and do not lend themselves to fast previewing. Using the glosses for each story, students should be able to read the first three selections quickly and with good comprehension as early as the end of the first year of college German. As the book progresses, the stories become linguistically more difficult.

# PACING

Pacing and emphasis in second- and third-year German courses vary considerably from one institution to another. Some classes meet only three times a week, others as often as five times. Some departments will read all of the stories (roughly 19,000 words) in one semester, whereas others may wish to spread them out over the better part of an entire year. At the State University of New York at Binghamton, second-year classes meet four hours each week. Students read twelve stories each semester, in addition to reviewing grammar and reading other materials. Instructors certainly need not feel compelled to read or treat all of the selections or all of the activities in any one chapter. They should pick and choose. They might, for example, "do" two out of every three stories and assign the third as extra reading for which students only do one activity, perhaps the comprehension assignment *(Zum Textverständnis)* or a composition topic *(Zum Schreiben)*. Or they might wish to have students skip a story or group of stories altogether.

## VOCABULARY

Treatment of new vocabulary in this book differs considerably from that found in other readers. Glossing is very thorough. In deciding whether to gloss or not to gloss a particular word, I consulted some of the available frequency lists and the best-selling first-year German texts, but ultimately I relied on the students who have used the manuscript. A good number of new glossed words from the earlier selections appear again in later stories. In many instances they are glossed again, since one cannot assume that after students have encountered a new word once, they will recognize it the next time it occurs.

The glosses for the individual stories are not in the margins; they are printed in columns in the back matter of the book and keyed by numbers. *Students should photocopy the glosses, cut them, and paste them on computer punchcards or some other durable card material.* Excluding glosses from the margins permits students to preview or read without any vocabulary aids, if they or the instructor so wish, and thus more effectively practice reading strategies of inference, predicting, and recognizing cognates or word roots. If on first reading, a text proves too difficult, students can then place the glosses beside the text for quick reference the second time through. This speeds up reading enormously. Having the glosses on cards enables students to study new vocabulary independently of the book. Moreover, separate glosses save time for instructors, who can quickly have students check off words to be learned for either active usage or passive recognition. In almost all instances, the glosses provide English equivalents. German synonyms are occasionally given, if they do not pose additional vocabulary hurdles, since students may find them helpful when doing paraphrasing activities. (See "Using the Glosses," page xv.)

## CHAPTER FORMAT

There are eight groups of three stories, each followed by a vocabulary review chapter. Stories 5, 11, 12, 15, 20, 22, 23, and 24 are divided into sections, so that individual students or groups can read different parts of these texts for summarizing or retelling in interactive situations. The activities vary somewhat from one story to another, but generally adhere to the following format: *Erstes Lesen—Erste Eindrücke* (impressions and activities based on preliminary reading, skimming, or scanning); *Gründliches Lesen* (intensive reading); *Zum Textverständnis* (recall and comprehension activities, searching for information, etc.); *Wortschatzübungen* (vocabulary exercises); *In eigenen Worten* (paraphrasing strategies); *Zum Schreiben* (composition topics); *Zur Diskussion* (written or oral opinions, reports, interpretations, etc.). For the last four stories, the activity *In eigenen Worten* has been omitted, since the activities in *Zum Textverständnis* already involve considerable retelling and paraphrasing.

## REVIEW CHAPTERS *(Zur Wiederholung)*

A review chapter follows each set of three stories. Here students must recognize, recall, or use some of the vocabulary and idioms from the preceding stories in a variety of exercises. A number in parentheses after each featured vocabulary word indicates the story from which that word was taken. Thus if students have read only two of the three stories, they can still do the review activities, although they may have to skip words and sentences now and then. Or they can refer to the end vocabulary or their gloss cards for words from the story they did not read.

## APPENDIXES

The appendixes consist of:

1. Individual chapter glosses;
2. A listing of strong and irregular verbs, including all the strong and irregular verbs in this reader occurring with separable or inseparable prefixes;
3. A German-English vocabulary.

## TEACHING TIPS

*Teaching Tips for "Mitlesen–Mitteilen"* contains (1) general teaching comments, (2) instructions for activities, (3) ideas and information for the discussion questions, (4) some sample overheads, (5) answers for some of the activities and exercises in the book, and (6) some testing suggestions. It can be ordered from German Vocabulary Aids, 19 Pierce Hill Road, Vestal, NY 13850.

# Acknowledgments

I am grateful to the following reviewers who read this manuscript during various stages of its development and offered criticisms and suggestions: Maria-Luise Caputo-Mayr, Temple University; Robert DiDonato, Massachusetts Institute of Technology; Heidi Glockhamer, University of Colorado at Boulder; Laurent Gousie, Providence College; Walter Grünzweig, Universität Graz; Todd Hanlin, University of Arkansas; Gail Hart, Yale University; Robert Helbling, University of Utah; Elisabeth Hybašek, Universität Graz; Richard Jurasek, Earlham College; James L. Sherman, University of New Hampshire; Elfriede Smith, Drew University; Ray Sweitzer, Fordham University.

For reading and proofing the manuscript on several occasions and offering many excellent linguistic suggestions for the directions in the activities I am particularly indebted to Lieselotte Hölbling, Universität, Graz, Austria.

I owe a special acknowledgment to Dorothy Brown, Tony Caltiere, Jeff Cook, Michael Davey, Audrey Decker, Danielle Duclaux, Raymond DeSanctis, Regula Egger, Linda Erthal, Heidi Ferm, Mindy Flatow, Lori Fredericks, Fenton Furrer, James Haller, Holly Holbrook, Lizbeth Gara, Jon Heffernan, Heidi Hill, James Jensen, Peter Judd, Matthew Karius, Eric Kim, Rebecca Lacher, Marcia Langley, Jennifer Lettieri, Karl Lorensen, Emily Marbach, David Neschis, Kathrina Piehler, Jennifer Putterman, Christine Rant, Jeffrey Romanick, Susan Rutgerson, Peter Ryan, Edan Saltz, Sally Schuessler, Paul Scolese, Fred Smilen, Patty Tehrani, Marc Thewes, Mark Walter, Nancy Wegscheider, and Karen Zelinski for persevering through many sessions of previewing, brainstorming, paraphrasing, and discussing. Their encouraging comments, their enthusiasm, and their successes and failures contributed significantly to the final version of this book. Thanks, gang!

Finally, I wish to thank Vincent Duggan, Executive Editor at Holt, Rinehart and Winston, for taking a chance with this book; my wife, Lynne, for proofing pages so often and so conscientiously; my colleagues, Rosmarie Morewedge and Elfriede Heyer, for using the manuscript in their classes; and Manfred Heid and the 1981 Goethe House Summer Seminar in Wiesneck, Germany, for first exposing this hide-bound traditionalist to new and different ideas in teaching foreign language. The Wiesneck Seminar was one of my most valuable professional learning experiences.

L.D.W.

# Contents

# Using the Glosses

The vocabulary glosses for the individual stories start on page 181. They are designed so that they can be photocopied and cut to fit when pasted on computer punchcards. The cards can then be placed next to the texts for quick and easy reference.

The glosses are keyed numerically to numbered words in the stories. The English equivalents and German synonyms are for the words within the context in which they appear. In many cases the contextualized meanings are also the primary meanings found in dictionaries. However, in different contexts, many of these words may have other meanings not listed here in the glosses.

All strong and irregular verbs except the modals and *haben* and *sein* are indicated by an asterisk. Irregular genitive singular forms are given in parentheses. Nouns are listed with the appropriate definite article and the plural form unless it is rare or non-existent.

The following abbreviations are used:

| | |
|---|---|
| *acc.* | accusative |
| *adj.* | adjective |
| *arch.* | archaic |
| *coll.* | colloquial |
| *comp.* | comparative |
| *conj.* | conjunction |
| *d.h.* | *das heißt* (that is) |
| *dat.* | dative |
| *gen.* | genitive |
| *inf.* | infinitive |
| *interject.* | interjection |
| *jmdm.* | *jemandem* (dative) |
| *jmdn.* | *jemanden* (accusative) |
| *o.s.* | oneself |
| *past. part.* | past participle |
| *pl.* | plural |
| *prep.* | preposition |
| *s.o.* | someone |
| *s.th.* | something |

# MITLESEN–MITTEILEN

# Mittagspause
## Wolf Wondratschek

*WOLF WONDRATSCHEK was born in 1943 in Rudolstadt in Thuringia (today part of the German Democratic Republic) and is a free-lance writer currently living in Frankfurt am Main. "Mittagspause" is from* Früher begann der Tag mit einer Schußwunde *(gunshot wound), a collection of his short prose sketches, poems, and word montages first published in 1969. His "Aspirin," "Deutschunterricht," "Postkarten," "Gewohnheiten," and "43 Liebesgeschichten," from this collection are also short and easy to read.*

## ERSTES LESEN—ERSTE EINDRÜCKE
## (am besten mündlich in einer größeren Gruppe)

Lesen Sie diesen kurzen Text in drei bis fünf Minuten durch, um ein erstes Verständnis zu gewinnen. Danach soll jeder in der Gruppe *eine* kurze Aussage über den Text machen. Nehmen Sie dabei den Text nicht zu Hilfe. Sollte Ihnen nichts einfallen *(come to mind)*, nennen Sie **ein Wort** aus dem Text. Ihr Wort oder Ihre Aussage könnte der Anstoß *(impetus)* für weitere Aussagen sein.

**Alternativaufgabe:** Wenn die Gruppenarbeit nicht gemacht wird, notieren *(jot down)* Sie ein bis zwei Minuten lang Wörter aus dem Text, an die Sie sich noch erinnern. Machen Sie kurze Aussagen mit diesen Wörtern. Nehmen Sie dabei den Text nicht zu Hilfe.

*NOTE: The first impressions are a preview. When previewing, skim for the gist of the text, not for total comprehension. At the least, you want to find out* **where** *and* **when** *the stories take place,* **who** *the main characters are,* **what** *they are doing, and* **what** *happens. Depending on the amount and difficulty of new vocabulary, you may wish to preview either with or without the glosses. You should develop the habit of quickly jotting down bits of information as you preview, perhaps after skimming each paragraph.*

Sie sitzt im Straßencafé. Sie schlägt sofort die Beine übereinander. Sie hat wenig Zeit. Sie blättert[1] in einem Modejournal. Die Eltern wissen, daß sie schön ist. Sie sehen es nicht gern. Zum Beispiel. Sie hat Freunde. Trotzdem sagt sie nicht, das ist mein bester Freund, wenn sie zu Hause
5 einen Freund vorstellt[2].

Zum Beispiel. Die Männer lachen und schauen herüber[3] und stellen sich ihr Gesicht ohne Sonnenbrille vor[4].

Das Straßencafé ist überfüllt. Sie weiß genau, was sie will. Auch am Nebentisch sitzt ein Mädchen mit Beinen.
10 Sie haßt[5] Lippenstift. Sie bestellt einen Kaffee. Manchmal denkt sie an Filme und denkt an Liebesfilme. Alles muß schnell gehen.

Freitags reicht[6] die Zeit, um einen Cognac zum Kaffee zu bestellen. Aber freitags regnet es oft.

Mit einer Sonnenbrille ist es einfacher, nicht rot zu werden. Mit Ziga-
15 retten wäre es noch einfacher. Sie bedauert[7], daß sie keine Lungenzüge[8] kann.

Die Mittagspause ist ein Spielzeug[9]. Wenn sie nicht angesprochen wird, stellt sie sich vor, wie es wäre, wenn sie ein Mann ansprechen würde. Sie würde lachen. Sie würde eine ausweichende[10] Antwort geben. Vielleicht
20 würde sie sagen, daß der Stuhl neben ihr besetzt[11] sei. Gestern wurde sie angesprochen. Gestern war der Stuhl frei. Gestern war sie froh, daß in der Mittagspause alles sehr schnell geht.

Beim Abendessen sprechen die Eltern davon, daß sie auch einmal jung waren. Vater sagt, er meine es nur gut. Mutter sagt sogar, sie habe ei-
25 gentlich Angst. Sie antwortet, die Mittagspause ist ungefährlich[12].

Sie hat mittlerweile[13] gelernt, sich nicht zu entscheiden[14]. Sie ist ein Mädchen wie andere Mädchen. Sie beantwortet eine Frage mit einer Frage.

Obwohl sie regelmäßig[15] im Straßencafé sitzt, ist die Mittagspause
30 anstrengender[16] als Briefeschreiben. Sie wird von allen Seiten beobachtet[17]. Sie spürt[18] sofort, daß sie Hände hat.

Der Rock ist nicht zu übersehen. Hauptsache[19], sie ist pünktlich[20]. Im Straßencafé gibt es keine Betrunkenen. Sie spielt mit der Handtasche. Sie kauft jetzt keine Zeitung.
35 Es ist schön, daß in jeder Mittagspause eine Katastrophe passieren könnte. Sie könnte sich sehr verspäten. Sie könnte sich sehr verlieben[21]. Wenn keine Bedienung[22] kommt, geht sie hinein und bezahlt den Kaffee an der Theke[23].

An der Schreibmaschine hat sie viel Zeit, an Katastrophen zu denken.
40 Katastrophe ist ihr Lieblingswort. Ohne das Lieblingswort wäre die Mittagspause langweilig[24].

# GRÜNDLICHES *(Thorough)* LESEN

Lesen Sie die Erzählung jetzt genau durch.

*NOTE: Place the vocabulary glosses next to the text when doing the thorough reading, but please consult them only if the context does not enable you to hazard a guess as to the meaning of a word. The consecutively numbered words are keyed to the vocabulary glosses.*

## Zum Textverständnis
## (entweder schriftlich oder mündlich in der Gruppe)

Sagen Sie oder notieren Sie alles, was Ihnen zum Inhalt *(factual content, plot)* und Gehalt *(inner content, meaning)* der Geschichte einfällt. Nehmen Sie dabei den Text nicht zu Hilfe. Gruppieren Sie Ihre Aussagen um die folgenden Stichworte *(cues, key words)*.

Wie sie aussieht
Was sie denkt
Männer
Eltern
Schreibmaschine

*NOTE: In recall and speech production, chronology is far less important than word or idea associations. If you cannot make statements, say any word that you remember or anything that you think might be significant. Your words may help other students recall something, which in turn may trigger in your own mind additional words or ideas. For example, the word **Eltern** should trigger such word associations as **Angst, einmal jung,** and **Tochter,** and these words could prompt a statement or two from someone in the class. Anytime you do not understand the meaning of something said, raise your hand and ask: "Bitte, was bedeutet dieses Wort?" or: "Wie bitte? Ich verstehe dieses Wort nicht." Group recalling is an important first step toward speaking and writing. As a group, you should keep making statements of either fact or opinion until you feel the literal level of the story and some of the interpretive or subsurface content have been adequately covered. Indeed, your brainstorming can lead directly to a class discussion of the story's deeper meaning or hidden subtleties.*

## Wortschatzübungen

*[handwritten: vocabulary exercises]*

1. *[handwritten: Express quotes]* Drücken Sie die Stellen in Fettdruck *(boldface)* anders aus. Einige Vokabelvorschläge *(vocabulary suggestions)* finden Sie in der Liste.

*[handwritten: anders - differently]*

*NOTE: Some of the suggestions may fit none of the sentences.*

**BEISPIEL:**    Ich **kann mir nicht vorstellen,** daß er uns helfen will.
*Ich glaube nicht, daß er uns helfen will.*
oder: *Ich kann mir nicht denken, daß er uns helfen will.*

a. **Ich bedaure,** daß dieser Platz **besetzt ist.**
b. In dieser Geschichte **passiert** fast nichts.
c. Wer **sich verspätet,** bekommt kein Essen.
d. Der Patient **spürt** jetzt **keine Angst** mehr.
e. **Die Hauptsache** bei einer Prüfung, man kommt durch!
f. Wir finden diese Skigymnastik recht **anstrengend.**

nicht pünktlich kommen* · *not coming ↗ on time*
sich fürchten · *to be afraid*
das Wichtigste · *the most imp.*
geschehen* · *happen, take pl.*
nicht frei sein
schwer · *difficult*
leid tun* · *to be sorry*
die Entscheidung · *decision*
froh sein · *to be happy*

2. Sagen Sie, was man in den folgenden [*following*] Situationen macht (oder nicht macht).

**BEISPIEL:**    Wenn etwas **langweilig** ist, dann . . .
*langweilt man sich.*
oder: *findet man es uninteressant.*

a. Wenn keine **Bedienung** kommt, dann . . .
b. Wenn man **sich verliebt hat,** dann . . .
c. Wenn man eine **ausweichende** Antwort gibt, dann . . .
d. Wenn man etwas **haßt,** dann . . .
e. Wenn man **Lungenzüge** kann, dann . . .

# In eigenen Worten *(Paraphrasing)*

Erklären Sie aus dem Kontext, was die folgenden Textstellen bedeuten. Paraphrasieren Sie dabei nicht einzelne Wörter, sondern geben Sie mit eigenen Worten den Inhalt wieder.

*NOTE: You should not try to make simple word or phrase substitutions but rather express the **content** and **context** of each passage in your own words and in a different way. Particularly if you are doing the exercise orally, you should try to simplify structure and vocabulary as much as possible. Very often this can best be done by breaking up longer sentences or ideas into several shorter statements. Keep in mind that getting the message across, not grammatical complexity and precision, is the main goal here. Certainly, for the first few chapters, you should write out your paraphrases as homework. With practice you may be able to do them orally in class later on.*

*The sentences in* **Mittagspause** *are already short and structurally fairly simple. On the other hand, Wondratschek leaves lots of things unsaid, thereby challenging us to read between the lines. Thus you may very well need to elaborate with more words and sentences than do the original passages.*

BEISPIELE:　Mit einer Sonnenbrille ist es einfacher, nicht rot zu werden. Mit Zigaretten wäre es noch einfacher. Sie bedauert, daß sie keine Lungenzüge kann.
　　　　　　*Sie trägt eine Sonnenbrille. Sie will nicht rot werden. Sie wird leicht nervös. Sie möchte rauchen, aber sie kann keine Lungenzüge. Sie meint, wenn sie raucht, wird sie nicht so leicht nervös.*

　　　　　　Der Rock ist nicht zu übersehen. Hauptsache, sie ist pünktlich.
　　　　　　*Alle Männer im Straßencafé bemerken ihren Rock, denn dieser Rock sieht sehr sexy aus. Für sie ist es wichtig, daß sie nicht zu spät ins Straßencafé kommt.*

1. Sie wird von allen Seiten beobachtet. Sie spürt sofort, daß sie Hände hat.
2. Freitags reicht die Zeit, um einen Cognac zum Kaffee zu bestellen. Aber freitags regnet es oft.
3. Sie hat mittlerweile gelernt, sich nicht zu entscheiden. Sie ist ein Mädchen wie andere Mädchen. Sie beantwortet eine Frage mit einer Frage.
4. Wenn keine Bedienung kommt, geht sie hinein und bezahlt den Kaffee an der Theke.
5. Das Straßencafé ist überfüllt. Sie weiß genau, was sie will. Auch am Nebentisch sitzt ein Mädchen mit Beinen.
6. Beim Abendessen sprechen die Eltern davon, daß sie auch einmal jung waren. Vater sagt, er meine es nur gut. Mutter sagt sogar, sie habe eigentlich Angst.

# Zum Schreiben (Wählen [*choose*] Sie *ein* Thema.)

1. Erzählen Sie im Präsens *(present tense)*, was das Mädchen im Straßencafé tut oder nicht tut, und *warum* sie diese Dinge tut (10 bis 12 Sätze). Mit den folgenden Konjunktionen und Adverbien bringt man das *Warum* zum Ausdruck.

　**Konjunktionen:** weil, denn, da, damit, so daß
　**Adverbien:** deswegen *(for that reason)*, deshalb *(for that reason)*

BEISPIELE:　*Sie trägt einen kurzen, bunten Rock,* **denn** *Männer sollen sie sehen.*
　　　　　　oder: . . . **weil** *sie will, daß Männer sie sehen.*
　　　　　　*Niemand soll ihr Gesicht ganz sehen, und* **deshalb** *trägt sie eine Sonnenbrille.*
　　　　　　*Sie haßt Lippenstift,* **da** . . .

2. Erzählen Sie, wie es weitergehen könnte (10 bis 12 Sätze).

   Sie sitzt im Straßencafé. Plötzlich setzt sich ein junger Mann zu ihr, ohne zuerst zu fragen, ob der Stuhl noch frei ist. Sie kennt ihn nicht, aber . . .

3. Wie verbringen *(spend)* Sie Ihre Mittagspause (10 bis 12 Sätze)?

# Zur Diskussion

*NOTE: Divide up the questions and suggestions so that for homework each student prepares at least one discussion task in detail for oral presentation in class.*

1. Wie alt ist „sie"? Warum braucht sie Sonnenbrille und Zigaretten? Wann spürt sie ihre Hände, und warum?
2. In diesem Text passiert eigentlich nichts. Was will Wondratschek damit zum Ausdruck bringen?
3. Beschreiben Sie den Mann, den dieses Mädchen kennenlernen möchte, und das Leben, das sie mit ihm führen will.
4. Stellen Sie sich vor, dieses Mädchen will Sie nächste Woche in Ihrer Schule oder auf Ihrer Universität besuchen. Schreiben Sie auf, was Sie ihr zeigen und mit welchen Personen Sie sie bekannt machen könnten. Überlegen *(think about)* Sie, was und wer das Mädchen interessieren könnte.
5. Geben Sie drei oder vier Gründe *(reasons)* an, warum Sie mit diesem Mädchen befreundet oder nicht befreundet sein möchten.
6. Stellen Sie sich eine Katastrophe vor, die diesem Mädchen *oder Ihnen* im Straßencafé passieren könnte, und berichten *(report)* Sie darüber.
7. Gruppenaufgabe: Sie sitzen in diesem Straßencafé und möchten das Mädchen kennenlernen. Erarbeiten *(work out)* Sie mit einem Partner einen Dialog mit dem Mädchen. Tragen Sie diesen Dialog mit verteilten Rollen der Gruppe vor *(present)*.

---

*Liebe ist etwas Wunderbares—*
*ich habe schon viel darüber gelesen.*

---

*ANONYM*

2

# Die traurigen Geranien
## Wolfgang Borchert

*WOLFGANG BORCHERT was born in Hamburg in 1921. He died in 1947, his early death the result of illness contracted during his military service and aggravated by long periods of incarceration by the Nazis during World War II. In stark yet symbolic language he depicted the experiences of war and the Nachkriegszeit (see story 5, "Die Küchenuhr"). Taken from his posthumous works, "Die traurigen Geranien" is one of Borchert's rare humorous, albeit somewhat grotesque, short stories.*

## ERSTES LESEN—ERSTE EINDRÜCKE
### (mit einem Partner oder in der Gruppe)

Lesen Sie diese Geschichte durch. Sie haben fünf bis sieben Minuten Zeit. Suchen Sie dabei die folgenden Informationen: (1) wer, (2) wo, (3) zu welcher Tageszeit, (4) worüber die zwei Personen sprechen (mindestens zwei Dinge) und (5) was am Ende geschieht.

*NOTE: Modern German authors take great liberties with punctuation. Here and in some of the following stories you will find direct speech without quotation marks.*

Als sie sich kennenlernten, war es dunkel gewesen. Dann hatte sie ihn eingeladen, und nun war er da. Sie hatte ihm ihre Wohnung gezeigt und die Tischtücher und die Bettbezüge[1] und auch die Teller und Gabeln, die sie hatte. Aber als sie sich dann zum erstenmal bei hellem Tageslicht
5    gegenübersaßen[2], da sah er ihre Nase.
Die Nase sieht aus[3], als ob sie angenäht[4] ist, dachte er. Und sie sieht überhaupt nicht[5] wie andere Nasen aus. Mehr wie eine Gartenfrucht. Um Himmels willen[6]! dachte er, und diese Nasenlöcher! Die sind ja[7] vollkommen[8] unsymmetrisch angeordnet[9]. Die sind ja ohne jede Har-
10    monie zueinander. Das eine ist eng und oval. Aber das andere gähnt[10] geradezu[11] wie ein Abgrund[12]. Dunkel und rund und unergründlich[13]. Er griff[14] nach seinem Taschentuch und tupfte[15] sich die Stirn[16].

7

Es ist so warm, nicht wahr? begann sie.

O ja, sagte er und sah auf ihre Nase. Sie muß angenäht sein, dachte er
15 wieder. Sie kommt sich so fremd vor[17] im Gesicht. Und sie hat eine ganz
andere Tönung als die übrige Haut[18]. Viel intensiver. Und die Nasenlöcher sind wirklich ohne Harmonie. Oder von einer ganz neuartigen[19]
Harmonie, fiel ihm ein[20], wie bei Picasso.

Ja, fing er wieder an, meinen Sie nicht auch, daß Picasso auf dem
20 richtigen Wege ist?

Wer denn[21]? fragte sie, Pi-ca—?

Na, denn nicht[22], seufzte[23] er und sagte dann plötzlich ohne
Übergang[24]: Sie haben wohl[25] mal[26] einen Unfall gehabt?

Wieso? fragte sie.

25 Na ja[27], meinte er hilflos.

Ach, wegen der Nase?

Ja, wegen ihr.

Nein, sie war gleich so[28]. Sie sagte das ganz geduldig[29]: Sie war gleich so.
Donnerwetter[30]! hatte er fast gesagt. Aber er sagte nur: Ach, wirk-
30 lich?

Und dabei[31] bin ich ein ausgesprochen[32] harmonischer Mensch,
flüsterte[33] sie. Und wie ich gerade[34] die Symmetrie liebe! Sehen Sie nur[35]
meine beiden Geranien am Fenster. Links steht eine und rechts steht eine.
Ganz symmetrisch. Nein, glauben Sie mir, innerlich bin ich ganz anders.
35 Ganz anders.

Hierbei legte sie ihm die Hand auf das Knie, und er fühlte ihre
entsetzlich[36] innigen[37] Augen bis an den Hinterkopf glühen[38].

Ich bin doch auch durchaus[39] für die Ehe, für das Zusammenleben,
meinte sie leise und etwas verschämt.
40 Wegen der Symmetrie? entfuhr[40] es ihm.

Harmonie, verbesserte sie ihn gütig[41], wegen der Harmonie.

Natürlich, sagte er, wegen der Harmonie.

Er stand auf.

Oh, Sie gehen?
45 Ja, ich—ja.

Sie brachte ihn zur Tür.

Innerlich bin ich eben doch[42] sehr viel anders, fing sie noch mal[43]
wieder an.

Ach was[44], dachte er, deine Nase ist eine Zumutung. Eine angenähte
50 Zumutung. Und er sagte laut: Innerlich sind Sie wie die Geranien, wollen
Sie sagen. Ganz symmetrisch, nicht wahr?

Dann ging er die Treppe hinunter, ohne sich umzusehen.

Sie stand am Fenster und sah ihm nach.

Da sah sie, wie er unten stehenblieb und sich mit dem Taschentuch
55 die Stirn abtupfte. Einmal, zweimal. Und dann noch einmal. Aber sie sah

nicht, daß er dabei[46] erleichtert[47] grinste. Das sah sie nicht, weil ihre Augen unter Wasser standen. Und die Geranien, die waren genauso traurig. Jedenfalls[48] rochen[49] sie so.

# GRÜNDLICHES LESEN

Lesen Sie den Text jetzt genau durch.

## Zum Textverständnis (schriftlich)

1. Hier sind einige Aussagen zum Text. Welche halten Sie für richtig? Welche finden Sie falsch? Berichtigen (correct) Sie falsche Aussagen. Welche könnten vielleicht wahr sein, obwohl die Information nicht im Text steht?

   a. Die beiden Menschen haben sich in einem Bunker kennengelernt.
   b. Ihre Nase erinnert ihn an Bilder von Picasso.

c. Er hat in dieser Nacht mit ihr geschlafen.
d. Weil es in der Wohnung sehr heiß ist, schwitzt *(sweats)* er.
e. Sie hat einen Unfall gehabt.
f. Er macht sich über sie lustig.

2. Schreiben Sie sechs weitere solche Aussagen (wahre, vielleicht wahre und/oder falsche). Lesen Sie vor, was Sie geschrieben haben. Ihre Kollegen sollen die falschen Aussagen berichtigen. Mit den folgenden Ausdrücken reagiert man oft auf Aussagen:

Das stimmt.
Das stimmt nicht.
Das könnte wahr sein, aber es steht nicht im Text.

**BEISPIEL:**    A: *Die Dame hat Picasso gern.*
B: *Nein, das stimmt nicht. Sie kennt Picasso überhaupt nicht.*

## Wortschatzübungen

1. Schreiben Sie zehn Wörter und Ausdrücke aus dem Text heraus, die nach Ihrer Meinung zum Nacherzählen dieser Geschichte wichtig sind. Lesen Sie Ihre Wörter und Ausdrücke in der nächsten Stunde vor. Mit Ihren Wörtern sollen andere Studenten kleine Aussagen über diese Geschichte machen.

*NOTE: As a group, you should keep reading words aloud until nobody has a word that has not been mentioned.*

**BEISPIELE:**    Picasso: *Er möchte wissen, was sie von* **Picasso** *denkt.*
Unfall: *Er fragte sie, ob sie einen* **Unfall** *gehabt hätte.*

2. In welchen Situationen würden Sie Folgendes tun?

**BEISPIEL:**·  *Ich würde* **weinen,** *wenn ich traurig wäre.*

a. weinen         d. grinsen
b. seufzen        e. sich die Stirn abtupfen
c. flüstern

## In eigenen Worten (mündlich oder als Hausaufgabe)

Erzählen Sie in Ihren eigenen Worten, was in den folgenden Auszügen *(excerpts)* steht.

*unangenehm* *peinlich*

*verlegen*

*embarassed*

**NOTE:** *Although this is a type of paraphrase activity, you must go a bit beyond the paraphrase to capture the context. In other words, you have to explain what is really going on, which to some extent means explaining who the characters are and why they act as they do in this situation.*

**BEISPIEL:** Aber sie sah nicht, daß er dabei erleichtert grinste. Das sah sie nicht, weil ihre Augen unter Wasser standen. *Er war froh, aus ihrer Wohnung zu kommen. Er wollte nicht mehr bei ihr sein, denn sie hatte eine komische (entsetzliche, unsymmetrische) Nase. Er lachte fast. Sie merkte es nicht, weil sie weinte.*

1. Als sie sich kennenlernten, war es dunkel gewesen. Dann hatte sie ihn eingeladen, und nun war er da.
2. Sie haben wohl mal einen Unfall gehabt?
   Wieso? fragte sie.
   Na ja, meinte er hilflos.
3. Hierbei legte sie ihm die Hand auf das Knie, und er fühlte ihre entsetzlich innigen Augen bis an den Hinterkopf glühen. Ich bin doch auch durchaus für die Ehe, für das Zusammenleben, meinte sie leise und etwas verschämt.
4. Innerlich bin ich eben doch sehr viel anders, fing sie noch mal wieder an. Ach was, dachte er, deine Nase ist eine Zumutung. Eine angenähte Zumutung.

*oberflächlich – superficial*
*sie kann nichts dafur*

# Zum Schreiben (Wählen Sie *eine* Aufgabe.)

**NOTE:** *When telling or retelling a story in writing, you should use the simple past tense rather than the present perfect and avoid the verbs* **haben** *and* **sein** *as much as possible.*

1. Fassen Sie die Geschichte in nicht mehr als zwölf Sätzen zusammen *(summarize)*. Verwenden *(use)* Sie jedes Stichwort *(cue word)* unten. Schreiben Sie im Imperfekt *(simple or narrative past tense)*.

   Manche Zusammenfassungen beginnen so: „Diese Geschichte handelt von . . ." *("This story is about . . .")*

   kennenlernen
   einladen*
   Wohnung zeigen

   am nächsten Morgen
   Nase aussehen*
   Picasso
   fragen, ob

antworten, daß
sagen
ausgesprochen harmonisch
Ehe
innerlich
denken*, Zumutung sein

als weggehen*
Stirn abtupfen
dabei grinsen
weinen
riechen*

2. Erzählen Sie, wie und wo (Straßencafé? Tanzlokal? Kino? usw.) sich die Personen in dieser Geschichte vielleicht kennenlernten und was sie an jenem Abend taten, ehe sie ihn einlud. Da Sie die Entwicklung (develop-ment) chronologisch beschreiben, sollten auch einige Zeitadverbien in Ihrer Erzählung stehen (12 bis 15 Sätze).

zuerst (at first)                          später (later)
danach (after that)                        schließlich (finally)

3. Schreiben Sie einen Brief an einen Freund, in dem Sie ihm von Ihrer un-gewöhnlichen (unusual) Nachbarin erzählen. Sagen Sie ihm aber nicht, was an ihr ungewöhnlich ist. Versuchen Sie ihn so neugierig (curious) zu machen, daß er mit ihr ein Rendezvous ausmachen will (arrange). Hier ist ein Format für Briefe an Freunde:

Berlin, den 5. Mai 1987

Liebe Renate,

.   .   .   .   .   .   .   .   .   .   .   .   .   .   .   .   .   .   .   .
.   .   .   .   .   .   .   .   .   .   .   .   .   .   .   .   .   .   .   .

Mit herzlichen Grüßen

Dein
Alex

# Zur Diskussion

Bereiten (prepare) Sie als Hausaufgabe mindestens zwei dieser Aufgaben vor.

1. Sagen Sie, warum Sie „ihn" sympathisch oder unsympathisch finden.
2. Beschreiben Sie ein Bild von Picasso. Vielleicht kann jemand die Kopie eines Bildes von Picasso zur Deutschstunde mitbringen.

3. Symmetrie! Harmonie! Was ist der Unterschied *(difference)?* Warum betont *(stresses)* die Dame diesen Unterschied?
4. Erklären *(explain)* Sie den allerletzten Satz der Geschichte. Wäre die Geschichte ohne diesen Satz anders? Geranien! Warum nicht Rosen, Lilien oder Tulpen?
5. Vergleichen *(compare)* Sie die Situation dieser Dame mit der des Mädchens in „Mittagspause". Mit welcher dieser beiden Frauen möchten Sie lieber zu einer Party oder zu einem Tanzabend gehen? Warum?
6. Der Mann in dieser Erzählung findet eine unsymmetrische Nase entsetzlich. Welcher Teil eines Gesichts ist für Sie am wichtigsten? Warum? Was würde Sie am Äußeren eines Menschen stören *(disturb)?* Begründen *(give reasons for)* Sie Ihre Antworten.
7. Beschreiben Sie Ihr „Traumgesicht".

---

*Lange Nas' und spitzes Kinn,*
*Da sitzt der Satan leibhaft* (in person) *drin.*

---

SPRICHWORT

vollenden > complete
ergänzen

# 3

# Sonntagvormittag
## Clemens Hausmann

*CLEMENS HAUSMANN was born in 1966 in Gmunden am Traunsee in the province of Upper Austria (Oberösterreich). He wrote "Sonntagvormittag" at the age of fifteen and was encouraged by his German teacher to enter it in a nationwide writing competition for young people sponsored by the Österreichischer Bundesverlag. Out of more than 800 entries, 23 texts, including "Sonntagvormittag," were chosen for publication in the anthology* Junge Literatur aus Österreich 83/84.

## ERSTES LESEN—ERSTE EINDRÜCKE

Lesen Sie diese Geschichte schnell durch. Drücken *(express)* Sie den Inhalt *(content)* des Textes in zwei kurzen Sätzen aus, ohne noch einmal in den Text zu schauen.

Als Mutter in der Küche stand und das Essen bereitete,
Vater am Balkon saß mit der Pfeife im Mund, die Zeitung
 studierend,
Und mein Bruder am Zaun[1] lehnte und mit den
5  Nachbarsmädchen plauderte[2],
Als die Schwester bei offenem Fenster in ihrem Zimmer
 einen Brief schrieb,
Die beiden Onkel, die zu Besuch gekommen waren, im Garten
 saßen, sich gegenseitig[3] Witze[4] erzählten und schallend[5]
10  darüber lachten,
Und die zwei Tanten die Frühsommersonne genossen und dabei
 lächelten und strickten[6],
Als meine kleine Cousine trotz des wirklich herrlichen[7]
 Wetters vor dem Fernseher saß und sich einen Tierfilm
15  ansah,
Ihr Bruder sich in den entlegensten[8] Winkel[9] unseres

**14**

Gartens verdrückte[10], um verbotenerweise[11] eine
Zigarette zu rauchen,
Und unser Hund faul im Gras lag und nur ab und zu[12]
20   verschlafen[13] in die Runde blickte,
Als ich in einiger Entfernung[14] hockte[15], im Begriff[16],
ihn zu photographieren,
Als Bienen summten[17],
Schmetterlinge[18] flatterten,
25  der Wind rauschte[19],
Und alles glücklich und zufrieden war über diese kleine
Verschnaufpause[20] im Alltagstrott[21],
Da schlug ohne Vorwarnung
Die Bombe ein[22]
30  Und schuf[23]
ewigen[24] Frieden[25].

## GRÜNDLICHES LESEN

Lesen Sie diesen Text jetzt genau durch.

## Zum Textverständnis (schriftlich)

Erzählen Sie kurz, was die folgenden Personen an diesem Sonntagvormittag taten und *warum* sie das taten.

*NOTE: What each person did you will find in the text, but you will have to speculate as to the reasons for their actions. Any plausible explanation will suffice.*

**BEISPIEL:**   **Mutter:** *Die Mutter bereitete das Essen, weil der Vater zu faul dazu war.*   um oder weil oder denn

1. der Vater
2. die Schwester
3. der Bruder
4. die beiden Onkel
5. die beiden Tanten

6. die Cousine
7. der Bruder der Cousine (der Vetter)
8. der Hund
9. der Erzähler

## Zum Schreiben (Wählen Sie *eine* Aufgabe.)

1. Schreiben Sie in kurzen Sätzen, was jede Person gemacht hätte *(would have been doing)*, wenn der Titel der Geschichte „Montagvormittag" hieße.

*NOTE: If you have not yet worked with the subjunctive in past time, just pretend it was the preceding Monday morning and write your sentences in the simple past tense.*

2. Schreiben Sie in *einem* Satz Ihre eigene „Als . . . da" Geschichte (mindestens 100 Wörter).
3. Schreiben Sie einen kurzen Aufsatz mit dem Titel: „Die Atombombe: Mein bester Freund" (12 bis 15 Sätze).

# Zur Diskussion

1. Diskutieren Sie, wie der Autor seine Geschichte aufbaut, so daß das Ende ganz plötzlich und unerwartet kommt. Warum z.B. Sonntag statt Montag oder Freitag?
2. Was meinen Sie?
   a. Ich finde diese Geschichte glaubhaft (nicht glaubhaft), weil . . .
   b. Ich bin für (gegen) Atomwaffen, denn . . .
3. **Gruppenarbeit:** „Kettenreaktion" *(chain reaction)* von einer Person zur nächsten durch die Reihen der Gruppe: „Bei diesem Thema denke ich automatisch an . . ."

BEISPIELE:    an kaputte Städte und Länder
              an den Tod der Menschheit
              an die Außenpolitik einiger Staaten

4. Hier sind einige Graffitisprüche. Schreiben Sie weitere deutsch- oder englischsprachige Sprüche dazu.

   Make love—net woahr[1]

   Wir wollen so viele Raketen,
   Bis kein Platz für Krieg mehr ist.

   Coca Cola war gut,
   Jogging war gut,
   warum soll Pershing schlecht sein?

   Die Bombe
   macht die Fauna zur Sauna.

[1]Bavarian dialect for **nicht wahr** and a bilingual pun here.

Alles ist relativ—
Frieden ist (A)bsolut.[2]

---

*Der Krieg ist heute in wachsendem Umfang* (extent) *kein Kampf mehr, sondern ein Ausrotten* (extermination) *durch Technik.*

---

KARL JASPERS, 1883 – 1969

[2]The capital A with a circle is the signature of anarchists.

# Zur Wiederholung 1

*NOTE: The review chapters recycle vocabulary from the stories. Some of the activities entail vocabulary recognition, often in contexts different from the stories; some involve active speech production. They can be done as either written work or oral homework preparation. However, some of them will also work as small-group or partner activities, which you can then follow up on as written homework. The numbers in parentheses refer to the texts in which the vocabulary words first occur.*

*You can, of course, choose the activities as you or your instructor sees fit. Since most of them reinforce vocabulary you should want to be able to use actively, you may wish to stretch the review chapter over several days or perhaps return to it periodically during the semester.*

**A.** An welche Geschichten denken Sie bei den folgenden Wörtern und Ausdrücken? Erklären Sie kurz den jeweiligen *(respective)* Kontext.

BEISPIEL:  **plaudern:**  *(3) Der Bruder des Erzählers stand am Zaun und plauderte mit den Nachbarsmädchen.*

1. der Alltagstrott
2. langweilig
3. Donnerwetter!
4. anstrengend
5. die Theke
6. eine Zumutung sein
7. bedauern
8. rauschen

**B.** Wie geht es weiter? Ergänzen *(complete)* Sie die Sätze.

1. Die Männer im Straßencafé konnten . . .
2. Die Dame mit der komischen Nase wollte . . .

3. Der Bruder des Erzählers sollte nicht . . .
4. Die Eltern des Mädchens möchten, daß . . .
5. Nach der Mittagspause darf sie nicht . . .
6. Wenn eine Bombe einschlägt, müssen . . .

**C.** Zu welchen Wörtern und Ausdrücken passen *(fit)* die folgenden Präfixverben am besten? Machen Sie mit den Kombinationen Aussagen im Imperfekt *(simple past)* und im Perfekt *(present perfect)*.

**BEISPIEL:**    **einladen (2); ins Restaurant**
                *Wir* **luden** *Freunde* **ins Restaurant** *ein.*
                *Wir* **haben** *Freunde* **ins Restaurant eingeladen.**

1. aussehen* (2)
2. sich etwas ansehen* (3)
3. sich umsehen* (2)
4. übersehen* (1)
5. einfallen* (2)
6. sich verlieben (1)
7. sich verspäten (1)
8. stehenbleiben* (2)
9. anfangen* (2)

a. um eine halbe Stunde
b. in einen charmanten Mann
c. im Museum
d. vor dem Zaun
e. zu plaudern
f. den Fehler
g. ausgesprochen hübsch
h. unser neues Auto
i. meinem Vater

**D.** Welche Suffixe passen zu welchen Adjektiv- und Adverbstämmen? Bilden Sie kurze Sätze mit diesen Wörtern.

1. ungefähr- (1)
2. langweil- (1)
3. gegenseit- (3)
4. inner- (2)
5. inn- (2)
6. wirk- (2)
7. übr- (2)
8. hilf- (2)
9. entsetz- (2)
10. anstreng- (1)
11. geduld- (2)
12. neuart- (2)

a. -ig
b. -end
c. -los
d. -lich

---

**E.** Einiges *(some things)* über mich. Wie gehen die Sätze weiter?

---

1. **Manchmal** (1) denke ich . . .
   **Mittlerweile** (1) weiß ich . . .
2. **Ab und zu** (3) möchte ich . . .
   Aber **trotzdem** (1) . . .
3. Ich muß **regelmäßig** (1) . . .
4. Was ich **gern** (1) tue? Ich . . .

---

**F.** Drücken Sie die Teile der Sätze in Fettdruck *(in boldface)* anders aus.

---

*NOTE: Sometimes you can simply substitute a synonym for the boldfaced word, but other times you may wish to recast the sentence.*

BEISPIEL:    Freitags **reicht die Zeit nicht** zu einem Kaffee.
            *Freitags hat er/sie keine Zeit, Kaffee zu trinken.*

1. **Stell dir vor** (1), es ist Krieg, und keiner geht hin.
2. Als Gott den Mann **schuf** (3), hat *sie* nur geübt.
3. Leider **fiel es meinem Bruder nicht ein** (2), Stühle für uns zu **besetzen** (1).
4. Der Bergwanderer **schaute** (2) in die **unergründliche** (2) Tiefe hinunter.
5. Es ist mir **vollkommen** (2) klar, daß ich **überhaupt keine** (2) Chance habe, die große Lotterie zu gewinnen.

---

**G.** Wer könnte das Folgende gesagt haben? Begründen Sie Ihre Antworten, indem *(by . . . ing)* Sie den Kontext erklären.

---

1. „Ich bedaure, aber der Platz ist besetzt."
2. „Der Abend war wirklich sehr nett. Möchten Sie auf ein paar Minuten in meine Wohnung heraufkommen?"
3. „Ich schlief recht gut, bis er mich mit dem Klick seiner dummen Kamera weckte."
4. „Ich wünsche, sie hätte schon einen netten jungen Mann gefunden."
5. „Mein Mann hat es gut. Während ich hier in der Küche Kartoffeln schäle, blättert er in seiner Zeitung."

**H.** Schreiben Sie aus den Glossen der drei Geschichten zehn Vokabeln, die Sie hassen. Geben Sie witzige *(witty)* Gründe *(reasons)* für Ihren Haß.

***NOTE:*** *This is a good place to practice using the conjunctions* **denn, da,** *and* **weil** *for expressing* why.

BEISPIELE:     *Ich hasse das Wort „Donnerwetter", denn ich mag den Regen nicht.*
*Ich hasse das Wort „anstrengend", weil ich faul bin.*
*Ich hasse das Wort „seufzen", weil es so schwer auszusprechen ist.*

---

*Wiederholung ist die Mutter,—nicht bloß* (merely) *des Studierens, auch der Bildung* (development; education).

---

JEAN PAUL (JOHANN PAUL FRIEDRICH RICHTER), 1763–1825

# 4

# Rotkäppchen '65
## Anneliese Meinert

*ANNELIESE MEINERT (Alice Penkala) was born in 1902 in Vienna. She worked as an attorney for a number of years before becoming a free-lance journalist and writer. After Hitler's annexation of Austria, she and her husband left the country and ended up in the international zone of Tangiers. She now lives in Vence in the south of France. In addition to several novels, she has also written many stories, most of them apparently unpublished.*

## ERSTES LESEN—ERSTE EINDRÜCKE
## (Partner- oder Gruppenarbeit)

Lesen Sie diesen Text schnell durch. Suchen Sie mindestens fünf Dinge im Text, die anders sind als in der alten Version von „Rotkäppchen", die Sie kennen.

„Rotkäppchen", sagte die Mutter, „ich habe ein Körbchen[1] für die Oma zurechtgemacht[2]. Kuchen und Whisky. Ich habe eine dringende[3] Verabredung[4]. Sei lieb und bring es ihr."

Rotkäppchen freute das gar nicht[5]. Sie hatte ein Rendezvous. Aber da
5   sie ein freundliches Mädchen war, knurrte[6] sie: „Gib her."

Rotkäppchen sprang in ihren Sportwagen. Sie sauste[7] durch den Wald. Das war keine Autobahn, aber der Verkehr war so schwach, daß man rasen[8] konnte. Vorbei an den Bäumen. Vorbei an den warnenden Tafeln[9] mit den Tiersilhouetten. Am Wegrand[10] stand ein grauer Schatten[11] und
10   winkte[12]. Vorbei!

Die Oma schien durch den Besuch nicht gerade[13] beglückt[14] zu sein. „Du kommst ungelegen[15], mein Kind. Ich habe eine Bridgepartie. Und was fällt deiner Mutter ein[16], mir Kuchen und Whisky zu schicken? Ich bin in meiner Rohkostwoche[17]. Muß abnehmen[18]. Trag das Zeug[19] fort[20],
15   ehe es mich in Versuchung[21] führt."

„Ja, Oma." Rotkäppchen ergriff das Körbchen, das sie auf den Tisch gestellt hatte. Dann fragte sie: „Oma, warum hast du so glänzende[22] Augen?"

„Damit[23] ich dich besser sehen kann." Die Oma lachte.
20    „Kontaktgläser[24]! Viel angenehmer als eine Brille."

„Warum trägst du so große Ohrgehänge?"

„Damit ich dich besser hören kann. Das ist die letzte Erfindung[25]. Man baut die Apparate in die Ohrclips ein."

Auch Rotkäppchen lachte. „Oma, dein Mund ist anders als sonst."
25    „Damit ich dich besser fressen kann? Nein. Ich habe ein neues Gebiß[26]. Der Zahnarzt hat es so konstruiert, daß die Mundwinkel[27] nicht mehr herunterhängen. Aber ich will dich nicht länger aufhalten, Kind . . ." Rotkäppchen hüpfte in den Wagen und fuhr los.

An der Normaluhr[28] wartete ihr Freund, der junge Jäger.

„Unpünktlich", grollte[29] er, während er einstieg. „Wo hast du dich wieder herumgetrieben[30]?"

„Überhaupt nicht[31]. Ich war bei der Oma. Und wenn du mir nicht glaubst: da ist das Körbchen, das sie mir gegeben hat."

Hans Jäger öffnete die Whiskyflasche. „Keine einzige Begegnung[32]?" fragte er. Dann nahm er einen kräftigen Schluck[33].

„I wo[34]! Der alte Herr Wolf wollte Autostopp machen. Ich hätte ihn beinahe[35] überfahren."

„Mmmm", machte Hans, denn er hatte den Mund voll Kuchen.

Sie fuhren über die Autobahn und durch den Wald. Daß Blumen am Straßenrand wuchsen und weiter drin, unter den Bäumen, noch schönere, sahen sie nicht, ebensowenig wie Rotkäppchen etwas davon gemerkt hatte, als sie allein im Wagen war. Wie könnte man auch! Bei 180 Stundengeschwindigkeit[36]!

# GRÜNDLICHES LESEN

Lesen Sie die Geschichte jetzt genau durch.

## Zum Textverständnis (schriftlich)

Stellen Sie eine Liste aller Unterschiede (differences) zwischen diesem Text und der alten Version von „Rotkäppchen" zusammen. Lesen Sie Ihre Liste in der Unterrichtsstunde vor.

| Rotkäppchen | Rotkäppchen '65 |
|---|---|
| zu Fuß gehen | im Sportwagen fahren |
| Körbchen mit Kuchen und Wein | Körbchen mit Kuchen und Whisky |
| usw. | |

## Wortschatzübungen

1. Was ist das? (Die Antworten werden Sie in „Rotkäppchen '65" finden.)

**BEISPIEL:**    Ein neuer Apparat, den es noch nie vorher (before) gegeben hat.
*Das ist eine Erfindung.*

    a. Dort dürfen die Autos mit sehr hoher Geschwindigkeit fahren.
    b. Wenn man kein Auto hat und auch kein Fahrgeld für den Bus, kann man auch so fahren.

c. Für jemanden, der schlecht sieht und keine Brille mag, wäre so etwas vielleicht das Richtige.
d. Wenn es in der Sonne zu heiß ist, soll man sich vielleicht dort hinsetzen.
e. Darin kannst du Kuchen und eine Flasche Schnaps zur Oma tragen.
f. Wenn Sie fünfzehn Zähne in einem Autounfall verlieren, dann brauchen Sie das.

2. Drücken Sie den Gegensatz *(opposite)* der Wörter in Fettdruck aus.

*NOTE: You may wish to recast the entire sentence in some instances.*

**BEISPIEL:**     Sein Name **fällt mir nicht mehr ein.**
                 *Ich erinnere mich an seinen Namen.*

a. Der Arzt **sauste** zu der nächsten Apotheke.
b. Ich muß **abnehmen.**
c. Rotkäppchen, **trag** das Zeug **fort!**
d. Das **freute** die Oma **gar nicht.**
e. Sie schrieb, daß die Einladung **ungelegen gekommen sei.**
f. Hans **hatte** gestern **keine Verabredung.**

# Meinungsäußerungen (mündlich oder schriftlich)

1. Hier sind einige Meinungsaussagen *(opinion statements)* zum Text. Welche finden Sie richtig? Welche sind Ihrer Meinung nach falsch? Begründen Sie Ihre Antworten.

*NOTE: The boldfaced words are typical openers for formulating opinions.*

a. **Ich glaube,** Rotkäppchen ist das Kind reicher Eltern.
b. **Ich bin der Meinung,** daß Rotkäppchens Oma etwas altmodisch ist.
c. **Meiner Meinung nach** mochte Rotkäppchen ihre Oma nicht, und deshalb fuhr sie ungern zu ihr.
d. **Vielleicht** wollte der schlaue Herr Wolf Rotkäppchen und ihre Oma fressen.
e. **Ich finde,** Hans Jäger ist sicher ein richtiger Teenager-Typ, der auf Kosten seiner reichen Freundin lebt.
f. **Ich halte** Rotkäppchens Freund **für** freundlich und auch hilfsbereit. Er hatte Angst um seine Freundin, als sie nicht pünktlich zum Rendezvous erschien *(appeared).*

*NOTE: If you agree with some of the statements above, you could respond as follows:*

Ja, das finde ich auch.
Das stimmt.
Ja, du hast recht.
Der Meinung bin ich auch.

*NOTE: If you disagree with an assertion, you can use one of these openers and then state your opinion:*

Nein, das finde ich nicht.
Das stimmt nicht.
Dieser Meinung bin ich nicht.
Ich bin anderer Meinung.
Ach was! Das ist Unsinn! *(in a very emphatic tone)*

2. Bereiten *(prepare)* Sie mindestens sechs weitere Meinungsaussagen über die Personen in „Rotkäppchen '65" vor, die sie dann in der nächsten Unterrichtsstunde vorlesen.

*NOTE: This can be lots of fun in a group, particularly if you can provoke people with a couple of deliberately false or outrageously opinionated statements.*

## Zum Schreiben (Wählen Sie *eine* Aufgabe.)

1. „Rotkäppchen '87" (etwa 20 Sätze)
2. Schreiben Sie Ihr eigenes „Rotkäppchen", in dem Sie, andere Studenten und Ihr Lehrer Personen der Handlung sind (etwa 20 Sätze).
3. „Rotkäppchen 2010" (20 Sätze)

*NOTE: When writing narratives, and certainly when writing a fairy tale, you should use the simple past tense and avoid the present perfect as much as possible.*

## ➔ Zur Diskussion

1. Ein Märchen hat fast immer eine Moral, eine Lehre. Welche Lehre finden Sie in dem alten Märchen von „Rotkäppchen", und wie wird die Moral hier variiert?

2. Was kritisiert die Autorin am modernen deutschen Leben im Jahr 1965? Suchen Sie Beispiele dafür im Text.
3. Diskutieren Sie, inwiefern ein „Rotkäppchen 1990" anders aussehen würde.
4. Diskutieren Sie über „Rotkäppchen 2020"!

## Welches Märchen ist das?

Die folgenden Textparodien kommen aus *Grimms Märchen—modern: Prosa, Gedichte, Karikaturen* (Reclam, 1981, Nr. 9554). Kennen Sie das Original? Was ist hier falsch?

1. „. . . da nahm X seine Schwester an die Hand und ging den Plastiktüten *(plastic bags)* und Cola-Flaschen nach, die zeigten ihnen den Weg zu ihres Vaters Haus." *(Der Spiegel,* Nr. 18, 30. April 1973, S. 54)
2. „Als die heimkehrenden *(returning)* Zwerge *(dwarfs)* das schlafende Mädchen vorfanden, wurde ihre Libido stark gereizt *(stimulated),* doch hatte jeder der Zwerge wegen seiner Kleinheit einen Minderwertigkeitskomplex *(inferiority complex),* und daher wagten *(dared)* sie S. nur zum Aufräumen *(cleaning)* und Geschirrabwaschen *(dishwashing)* zu benützen." (Willy Pribil, 1961)
3. „ ‚Wer schläft, sündigt *(sins)* nicht', sagte der Prinz und ließ das D. in der Hecke *(hedge)* weiterschlummern." (Anonym, 1975)
4. „Es war einmal eine Prinzessin, die klagte *(complained)* über Schlafstörungen. Bei der Durchsuchung ihres Bettes ermittelte *(ascertained)* der Hofarzt *(court physician)* jedoch nicht, wie vermutet *(as suspected),* eine Erbse *(pea)* als Störfaktor, sondern einen Froschkönig *(frog king)." (Joachim Schwedhelm, 1974)*

# 5

# Die Küchenuhr
## Wolfgang Borchert

*This narrative belongs to the* Heimkehrliteratur *(literature about coming home) in which Borchert (see introduction to story 2) and other German authors depicted and commented on the* Stunde Null *(zero hour) in Germany immediately after World War II. The abiding validity of this story's themes accounts for its enduring presence in intermediate German readers over the past three decades. Although the text is linguistically simple, its metaphoric and symbolic dimensions should not be overlooked. "An diesem Dienstag," "Die drei dunklen Könige," "Das Brot," "Die Kegelbahn," and "Nachts schlafen die Ratten doch" also deal with the war years and are quite easy to read.*

Wir drucken *(print)* diesen etwas längeren Text in sieben (7) Teilen, damit Sie leichter einen Überblick gewinnen.

## ERSTES LESEN: INFORMATIONSSUCHE UND VORSCHAU
## (Gruppenarbeit)

1. Bilden Sie sieben Gruppen.
2. Lesen Sie in Ihrer Gruppe *einen* Abschnitt *(section)* der Geschichte. Andere Gruppen lesen andere Abschnitte. Notieren Sie in Ihrer Gruppe einige wichtige Informationen über Ihren Abschnitt wie z.B. wer, was, wann, wo und mit wem.
3. Berichten *(report)* Sie den anderen Gruppen über Ihren Abschnitt. Jede Gruppe hat dafür etwa drei bis vier Minuten.

**NOTE:** *Remember to provide specific information (who, where, when, what, with whom, etc.) that will permit the class as a whole to get the gist of the story.*

**A**

Sie sahen ihn schon von weitem[1] auf sich zukommen[2], denn er fiel auf[3]. Er hatte ein ganz altes Gesicht, aber wie er ging, daran sah man[4], daß er erst zwanzig war. Er setzte sich mit seinem alten Gesicht zu ihnen auf die Bank[5]. Und dann zeigte er ihnen, was er in der Hand trug.

5 Das war unsere Küchenuhr, sagte er und sah sie alle der Reihe nach[6] an, die auf der Bank in der Sonne saßen. Ja, ich habe sie noch gefunden. Sie ist übriggeblieben[7].

**B**

Er hielt eine runde tellerweiße Küchenuhr vor sich hin[8] und tupfte mit dem Finger die blaugemalten Zahlen ab[9].

10 Sie hat weiter keinen Wert, meinte er entschuldigend, das weiß ich auch. Und sie ist auch nicht so besonders schön. Sie ist nur wie ein Teller, so mit weißem Lack[10]. Aber die blauen Zahlen sehen doch ganz hübsch aus, finde ich. Die Zeiger sind natürlich nur aus Blech[11]. Und nun gehen sie auch nicht mehr. Nein. Innerlich ist sie kaputt, das steht fest[12]. Aber 15 sie sieht noch aus wie immer. Auch wenn[13] sie jetzt nicht mehr geht.

Er machte mit der Fingerspitze einen vorsichtigen[14] Kreis auf dem Rand[15] der Telleruhr entlang. Und er sagte leise[16]: Und sie ist übriggeblieben.

**C**

Die auf der Bank in der Sonne saßen, sahen ihn nicht an. Einer sah 20 auf seine Schuhe, und die Frau sah in ihren Kinderwagen. Dann sagte jemand:

Sie haben wohl alles verloren?

Ja, ja, sagte er freudig[17], denken Sie, aber auch alles! Nur sie hier, sie ist übrig. Und er hob die Uhr wieder hoch, als ob die anderen sie noch 25 nicht kannten.

Aber sie geht doch[18] nicht mehr, sagte die Frau.

Nein, nein, das nicht. Kaputt ist sie, das weiß ich wohl. Aber sonst ist sie doch noch ganz wie immer: weiß und blau. Und wieder zeigte er ihnen seine Uhr. Und was das Schönste ist, fuhr er aufgeregt[19] fort[20], das 30 habe ich Ihnen ja[21] noch überhaupt nicht[22] erzählt. Das Schönste kommt nämlich noch: Denken Sie mal[23], sie ist um halb drei stehengeblieben. Ausgerechnet[24] um halb drei, denken Sie mal.

**D**

Dann wurde Ihr Haus sicher um halb drei getroffen, sagte der Mann und schob wichtig die Unterlippe vor. Das habe ich schon oft gehört. 35 Wenn die Bombe runtergeht, bleiben die Uhren stehen. Das kommt von dem Druck[25].

Er sah seine Uhr an und schüttelte[26] überlegen[27] den Kopf. Nein, lieber Herr, nein, da irren Sie sich[28]. Das hat mit den Bomben nichts zu tun. Sie müssen nicht immer von den Bomben reden. Nein. Um halb drei war 40 ganz etwas anderes, das wissen Sie nur nicht. Das ist nämlich der Witz[29], daß sie gerade[30] um halb drei stehengeblieben ist. Und nicht um Viertel nach vier oder um sieben. Um halb drei kam ich nämlich immer nach Hause. Nachts, meine ich. Fast immer um halb drei. Das ist ja gerade der Witz.

**E**

45    Er sah die anderen an, aber die hatten ihre Augen von ihm weggenommen. Er fand sie nicht. Da nickte er seiner Uhr zu[31]: Dann hatte ich natürlich Hunger, nicht wahr? Und ich ging immer gleich in die Küche. Da war es dann fast immer halb drei. Und dann, dann kam nämlich meine Mutter. Ich konnte noch so leise die Tür aufmachen, sie hat mich 50 immer gehört. Und wenn ich in der dunklen Küche etwas zu essen suchte, ging plötzlich das Licht an. Dann stand sie da in ihrer Wolljacke und mit einem roten Schal um. Und barfuß. Immer barfuß. Und dabei[32] war unsere Küche gekachelt[33]. Und sie machte ihre Augen ganz klein, weil ihr das Licht so hell war. Denn sie hatte ja schon geschlafen. Es war 55 ja Nacht.

**F**

So spät wieder, sagte sie dann. Mehr sagte sie nie. Nur: So spät wieder. Und dann machte sie mir das Abendbrot warm und sah zu[34], wie ich aß. Dabei[35] scheuerte[36] sie immer die Füße aneinander, weil die Kacheln so kalt waren. Schuhe zog sie nachts nie an. Und sie saß so lange bei mir, 60 bis ich satt[37] war. Und dann hörte ich sie noch die Teller wegsetzen, wenn ich in meinem Zimmer schon das Licht ausgemacht hatte. Jede Nacht war es so. Und meistens immer um halb drei. Das war ganz selbstverständlich[38], fand ich, daß sie mir nachts um halb drei in der Küche das Essen machte. Ich fand das ganz selbstverständlich. Sie tat das 65 ja immer. Und sie hat nie mehr gesagt als: So spät wieder. Aber das sagte sie jedesmal. Und ich dachte, das könnte nie aufhören[39]. Es war mir so selbstverständlich. Das alles. Es war doch[40] immer so gewesen.

**G**

Einen Atemzug[41] lang war es ganz still auf der Bank. Dann sagte er leise: Und jetzt? Er sah die anderen an. Aber er fand sie nicht. Da sagte 70 er der Uhr leise ins weißblaue runde Gesicht: Jetzt, jetzt weiß ich, daß es das Paradies war. Das richtige Paradies.

Auf der Bank war es ganz still. Dann fragte die Frau: Und Ihre Familie?

Er lächelte sie verlegen[42] an[43]: Ach, Sie meinen meine Eltern? Ja, die
75 sind auch mit weg[44]. Alles ist weg. Alles, stellen Sie sich vor[45]. Alles weg.

Er lächelte verlegen von einem zum anderen. Aber sie sahen ihn
nicht an.

Da hob er wieder die Uhr hoch, und er lachte. Er lachte: Nur sie hier.
Sie ist übrig. Und das Schönste ist ja, daß sie ausgerechnet um halb drei
80 stehengeblieben ist. Ausgerechnet um halb drei.

Dann sagte er nichts mehr. Aber er hatte ein ganz altes Gesicht. Und
der Mann, der neben ihm saß, sah auf seine Schuhe. Aber er sah seine
Schuhe nicht. Er dachte immerzu[46] an das Wort Paradies.

# GRÜNDLICHES LESEN

Lesen Sie die ganze Geschichte jetzt genau durch.

# Zum Textverständnis (mündlich)

Machen Sie in der Unterrichtsgruppe möglichst viele *(as many as possible)*
kleine Inhalts- oder Meinungsaussagen über diese Erzählung, ohne dabei
den Text heranzuziehen *(consult)*. Eine chronologische Folge ist hier unwich-
tig; die Hauptsache, Sie produzieren Aussagen, bis Sie möglichst viel über
die Geschichte gesagt haben.

# Wortschatzübungen

1. Im Deutschen gibt es einige Adverbien, die man kaum übersetzen kann,
   weil sie keine konkrete Bedeutung haben, sondern Aussagen auf verschiedene Art und Weise intensivieren. Man nennt sie Funktionspartikeln
   *(flavoring particles)*. Hier sind einige aus dieser Geschichte:

   | | |
   |---|---|
   | ausgerechnet | mal |
   | doch | nämlich |
   | ganz | nur |
   | gerade | überhaupt (nicht) |
   | ja | wohl |

Erklären Sie auf deutsch oder auf englisch, wie die Funktionspartikeln im
zweiten Textausschnitt *(excerpt)* die Aussage stärker zum Ausdruck bringen.

### Text ohne Partikeln

Nein, nein, das nicht. Kaputt ist sie, das weiß ich. Aber sonst ist sie noch wie immer: weiß und blau. Und wieder zeigte er ihnen seine Uhr. Und was das Schönste ist, fuhr er aufgeregt fort, das habe ich Ihnen noch nicht erzählt. Das Schönste kommt noch: Denken Sie, sie ist um halb drei stehengeblieben. Um halb drei, denken Sie.

### Vollständiger Text

Nein, nein, das nicht. Kaputt ist sie, das weiß ich **wohl.** Aber sonst ist sie **doch** noch **ganz** wie immer: weiß und blau. Und wieder zeigte er ihnen seine Uhr. Und was das Schönste ist, fuhr er aufgeregt fort, das habe ich Ihnen **ja** noch **überhaupt** nicht erzählt. Das Schönste kommt **nämlich** noch: Denken Sie **mal,** sie ist um halb drei stehengeblieben. **Ausgerechnet** um halb drei, denken Sie **mal.**

2. Drücken Sie die Sätze mit Hilfe der Vokabeln in der Liste anders aus.

*NOTE: There are more words in the list than sentences.*

|  |  |
|---|---|
| a. Wir haben jetzt genug gegessen. | der Reihe nach |
| b. Ich glaube, du hast bei dieser Sache unrecht. | satt sein |
| c. Sie gingen einer nach dem anderen ins dunkle Haus. | fortfahren* zu sprechen |
| | von weitem |
| d. Ihr bunter Rock war absolut nicht zu übersehen. | vorsichtig sein |
| | sich irren |
| e. Aus einiger Entfernung ertönte plötzlich eine schrille Stimme. | aufhören |
| | auffallen* |
| f. Trotz des großen Lärms redeten die Arbeiter weiter. | feststehen* |
| | vor sich hin |
| g. Im dichten Verkehr muß man beim Fahren besonders aufpassen. | |
| h. Dieser ewige Regen nimmt kein Ende. | |
| i. Der Tag der Premiere ist jetzt sicher. | |

# In eigenen Worten (mündlich oder schriftlich)

Erklären Sie in Ihren eigenen Worten den Kontext der folgenden Stellen (Wer spricht? Mit wem und worüber?)

1. Das habe ich schon oft gehört. Wenn die Bombe runtergeht, bleiben die Uhren stehen. Das kommt von dem Druck.
2. Innerlich ist sie kaputt, das steht fest. Aber sie sieht noch aus wie immer. Auch wenn sie jetzt nicht mehr geht.
3. Sie tat das ja immer. Und sie hat nie mehr gesagt als: So spät wieder. Aber das sagte sie jedesmal.

4. Er dachte immerzu an das Wort Paradies.
5. Ja, die sind auch mit weg. Alles ist weg.

# Zum Schreiben (Wählen Sie *eine* Aufgabe.)

1. Beschreiben Sie einen Tag (oder eine Nacht) im Leben dieses jungen Mannes während des Krieges. Erklären Sie auch, warum er immer so spät nach Hause kam (12 bis 15 Sätze).

*NOTE: Remember to use the simple past tense and avoid as much as possible the verbs* **haben** *and* **sein**.

2. Die Polizei hat den jungen Mann bewußtlos *(unconscious)* auf einer Parkbank mit seiner Uhr neben sich gefunden. Da Sie seine Geschichte kennen, können Sie in einem Bericht der Polizei Auskunft *(information)* geben. Schreiben Sie eine Reihe von Angaben *(factual statements)* über die Personalien *(personal facts)* des jungen Mannes: z.B., Alter, Eltern, Wohnung usw. Erklären Sie auch, warum er die Küchenuhr bei sich hat (10 bis 15 Sätze).
3. Schreiben Sie über die schönste Zeit in Ihrem Leben (12 bis 15 Sätze). Benutzen Sie dabei mindestens drei Funktionspartikeln von der Wortschatzübung 1.

# Zur Diskussion

## Offene Stellen, auch „Leerstellen" genannt

*In any literary text there are many things that are left unsaid, things readers can only conjecture about. We can call them* **offene Stellen**. *Some of these things are unimportant and would only detract from the tightness of the text. For example, in this story the color of the young man's hair, his height, and his weight are not significant. However, there are other pieces of information that might indeed be useful and about which we should conjecture—for example, why the young man always came home at 2:30 in the morning and what he was doing the night the bomb fell. Such withheld information prompts us to fill in gaps in the text the way we see them and thus become partners in the creative encounter of text and reader. When "filling in the gaps," there are no absolutely right or wrong solutions, although some may be more plausible than others, given the specific context of the story.*

1. Versuchen Sie, durch drei Fragen über die folgenden Personen Informationen zu bekommen, die nicht im Text stehen.

   der Mann, der an das Wort Paradies dachte
   die Frau mit dem Kinderwagen
   der junge Mann mit der Küchenuhr
   die Mutter

**2.** Antworten Sie auf die Fragen anderer Studenten.

## Symbole

*Scholars will not always agree on just how to define a symbol in a literary text. At the least, one can say that a symbol in a text, be it an object, a person, or an event, points to meanings or significance that the author wishes to convey but not in so many words. Symbols are usually filled with potential associations, but the reader has to tap them.*

1. Der junge Mann erzählt, was „halb drei" für ihn symbolisch bedeutet. Nämlich was? Was bedeutet es, daß eine *Uhr* kaputt ist und nicht ein Spiegel *(mirror)* oder ein Radio?
2. Überlegen *(ponder)* Sie, was in der Geschichte Symbolcharakter haben könnte. Geben Sie mindestens drei Beispiele. Was will der Autor dadurch zum Ausdruck bringen?

| Dieses Symbol | bringt vielleicht zum Ausdruck, daß . . . |
|---|---|
|  | (a) _____ |
| (1) _____ | (b) _____ |
|  | (c) _____ |
|  | (a) _____ |
| (2) _____ | (b) _____ |
|  | (c) _____ |
|  | (a) _____ |
| (3) _____ | (b) _____ |
|  | (c) _____ |

3. Suchen Sie Wörter und Wendungen *(expressions)*, die sich im Text wiederholen. Diskutieren Sie, was Borchert durch solche Wiederholungen ausdrücken will.
4. Zeigen Sie am Verhalten *(behavior)* des jungen Mannes, daß er nicht mehr ganz normal ist.
5. Diskutieren Sie, was das „Paradies" für den jungen Mann und für den anderen Mann auf der Bank war.

6. Erzählen Sie von jemandem, den Sie kennen, der einen Krieg miterlebt oder mitgemacht hat. Was war für diese Person das Schlimmste am Krieg?

---

*Als der Krieg aus war, kam der Soldat nach Haus. Aber er hatte kein Brot. Da sah er einen, der hatte Brot. Den schlug er tot. Du darfst doch keinen totschlagen, sagte der Richter* (judge). *Warum nicht, fragte der Soldat.*

---

WOLFGANG BORCHERT

# 6

# Eis

## Helga Novak

HELGA NOVAK was born in 1935 in Berlin. She studied and
worked in Leipzig in the German Democratic Republic before
moving to Iceland in 1961. Since 1967 she has been living in
Frankfurt am Main as a free-lance writer. In addition to a volume
of poetry (Ballade von der reisenden Anna), Helga Novak has
published several volumes of short prose sketches and stories.
"Eis" is one of many amusing and easy-to-read sketches in her
anthology Palisaden: Erzählungen 1967–1975. From this
collection, students might also enjoy "Gepäck," "Kräftig essen,"
"Fahrkarte bitte," and "Abgefertigt."

## EINE ERSTE ÜBERSICHT
## (Gruppenarbeit)

Der Text ist zunächst fragmentarisch, damit Sie schnell einen Überblick gewinnen. Setzen Sie ein, was der junge Mann und der Herr an den Stellen A,
B, C, D, E und F vielleicht sagen. Vergleichen Sie Ihre Antworten mit denen
anderer Studenten.

**NOTE:** *The author uses very arbitrary and unusual punctuation and
avoids quotation marks completely.*

Ein junger Mann geht durch eine Grünanlage[1]. In seiner Hand trägt
er ein Eis. Er lutscht[2]. Das Eis schmilzt. Das Eis rutscht[3] an dem Stiel[4]
hin und her. Der junge Mann lutscht heftig[5], er bleibt bei einer Bank
stehen. Auf der Bank sitzt ein Herr und liest eine Zeitung. Der junge
5   Mann bleibt vor dem Herrn stehen und lutscht.
   Der Herr sieht von seiner Zeitung auf. Das Eis fällt in den Sand.
   Der junge Mann sagt, was denken Sie jetzt von mir?
   Der Herr sagt erstaunt[6], ich? Von Ihnen? Gar nichts.
   Der junge Mann zeigt auf das Eis und sagt . . . (A)
10   Der Herr sagt, aber nein, das habe ich nicht gedacht.
   Der junge Mann sagt, ach so, ich tue Ihnen leid.

Der Herr faltet seine Zeitung zusammen. Er sagt . . . (B)

Der junge Mann tritt von einem Fuß auf den anderen. Er sagt . . . (C)

Der Herr liest wieder in der Zeitung.

15  Der junge Mann sagt laut . . . (D)

Der Herr ist böse. Er sagt, lassen Sie mich in Ruhe, gehen Sie weiter. Ihre Mutter hätte Sie öfter[22] hauen[23] sollen.

Der junge Mann lächelt. Er sagt . . . (E)

Der Herr steht auf und geht.

20  Der junge Mann läuft hinterher[24] und hält ihn am Ärmel[25] fest.[26] Er sagt hastig, aber meine Mutter . . . (F)

Der Herr hat sich losgemacht.

Der junge Mann ruft, da habe ich ihr was in den Tee getan, was denken Sie jetzt?

# GRÜNDLICHES LESEN

Lesen Sie die ganze Geschichte jetzt genau durch.

### (VOLLSTÄNDIGER TEXT)

Ein junger Mann geht durch eine Grünanlage[1]. In seiner Hand trägt er ein Eis. Er lutscht[2]. Das Eis schmilzt. Das Eis rutscht[3] an dem Stiel hin und her. Der junge Mann lutscht heftig[4], er bleibt bei einer Bank stehen. Auf der Bank sitzt ein Herr und liest eine Zeitung. Der junge

5  Mann bleibt vor dem Herrn stehen und lutscht.

Der Herr sieht von seiner Zeitung auf. Das Eis fällt in den Sand.

Der junge Mann sagt, was denken Sie jetzt von mir?

Der Herr sagt erstaunt[6], ich? Von Ihnen? Gar nichts.

Der junge Mann zeigt auf das Eis und sagt, mir ist doch[7] eben[8] das

10  Eis runtergefallen, haben Sie da nicht gedacht, so ein Trottel[9]?

Der Herr sagt, aber nein, das habe ich nicht gedacht. Es kann schließlich[10] jedem einmal das Eis runterfallen.

Der junge Mann sagt, ach so, ich tue Ihnen leid. Sie brauchen mich nicht zu trösten[11]. Sie denken wohl, ich könne mir kein zweites Eis kau-

15  fen. Sie halten mich für[12] einen Habenichts[13].

Der Herr faltet seine Zeitung zusammen[14]. Er sagt, junger Mann, warum regen Sie sich auf[15]. Meinetwegen[16] können Sie so viel Eis essen, wie Sie wollen. Machen Sie überhaupt[17], was Sie wollen. Er faltet die Zeitung wieder auseinander.

20  Der junge Mann tritt von einem Fuß auf den anderen. Er sagt, das ist es eben. Ich mache was ich will. Mich nageln Sie nicht fest[18]. Ich mache genau was ich will. Was sagen Sie dazu?

Der Herr liest wieder in der Zeitung.

Der junge Mann sagt laut, jetzt verachten[19] Sie mich. Bloß[20] weil ich
25 mache was ich will. Ich bin kein Duckmäuser[21]. Was denken Sie jetzt
von mir?

Der Herr ist böse.

Er sagt, lassen Sie mich in Ruhe, gehen Sie weiter. Ihre Mutter hätte
Sie öfter[22] hauen[23] sollen. Das denke ich jetzt von Ihnen.

30 Der junge Mann lächelt. Er sagt, da haben Sie recht.

Der Herr steht auf und geht.

Der junge Mann läuft hinterher[24] und hält ihn am Ärmel[25] fest[26]. Er
sagt hastig, aber meine Mutter war ja viel zu weich[27]. Glauben Sie mir,
sie konnte mir nichts abschlagen[28]. Wenn ich nach Hause kam, sagte sie,
35 mein Prinzchen, du bist schon wieder so schmutzig. Ich sagte, die anderen
haben nach mir geworfen. Darauf sie[29], du sollst dich deiner Haut
wehren[30], laß dir nicht alles gefallen[31]. Dann ich, ich habe angefangen.
Darauf sie, pfui, das hast du nicht nötig[32], der Stärkere braucht nicht
anzufangen. Dann ich, ich habe gar nicht angefangen, die anderen haben
40 gespuckt[33]. Darauf sie, wenn du nicht lernst, dich durchzusetzen[34], weiß
ich nicht, was aus dir werden soll. Stellen Sie sich vor, sie hat mich gefragt, was willst du denn mal[35] werden, wenn du groß bist. Neger[36], habe
ich gesagt. Darauf sie, wie ungezogen[37] du wieder bist.

Der Herr hat sich losgemacht.

45 Der junge Mann ruft, da habe ich ihr was in den Tee getan, was
denken Sie jetzt?

# Zum Textverständnis (mündlich oder schriftlich)

1. **Was im Text steht:** Erzählen Sie in kurzen Aussagen, was Sie von (1) dem
jungen Mann und (2) dem Herrn wissen (5 bis 7 Aussagen).

**BEISPIELE:**    *Wir wissen, daß der Mann seine Zeitung im Park liest.*
*Wir wissen, daß der junge Mann Eis lutscht.*
*Wir wissen, daß der Herr mit dem jungen Mann nicht sprechen will.*

2. **Was nicht im Text steht:** Erzählen Sie in kurzen Aussagen, was wir
über die beiden Menschen *nicht* erfahren *(learn)* (mindestens 10
Aussagen).

*NOTE: Vary your sentence openings and conjunctions by using
some of the examples provided.*

**BEISPIELE:**    *Wir wissen nicht, **wo** der junge Mann wohnt.*
*Die Autorin erzählt nicht, **warum** der junge Mann den Herrn anredet.*

*Es steht nicht im Text, **daß** . . .*
*Wir erfahren* (find out) *nicht, **woher** . . .*
*Es ist nicht ganz klar, **ob** . . .*

# Wortschatzübungen

1. Noch einmal Funktionspartikeln! Ersetzen Sie die Partikeln in Fettdruck durch Wörter aus der Liste, die dieselbe Bedeutung zum Ausdruck bringen.

*NOTE: You may wish to use some of the words more than once.*

a. Der Herr sagt erstaunt, ich? Von Ihnen? **Gar** nichts.

b. Der junge Mann zeigt auf das Eis und sagt, mir ist **doch eben** das Eis runtergefallen.

c. Sie brauchen mich nicht zu trösten. Sie denken **wohl,** ich könne mir kein zweites Eis kaufen.

d. Meinetwegen können Sie so viel Eis essen, wie Sie wollen. Machen Sie **überhaupt,** was Sie wollen.

e. Er sagt, das ist es **eben.** Ich mache was ich will.

f. Er sagt hastig, aber meine Mutter war **ja** viel zu weich.

g. Stellen Sie sich vor, sie hat mich gefragt, was willst du **denn mal** werden, wenn du groß bist.

überhaupt (nichts)
(ja) gerade
wahrscheinlich *(probably)*
gewiß
eigentlich
nun einmal
doch
ja

2. Drücken Sie die Sätze anders aus.

a. Sie verachtet die Politik.
b. Ich halte ihn für einen guten Menschen.
c. Warum schlägst du ihm seine Bitte ab?
d. Karl machte sich von unserer Gruppe los.
e. Ich möchte die Erinnerung an diese Reise lange festhalten.

# Meinungsäußerungen

Schreiben Sie über den jungen Mann und über den Herrn je *(for each)* fünf Meinungsaussagen. Lesen Sie Ihre Aussagen im Unterricht vor, um zu sehen, wie andere Studenten auf Ihre Meinungen reagieren.

*NOTE: Remember to use some of the openers for expressing opinions given for „Rotkäppchen" on page 25.*

# Zum Schreiben (Wählen Sie *eine* Aufgabe.)

1. Sie sind der Herr mit der Zeitung und schreiben in Ihrem Tagebuch von Ihrer Begegnung *(encounter)* mit dem jungen Mann. Sie fragen sich, warum solche Menschen frei herumlaufen und andere Stadtbewohner belästigen *(pester)* dürfen (12 bis 15 Sätze). Die Vokabularvorschläge sind in chronologischer Folge.

*NOTE: Since you are now talking to your diary, you can use the present perfect tense when telling what happened to you if you wish. You could also use the simple past. Your comments on this event will of course be in present tense.*

### Present Perfect Tense or Simple Past Tense

Nachmittag im Park verbringen\* *(spend)*
anreden
Eis runterfallen\*
halten\* für
nicht interessieren
machen, was er will
weiterlesen\*
immer aggressiver
sich vollkommen unmöglich benehmen\* *(behave)*
versuchen, ihm zu entkommen\*
aber nachlaufen\*
am Ärmel halten\*
böse
von Mutter erzählen
behaupten *(claim),* daß

### Present Tense

meiner Meinung nach
psychische Probleme
problematische Erziehung *(upbringing)*
Psychiater
sich fragen, warum

2. Schreiben Sie eine Episode mit Dialogstellen, in welcher der junge Herr eine Person aus einer der anderen Geschichten anredet wie z.B. Hans Jä-

ger, die Frau mit der unsymmetrischen Nase oder das Mädchen im Straßencafé (15 bis 18 Sätze).

3. Erzählen Sie, wie Ihre Mutter Sie erzog *(raised),* als Sie noch etwas jünger waren. Geben Sie mindestens ein Beispiel von der Erziehungsweise *(method of upbringing)* Ihrer Mutter (12 bis 15 Sätze).

# Zur Diskussion

1. Diskutieren Sie, warum der junge Mann den Herrn anredet und seine Aufmerksamkeit *(attention)* sucht. Warum erzählt er nur von seiner Mutter und nicht von seinem Vater? Sucht er vielleicht eine Vaterfigur?

2. Diskutieren Sie das Verhältnis *(relationship)* des jungen Mannes zu seiner Mutter. Hat er ihr wirklich etwas in den Tee getan? Lügt er? Begründen *(give reasons for)* Sie Ihre Antwort.

3. Wie würden Sie an der Stelle des Herrn in derselben Situation reagieren? Erklären Sie warum.

4. Helga Novak hat andere kurze Dialogszenen geschrieben, in denen fast jeder Satz mit „Er sagt" oder „Sie sagt" beginnt. Zählen Sie, wie oft „er sagt" in diesem Text steht. Ist das schlechter Stil (man sollte seine Sätze doch variieren!), oder will die Autorin dadurch etwas zum Ausdruck bringen?

5. Wo lesen Sie die Zeitung am liebsten? Werden Sie dabei oft gestört *(disturbed)?* Wie reagieren Sie auf solche Störungen?

---

*Die Mutter ist der Genius des Kindes.*

---

FRIEDRICH HEGEL, 1770–1831

# Zur Wiederholung 2

---

**A.** Aus welchen Geschichten sind die folgenden Substantive *(nouns)?* Erklären Sie den jeweiligen *(respective)* Kontext.

---

**BEISPIEL:** **Paradies:** *(5) Für den Mann mit der Küchenuhr war die Zeit vor dem Krieg wie ein Paradies.*

1. das Gebiß
2. die Bank
3. der Ärmel
4. der Druck

5. die Warntafel
6. die Grünanlage
7. der Verkehr
8. der Kinderwagen

---

**B.** Erklären Sie die Bedeutungsunterschiede *(differences in meaning)* zwischen den folgenden Sätzen.

---

1. Das hat er Ihnen **ja** gesagt.
2. Das hat er **ausgerechnet** Ihnen gesagt.
3. Das hat er Ihnen **doch** gesagt.
4. Das hat er Ihnen **gerade** gesagt.
5. Das hat er Ihnen **wohl** gesagt.
6. Das hat er Ihnen **nämlich** gesagt.

---

**C.** Geben Sie englische Bedeutungen für die Wörter in Fettdruck. Drücken Sie die Sätze in anderen Worten auf deutsch aus.

---

1. Gerhard **sauste** (4) in seinem Porsche mit solcher **Geschwindigkeit** (4) an uns vorbei, daß er unser **Winken** (4) **gar nicht** (4) merkte.
2. Der alte Herr stand im **Schatten** (4). Kein Wunder, daß er uns nicht **auffiel** (5).
3. **Ausgerechnet** (5) am letzten Tag der Ferien **hörte** der Regen **auf** (5).
4. **Ein kräftiger Schluck** (4) Schnaps wärmt den Magen, desinfiziert das **Gebiß** (4) und kann den Alltagstrott vertreiben *(drive away)*.

5. Ja renne nach dem Glück
   Doch renne nicht so sehr.
   Denn alle rennen nach dem Glück
   Das Glück rennt **hinterher** (6).

   Bertolt Brecht, *Die Dreigroschenoper*

---

**D.** Wie geht es weiter? Ergänzen Sie diese Aussagen über die Geschichten, die Sie gerade gelesen haben.

---

*NOTE: Heed the verb tenses and keep them consistent in
each sentence.*

1. Der junge Mann ärgert *(annoys)* den Mann mit der Zeitung, indem
   er . . .
2. Der junge Mann blieb vor einem Herrn stehen, um . . . zu . . .
3. Er hatte ein ganz altes Gesicht, obwohl . . .
4. Die Oma kaufte einen Hörapparat, damit . . .
5. Der Herr mit der Zeitung meint, daß . . .
6. Hans Jäger grüßt seine Freundin gar nicht freundlich, denn . . .
7. Rotkäppchen mußte ein Körbchen zur Oma bringen, ehe . . .
8. Als der junge Mann nach Hause kam, . . .
9. Wenn der junge Mann in der Nacht heimkam, . . .
10. Er erzählt den Leuten von seiner Uhr, während . . .
11. Rotkäppchens Mutter hatte eine Verabredung, und deshalb . . .

---

**E.** Kleine Wörter merkt man sich oft schwer. Ersetzen *(replace)* Sie
die Wörter in Fettdruck mit passenden *(suitable)* Synonymen
aus der Liste.

---

1. Rotkäppchen besucht ihre Oma **fast** jede Woche.
2. Als Michi am Bahnhof ankam, war der Schnellzug nach Hannover schon **weg.**
3. Unsere Lehrerin spricht **dauernd** *(continually)*
   von Prüfungen.
4. Ich habe **nur** fünfzig Mark für diesen Rock aus-
   gegeben.
5. Er meinte, es wäre besser, zu Hause zu bleiben.
   **Dann** sagte seine Freundin, sie wolle doch ins
   Kino gehen.

a. immerzu (5)
b. fort (4)
c. darauf (6)
d. beinahe (4)
e. bloß (6)

**F.** Manche Adjective intensivieren menschliches Tun oder menschliche Reaktionen. Beantworten Sie die folgenden Fragen.

BEISPIEL:   Wann gehen Sie **leise** (5)?
*Ich gehe leise, wenn ich niemanden wecken will.*

1. Wann muß man sehr **vorsichtig** (5) sein?
2. Wann fühlen Sie sich **überlegen** (5)?
3. Wann sehen Sie jemanden **erstaunt** (6) an?
4. Wann werden Sie **aufgeregt** (5)?
5. Was für Situationen machen Sie **verlegen** (5)?
6. Wann machen Sie ein **freudiges** (5) Gesicht?

**G.** Bilden Sie Sätze, indem Sie Verben aus der ersten Liste mit passenden Vokabeln und Ausdrücken aus der zweiten Liste verbinden.

BEISPIEL:   anlächeln (5): Menschen
*Meine Frau **lächelt** manchmal fremde **Menschen an**.*

1. einbauen (4)
2. abnehmen* (4)
3. es steht fest (5)
4. festhalten* (6)
5. halten* für (6)
6. fortfahren* (5)
7. losfahren* (4)
8. aufhören (5)
9. abschlagen* (6)

a. am Ärmel
b. seinem Volk eine Bitte
c. eine verrückte Person
d. in ihrem Wagen
e. in seinen Wagen
f. daß . . .
g. zu + infinitive
h. sieben Kilo

**H.** Welche Geschichte in diesem Buch hat Ihnen bisher *(up to now)* am besten oder am wenigsten gefallen? Erklären Sie warum (6 bis 8 Sätze).

*Die Menschen werden mehr von der Sprache gebildet denn die Sprache von den Menschen.*

*JOHANN WOLFGANG GOETHE, 1749–1832*

# 7

# San Salvador

## Peter Bichsel

*PETER BICHSEL was born in 1935 in Lucerne, Switzerland. He taught elementary school in the canton of Solothurn until he turned to writing full time in 1968. Several remarkable short-story collections and a novel,* Die Jahreszeiten *(1967), have established him as one of Switzerland's leading contemporary writers and earned him numerous literary awards. The simple yet subtle language of Bichsel's stories, like "Ein Tisch ist ein Tisch," "Die Erde ist rund," "Der Milchmann," "Der Erfinder," and "Stockwerke," accounts for their popularity in first- and second-year German textbooks. Taken from his collection* Eigentlich möchte Frau Blum den Milchmann kennenlernen *(1964), "San Salvador" blends subtlety with understatement. The most important things are left unsaid. But how they are left unsaid is what lends the story its depth and poignancy.*

## ERSTES LESEN—ERSTE EINDRÜCKE
### (Gruppenarbeit)

Lesen Sie diesen Text in wenigen Minuten durch. Schlagen Sie einen anderen Titel für diese Geschichte vor *(suggest)*.

Er hatte sich eine Füllfeder[1] gekauft.

Nachdem er mehrmals seine Unterschrift, dann seine Initialen, seine Adresse, einige Wellenlinien[2], dann die Adresse seiner Eltern auf ein Blatt gezeichnet hatte, nahm er einen neuen Bogen[3], faltete[4] ihn sorgfältig[5] und
5 schrieb: „Mir ist es hier zu kalt", dann, „ich gehe nach Südamerika", dann hielt er inne[6], schraubte[7] die Kappe auf die Feder, betrachtete[8] den Bogen und sah, wie die Tinte eintrocknete und dunkel wurde (in der Papeterie[9] garantierte man, daß sie schwarz werde), dann nahm er seine Feder erneut[10] zur Hand und setzte noch großzügig[11] seinen Namen darunter.
10 Dann saß er da.

Später räumte[12] er die Zeitungen vom Tisch, überflog[13] dabei die Kinoinserate[14], dachte an irgend etwas[15], schob den Aschenbecher beiseite, zerriß[16] den Zettel[17] mit den Wellenlinien, entleerte seine Feder und füllte sie wieder. Für die Kinovorstellung[18] war es jetzt zu spät.

15    Die Probe[19] des Kirchenchors dauerte bis neun Uhr, um halb zehn
würde Hildegard zurück sein. Er wartete auf Hildegard. Zu all dem[20]
Musik aus dem Radio. Jetzt drehte er das Radio ab[21].

Auf dem Tisch, mitten auf dem Tisch, lag nun der gefaltete Bogen,
darauf stand in blauschwarzer Schrift sein Name Paul.

20    „Mir ist es hier zu kalt", stand auch darauf.

Nun würde also Hildegard heimkommen, um halb zehn. Es war jetzt
neun Uhr. Sie läse seine Mitteilung[22], erschräke[23] dabei, glaubte wohl das
mit Südamerika nicht, würde dennoch[24] die Hemden im Kasten[25] zählen,
etwas müßte ja geschehen sein.

25    Sie würde in den „Löwen"[26] telefonieren.

Der „Löwen" ist mittwochs geschlossen. Sie würde lächeln und
verzweifeln[27] und sich damit abfinden[28], vielleicht.

Sie würde sich mehrmals die Haare aus dem Gesicht streichen[29], mit
dem Ringfinger der linken Hand beidseitig der Schläfe[30] entlangfahren,
30    dann langsam den Mantel aufknöpfen[31].

Dann saß er da, überlegte[32], wem er einen Brief schreiben könnte, las
die Gebrauchsanweisung[33] für den Füller noch einmal—leicht nach rechts
drehen—las auch den französischen Text, verglich[34] den englischen mit
dem deutschen, sah wieder seinen Zettel, dachte an Palmen, dachte an
35    Hildegard.

Saß da.

Und um halb zehn kam Hildegard und fragte: „Schlafen die Kinder?"
Sie strich sich die Haare aus dem Gesicht.

# GRÜNDLICHES LESEN

Lesen Sie diese Geschichte jetzt genau durch.

## Zum Textverständnis

1. **Schriftlich:** Mit ganz wenigen Worten sagt der Autor viel über das Eheleben von Paul und Hildegard, über ihre Gefühle, ihre Situation. Es gibt aber auch manches, was wir einfach nicht genau wissen. Das sind wieder offene Stellen (vgl. „Die Küchenuhr", Zur Diskussion, Seite 33). Schreiben Sie zu Hause Fragen über das, was wir *nicht* erfahren (mindestens sieben Fragen).

*NOTE: Begin each question with a different interrogative word.*

BEISPIELE:    ***Wie lange*** *sind Paul und Hildegard verheiratet?*
***Wo*** *wohnen sie?*
***Warum*** *ist es ihm zu kalt?*

2. **Mündlich:** Stellen Sie in der Unterrichtsstunde Ihre Fragen an andere Studenten. Notieren Sie die Antworten, die Sie bekommen.
3. **Partner- oder Gruppenarbeit:** Beschreiben Sie Paul, Hildegard und ihre Ehe mit Hilfe der Antworten, die Sie auf Ihre Fragen bekommen haben.

## Wortschatzübungen

Was machen Sie in den folgenden Situationen? Antworten Sie in ganzen Sätzen, indem Sie Verben aus der Liste verwenden.

BEISPIEL:    Die Fernsehsendungen sind heute ganz schlecht. Sie haben keine Lust mehr fernzusehen.
*Ich* **drehe** *den Fernseher* **ab.**

1. Die Zeitung ist zu groß und paßt nicht in Ihre Tasche.
2. Der Autoschlüssel ist in der Tasche Ihrer Mutter, aber Sie finden ihn nicht.
3. Von Ihrem Deutschprofessor bekommen Sie Ihre letzte Prüfung zurück. Sie haben beinahe jede Frage falsch beantwortet und eine sehr schlechte Note *(grade)* bekommen.
4. Sie haben gerade gegessen und brauchen den Tisch jetzt zum Arbeiten.

räumen *clear away*
entleeren *empty*
innehalten* *pause*
betrachten *observe*
überfliegen* *to skim*
zerreißen* *to tear*
falten *to fold*
überlegen *to ponder*

5. Sie wollen möglichst schnell wissen, ob etwas Wichtiges im Brief von Ihrem Onkel steht.
6. In der Gallerie hängen einige Bilder von Albrecht Dürer, die Ihnen sehr gefallen.
7. Während Sie nachts allein im Wohnzimmer lesen, hören Sie in Ihrem Schlafzimmer etwas auf den Boden fallen.
8. Sie schreiben ein Examen und müssen bei einer Frage zwischen zwei Antworten wählen, die Sie für richtig halten.

## Zum Schreiben (Wählen Sie *eine* Aufgabe.)

1. Beschreiben Sie die Ehe dieser beiden Menschen. Erklären Sie, wie und warum es Paul kalt geworden ist (12 bis 15 Sätze).
2. Erzählen Sie, wie es hier weitergehen könnte (12 bis 15 Sätze).

   Um halb zehn kam Hildegard und fragte: „Schlafen die Kinder?" Aber Paul war nicht mehr da. Hildegard . . .

*NOTE: Keep your ending in the simple past tense like the rest of the story.*

3. Sie sind Paul. Sie haben Hildegard verlassen und leben jetzt an einem Ort, wo es Ihnen nicht mehr zu kalt ist. Schreiben Sie Hildegard einen Brief, in dem Sie von Ihrem neuen Leben erzählen und ihr erklären, warum Sie von ihr und aus der Schweiz weggegangen sind (15 bis 18 Sätze).

## Zur Diskussion — For Wed. 10/21

1. Diskutieren Sie Pauls Wunschtraum. Warum ist es ihm jetzt zu kalt? In welchem Land lebt er, und inwiefern ist das hier vielleicht wichtig?
2. Der Name „San Salvador" kommt im Text nicht vor; Paul schreibt, daß er nach Südamerika geht, aber San Salvador ist die Hauptstadt von El Salvador in *Mittelamerika*. Die Insel San Salvador (von wem so genannt?!) befindet sich im Karibischen Meer und nicht in Südamerika. Hat der Autor sich geirrt? Warum nennt der Autor seine Geschichte so? Was bedeutet San Salvador?
3. Wir können im Text beobachten, wie Pauls Entschluß *(decision)* wegzugehen, sozusagen wie die Tinte auf dem Papier „eintrocknet". Der Autor sagt aber nicht mit Worten, warum Paul diesen Entschluß nicht ausführt. Was meinen Sie?
4. Diskutieren Sie die wiederholten Worte „Dann saß er da" und „Saß da" (ohne „er").

5. Erzählen Sie in einer Reihe von Aussagen, was beide Partner in dieser Ehe tun könnten, um eine solche „kalte" Situation zu vermeiden *(avoid)* oder zu ändern. Beginnen Sie Ihre Aussagen mit Formen wie z.B. „Sie könnten", „Sie müßten" und „Sie sollten".
6. Was meinen Sie?
    a. Meiner Meinung nach sollte Paul seine Familie verlassen (nicht verlassen) und nach Südamerika fliehen, denn . . .
    b. Wenn ich Paul (oder Hildegard) wäre, dann würde ich . . .

---

*Die Ehe als langes Gespräch.—Man soll sich beim Eingehen einer Ehe die Frage vorlegen: Glaubst du, dich mit dieser Frau bis ins Alter hinein gut zu unterhalten* (converse)? *Alles andere in der Ehe ist transitorisch, aber die meiste Zeit des Verkehrs gehört dem Gespräch an.*

---

*FRIEDRICH NIETZSCHE, 1844 – 1900*

# 8

# Die Aussage
## Günther Weisenborn

*GÜNTHER WEISENBORN was born in 1902 in Velbert in the Rhineland and died in Berlin in 1969. After living in South and North America in the 1930s, he returned to Germany in 1937 and helped the German resistance against the Nazis in his position with one of Germany's radio networks. For these activities he was imprisoned from 1942 to 1945. Weisenborn made his mark as a playwright before the war with his antimilitaristic drama U-Boot S 4 (1928). His plays and stories have a strong historical and social orientation and deal frequently with World War II and the German resistance movement. "Die Aussage" comes from Memorial (1947), a collection of his stories set in Germany during the Nazi years and undoubtedly based on his experiences or those of people he knew.*

## ERSTES LESEN—ERSTE EINDRÜCKE
## (Partner- oder Gruppenarbeit)

Lesen Sie den Text schnell durch. Suchen Sie die folgenden Stichworte *(cue phrases)* im Text. Besprechen Sie mit einem Partner oder anderen Studenten, was diese Stichworte mit dem Geschehen in dieser Geschichte zu tun haben.

klopfte Zeichen
Morse nicht verstehen
. . . verstehe . . .
von Paris bis Moskau etwa
zweite . . . Aussage . . . bedeutet . . . Todesurteil
Nehme zurück . . .
brach Graphitspitze ab
gerettet, vielleicht

ZU IHRER INFORMATION: Der Erzähler ist Gefangener *(prisoner)* in einer Gestapozelle. Er weiß, daß der Gefangene in der nächsten Zelle eine Aussage gegen ihn gemacht hat. (**Gestapo:** Kurzwort für **Ge**heime **Sta**ats**po**lizei, politische Polizei des nationalsozialistischen Regimes.

Als ich abends gegen zehn Uhr um[1] mein Leben klopfte[2], lag ich auf
der Pritsche[3] und schlug mit dem Bleistiftende unter der Wolldecke an
die Mauer[4]. Jeden Augenblick flammte das Licht in der Zelle auf, und
der Posten[5] blickte durch das Guckloch[6]. Dann lag ich still.

5 Ich begann als Eröffnung mit gleichmäßigen[7] Takten. Er erwiderte[8]
genauso. Die Töne waren fein und leise wie sehr entfernt. Ich klopfte
einmal—a, zweimal—b, dreimal—c.

Er klopfte unregelmäßig[9] zurück. Er verstand nicht.

Ich wiederholte, er verstand nicht.

10 Ich wiederholte hundertmal, er verstand nicht. Ich wischte mir den
Schweiß ab[10], um meine Verzweiflung[11] zu bezwingen[12]. Er klopfte
Zeichen[13], die ich nicht verstand, ich klopfte Zeichen, die er nicht ver-
stand.

Ratlosigkeit[14].

15 Er betonte einige Töne, denen leisere folgten. Ob es Morse war? Ich
kannte nicht Morse. Das Alphabet hat 26 Buchstaben. Ich klopfte für
jeden Buchstaben die Zahl, die er im Alphabet einnahm[15]: für h achtmal,
für p sechzehnmal.

Es tickten andere Takte herüber, die ich nicht begriff[16]. Es schlug zwei
20 Uhr. Wir mußten uns unbedingt[17] verständigen[18].

Ich klopfte:

. = a, .. = b, . . . = c

Ganz leise und fern die Antwort:

− − − .

25 Keine Verständigung. In der nächsten Nacht jedoch[19] kam es plötzlich
herüber, ganz leise und sicher:

., . ., . . .

Dann die entscheidenden[20] Zeichen: zweiundzwanzig gleiche Klopf-
töne. Ich zählte mit, das mußte der Buchstabe V sein. Dann fünf Töne.
30 Es folgte ein R, das ich mit atemlos kalter Präzision auszählte. Danach
ein S, ein T, ein E, ein H, ein E.

. . . verstehe . . .

Ich lag starr[21] und glücklich unter der Wolldecke. Wir hatten Kontakt
von Hirn[22] zu Hirn, nicht durch den Mund, sondern durch die Hand.
35 Unser Verstand[23] hatte die schwere Zellenmauer des Gestapokellers

überwunden[24]. Ich war naß[25] vor Schweiß, überwältigt[26] vom Kontakt.
Der erste Mensch hatte sich gemeldet[27]. Ich klopfte nichts als:

. . . gut . . .

Es war entsetzlich[28] kalt, ich ging den Tag etwa 20 Kilometer in der
40 Zelle auf und ab, machte im Monat 600, in neun Monaten 5400 Kilometer, von Paris bis Moskau etwa, wartende Kilometer, fröstelnd[29], auf mein
Schicksal[30] wartend, das der Tod sein mußte. Ich wußte es, und der Kommissar hatte gesagt, daß bei mir „der Kopf nicht dran" bleiben würde.
    Die zweite Aussage lag eben vor[31], daran war nichts zu ändern. Es war
45 nur eine Hoffnung, wenn K. diese Aussage zurücknehmen würde. In der
Nacht klopfte ich ihn an:
    „Du . . . mußt . . . deine . . . Aussage . . . zurücknehmen . . ."
    Er klopfte zurück:
    „Warum?"
50 Ich: „Ist . . . zweite . . . Aussage . . . gegen . . . mich . . . bedeutet
. . . Todesurteil[32] . . ."
    Er: „Wußte . . . ich . . . nicht . . ."
    Ich: „Wir . . . sind . . . nicht . . . hier . . . um . . . Wahrheit . . . zu
. . . sagen . . ."
55 Er: „Nehme . . . zurück . . ."
    Ich: „Danke . . ."
    Er: „Morgen . . ."
    Ich: „Was . . . brauchst . . . du . . .?"
    Er: „Bleistift . . ."
60 Ich: „Morgen . . . Spaziergang . . ."
    Es wurde plötzlich hell. Das Auge der SS blickte herein. Ich lag still
unter der Decke. Es wurde wieder dunkel. Ich hatte Tränen in den Augen. „Nehme zurück." Das werde ich nie vergessen. Es kam ganz fein
und   leise   taktiert   durch   die   Wand.   Eine   Reihe   von   kaum
65 wahrnehmbaren[33] Tönen, und es bedeutete, daß für mich die Rettung[34]
unterwegs war. Sie bestand[35] diese Nacht nur im Gehirn eines Todeskan-
didaten, drüben in Zelle acht, unsichtbar[36], winzig[37]. Morgen würden es
oben Worte werden, dann würde es ein unterschriebenes Protokoll im
Büro sein, und eines Tages würde dies alles dem Gericht[38] vorliegen.
70 „Dank in die Ewigkeit[39], K.!"
    Ich brach von meinem Bleistift die lange Graphitspitze[40] ab und trug
sie während des Spaziergangs bei mir. Es gingen ständig[41] sechs Mann,
immer dieselben, die ich nicht kannte, im Kreis um den engen Gestapohof.
75 Zurückgekehrt[42] standen wir auf unserem Flur[43] zu drei Mann[44], weit
voneinander entfernt, und warteten einige Sekunden, bis der Posten uns
nachkam. Ich eilte[45] heimlich[46] auf Zelle acht zu, riß die Klappe[47] auf,

warf die Bleistiftspitze hinein, schloß die Klappe lautlos und stellte mich eilig an meinen Platz. Ich werde nie das erstaunte[48] Aufblicken seiner
80  sehr blauen Augen, sein bleiches[49] Gesicht, die Hände, die gefesselt[50] vor ihm auf dem Tisch lagen, vergessen. Der Posten kam um die Ecke. Das Herz schlug mir bis in den Hals. Wir wurden eingeschlossen[51].

Später klopfte es: „Danke . . . habe . . . Aussage . . . zurückgenommen."
85  Ich war gerettet.
Vielleicht.

# GRÜNDLICHES LESEN

Lesen Sie die Geschichte jetzt genau durch.

## Zum Textverständnis

1. Fassen Sie diese Erzählung zusammen *(summarize)*, indem *(by . . . ing)* Sie die folgenden Sätze vervollständigen *(complete)*.

   a. Zu Beginn der Geschichte war der Erzähler . . .
   b. Sein Nachbar hatte gegen ihn . . .
   c. Deswegen mußte der Erzähler . . .
   d. Er klopfte . . ., aber der Nachbar . . .
   e. Der Nachbar klopfte . . ., die er . . .
   f. In der nächsten Nacht jedoch gelang es ihnen, . . .
   g. Der Erzähler klopfte seinem Nachbarn, daß der Nachbar . . ., denn . . .
   h. Besonders schlimm war die zweite Aussage, denn . . .
   i. Der Nachbar antwortete, er werde . . ., aber . . .
   j. Auf seinem Spaziergang am nächsten Morgen . . .
   k. Später klopfte der Nachbar, daß . . .

## In eigenen Worten (Partnerarbeit)

Schreiben Sie zehn bis fünfzehn Stichworte auf, die Ihnen helfen, sich die Handlung *(plot)* besser zu merken. Abwechselnd *(alternating)* lesen Sie und ein Partner einander Ihre Stichworte vor, und Ihr Partner erklärt in seinen eigenen Worten die Bedeutung Ihrer Stichworte.

BEISPIEL:    **Todesurteil:** *Die zweite Aussage gegen den Erzähler bedeutete das Todesurteil, d.h., nach der zweiten Aussage sollte er sterben.*

# Wortschatzübungen

1. Schreiben Sie acht bis zehn Wörter aus dem Text auf, die irgendeine Art Kommunikation ausdrücken. Machen Sie Aussagen mit diesen Wörtern.

BEISPIEL:    **Morse:** *Als Pfadfinder* (Boy Scouts) *lernen viele Jungen* **Morse.**

2. Durch gewisse Wörter und Wendungen *(expressions)* bringt der Autor Gefühle, Reaktionen und Stimmungen *(moods)* der Menschen in dieser Geschichte zum Ausdruck. Beschreiben Sie Situationen, in denen Sie auch besonders stark empfinden *(feel)* oder reagieren würden.

BEISPIEL:    **glücklich sein:** *Ich wäre glücklich, wenn ich den ganzen Tag im Tiefschnee skifahren könnte.*

a. gegen Verzweiflung kämpfen
b. naß vor Schweiß sein
c. Ratlosigkeit empfinden*
d. starr dasitzen*

e. frösteln
f. erstaunt aufblicken
g. überwältigt sein

# Zum Schreiben (Wählen Sie *eine* Aufgabe.)

1. Es steht nicht im Text, wie und warum der Erzähler von der Gestapo festgenommen *(seized)* wurde. Schreiben Sie einen Anfang zu dieser Erzählung, in dem Sie die Aktivitäten des Erzählers und seine Verhaftung *(arrest)* beschreiben (12 bis 15 Sätze).

**NOTE:** *Write in the simple past tense and avoid the words* **haben** *and* **sein.**

2. Suchen Sie in einer Enzyklopädie oder in einem Buch über deutsche Geschichte und Kultur *einen* der folgenden Namen:

Anne Frank
Carl von Ossietzky
Carl Goerdeler

Hans und Sophie Scholl
 (Die weiße Rose)
Dietrich Bonhoeffer
Ludwig Beck

Machen Sie Notizen über diese Person. Schreiben Sie einen Bericht zum Vorlesen in der Unterrichtsstunde (15 bis 20 Sätze). Erklären Sie in Ihrem Bericht u. a. *(among other things):*

a. Wer diese Person war.
b. Wo und wann sie lebte.

c. Welchen Beruf sie ausübte.
d. Warum sie ins Gefängnis *(prison)* oder ins Konzentrationslager kam.
e. Was aus dieser Person wurde.

3. Waren Sie je in einer Situation, wo Sie sich nicht mehr frei bewegen *(move)* durften, z.B. in einer Zelle oder im Krankenbett? Erzählen Sie dar- über und beschreiben Sie Ihre Gefühle dabei (12 bis 15 Sätze).

# Zur Diskussion

1. Wir wissen nicht genau, warum der Erzähler im Gefängnis sitzt. Machen Sie eine Liste von mindestens fünf möglichen Gründen für seine Verhaf- tung.
2. Aus welchen Gründen könnte der Nachbar seine Aussage gemacht haben? Erklären Sie hierzu den Kommentar des Erzählers: „Wir sind nicht hier, um die Wahrheit zu sagen."
3. Es gibt auch andere offene Stellen in dieser Geschichte. Woher weiß z.B. der Erzähler, daß der Gefangene in der Nebenzelle K. heißt und gegen ihn ausgesagt hat? Gibt es noch andere Fakten, die Sie nicht verstehen? Warum läßt der Autor solche Information weg? Welches Gefühl wird da- durch im Leser erweckt?
4. Warum dankt der Nachbar dem Erzähler am Ende? Der Erzähler müßte doch dem Nachbarn danken.
5. Nennen Sie fünf berühmte *(famous)* Gefangene der letzten 1000 Jahre. Erklären Sie ganz kurz, warum jeder verhaftet worden ist.

---

*Sterben ist etwas mehr als Harlekinsprung* (clown's leap), *und Todesangst ist ärger* (worse) *als Sterben.*

---

*FRIEDRICH SCHILLER, 1759–1805*

# 9

# Neapel sehen

## Kurt Marti

*KURT MARTI was born in 1921 in Berne, Switzerland, and has been a pastor there for many years. His short stories, essays, and poetry have earned him several literary awards, in his homeland and in Germany. "Neapel sehen" ("To See Naples") appeared in his first collection of short stories, Dorfgeschichten (1960). In terse style Marti offers a poignant portrait of a man locked into his own false perceptions and misspent life. Central to the story is the significance of its title. Other short and challenging selections from this collection are "Ein Leben in Villen," "Dora ißt Brot," "Lokalzug," and "Happy End."*

## ERSTES LESEN—ERSTE EINDRÜCKE

Lesen Sie diesen kurzen Text möglichst schnell durch. Wenn Sie fertig sind, beantworten Sie die folgenden Fragen:

1. Wo arbeitete der Mann?
2. Wie lange arbeitete er dort?
3. Warum arbeitete er eines Tages nicht mehr?
4. Wie fand er das Leben zu Hause?
5. Was geschah mit der Bretterwand?

Er hatte eine Bretterwand[1] gebaut. Die Bretterwand entfernte[2] die Fabrik aus seinem häuslichen Blickkreis[3]. Er haßte[4] die Fabrik. Er haßte seine Arbeit in der Fabrik. Er haßte die Maschine, an der er arbeitete. Er haßte das Tempo der Maschine, das er selber beschleunigte[5]. Er haßte die
5 Hetze nach[6] Akkordprämien[7], durch welche er es zu einigem Wohlstand[8], zu Haus und Gärtchen gebracht[9] hatte. Er haßte seine Frau, so oft sie ihm sagte, heut nacht hast du wieder gezuckt[10]. Er haßte sie, bis sie es nicht mehr erwähnte[11]. Aber die Hände zuckten weiter im Schlaf, zuckten im schnellen Stakkato der Arbeit. Er haßte den Arzt, der ihm sagte,
10 Sie müssen sich schonen[12], Akkord ist nichts mehr für Sie. Er haßte den Meister, der ihm sagte, ich gebe dir eine andere Arbeit, Akkord ist nichts mehr für dich. Er haßte so viele verlogene[13] Rücksicht[14], er wollte kein Greis[15] sein, er wollte keinen kleineren Zahltag, denn immer war das die

Hinterseite[16] von so viel Rücksicht, ein kleinerer Zahltag. Dann wurde er
15  krank, nach vierzig Jahren Arbeit und Haß zum ersten Mal krank. Er
lag im Bett und blickte zum Fenster hinaus. Er sah sein Gärtchen. Er sah
den Abschluß[17] des Gärtchens, die Bretterwand. Weiter sah er nicht. Die
Fabrik sah er nicht, nur den Frühling im Gärtchen und eine Wand aus
gebeizten[18] Brettern. Bald kannst du wieder hinaus, sagte die Frau, es
20  steht alles in Blust[19]. Er glaubte ihr nicht. Geduld[20], nur Geduld, sagte
der Arzt, das kommt schon wieder[21]. Er glaubte ihm nicht. Es ist ein
Elend[22], sagte er nach drei Wochen zu seiner Frau, ich sehe immer das
Gärtchen, sonst nichts, nur das Gärtchen, das ist mir zu langweilig[23], immer dasselbe Gärtchen, nehmt doch einmal zwei Bretter aus der ver-
25  dammten Wand, damit[24] ich was anderes sehe. Die Frau erschrak[25]. Sie
lief zum Nachbarn. Der Nachbar kam und löste[26] zwei Bretter aus der
Wand. Der Kranke sah durch die Lücke[27] hindurch, sah einen Teil der
Fabrik. Nach einer Woche beklagte er sich[28], ich sehe immer das gleiche
Stück der Fabrik, das lenkt mich zu wenig ab[29]. Der Nachbar kam und
30  legte die Bretterwand zur Hälfte nieder. Zärtlich[30] ruhte der Blick des
Kranken auf seiner Fabrik, verfolgte das Spiel des Rauches über dem
Schlot[31], das Ein und Aus der Autos im Hof, das Ein des Menschen-
stromes am Morgen, das Aus am Abend. Nach vierzehn Tagen befahl[32]
er, die stehengebliebene Hälfte der Wand zu entfernen. Ich sehe unsere
35  Büros nie und auch die Kantine nicht, beklagte er sich. Der Nachbar kam
und tat, wie er wünschte. Als er die Büros sah, die Kantine und so das
gesamte[33] Fabrikareal[34], entspannte[35] ein Lächeln die Züge[36] des Kranken.
Er starb nach einigen Tagen.

## GRÜNDLICHES LESEN

Lesen Sie die Geschichte jetzt genau durch.

## Zum Textverständnis

1. **Jeder für sich oder in der Gruppe:** Gruppieren Sie um die angegebenen
   Wörter möglichst viele *(as many as possible)* Wörter oder Informationen,
   an die Sie sich erinnern können. Nehmen Sie dabei nicht den Text zu
   Hilfe.

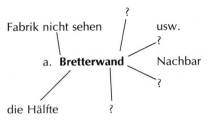

b. **hassen**                    c. **krank**                    d. **Fabrik**

2. **Gruppenarbeit:** Erzählen Sie die Geschichte mit Hilfe Ihrer Wortgruppierungen durch möglichst viele kleine Aussagen chronologisch nach.

*NOTE: The class could probably retell the story in three or four
sentences, but here you should try to retard the narrative. Every
time another student makes a statement to which you can add more
details and information, gain the floor and provide additional
information. Note these openers for adding a comment.*

Noch etwas sollte man erwähnen *(mention).*
Dazu sollte man noch sagen, daß . . .
Man hat nicht erwähnt, daß . . .

**BEISPIEL:**    A: *Der Arzt sagte, es werde ihm bessergehen.*
                 B: *Noch etwas sollte man erwähnen. Er glaubte dem Arzt nicht.*

# Wortschatzübungen

1. Schreiben Sie zehn Wörter oder Wendungen *(expressions)* auf, die Sie für
   das Leben und den Charakter des Mannes besonders kennzeichnend
   *(characteristic)* finden (z. B. Bretterwand, hassen). Vergleichen Sie Ihre
   Wörter mit denen anderer Studenten. Begründen Sie die Wahl Ihrer
   Wörter.
2. Drücken Sie das Gegenteil *(opposite)* der Sätze mit Hilfe von Verben in
   der Liste aus. Achten Sie *(heed)* besonders auf die Wörter in Fettdruck.

   a. Als der Blitz einschlug, **hatte** der junge Mann **keine**            sich schonen
      **Angst.**                                                             entfernen
   b. Manche Leute wollen bloß immer **gehorchen.**                          befehlen*
   c. **Strenge dich** bei der Arbeit **an!**                                erschrecken*
   d. Der schwerkranke Patient **blieb ganz still und ruhig.**               zucken
   e. Paul **schwieg über** all das, was er an diesem Abend ge-             erwähnen
      macht und gedacht hatte.                                              ablenken
   f. **Bringen** Sie die Gefangenen **her!**                                sich beklagen
   g. Manche Leute **sind** mit allem **zufrieden.**                         entspannen

# In eigenen Worten

Drücken Sie die Stellen anders aus.

**NOTE:** *This is a paraphrase activity; you need not explain the context.*

1. Die Bretterwand entfernte die Fabrik aus seinem häuslichen Blickkreis.
2. Er haßte die Hetze nach Akkordprämien, durch welche er es zu einigem Wohlstand, zu Haus und Gärtchen gebracht hatte.
3. Sie müssen sich schonen, Akkord ist nichts mehr für Sie.
4. . . . er wollte kein Greis sein, er wollte keinen kleineren Zahltag, denn immer war das die Hinterseite von so viel Rücksicht, ein kleinerer Zahltag.
5. Der Nachbar kam und legte die Bretterwand zur Hälfte nieder.
6. Zärtlich ruhte der Blick des Kranken auf seiner Fabrik, verfolgte das Spiel des Rauches über dem Schlot.
7. Nach vierzehn Tagen befahl er, die stehengebliebene Hälfte der Wand zu entfernen.

# Zum Schreiben (Wählen Sie *eine* Aufgabe.)

1. Erzählen Sie die Geschichte nach (12 bis 15 Sätze). Verwenden Sie dabei mindestens vier der folgenden Verben:

| | |
|---|---|
| müssen | können |
| sollen | lassen* |
| wollen | (nicht) dürfen |

2. Erfinden Sie eine Geschichte von einem Arbeiter, der ganz anders dachte und lebte als der Mann in dieser Geschichte (15 bis 20 Sätze).
3. Das Ende dieser Geschichte gefällt Ihnen nicht. Schreiben Sie ein neues Ende (etwa 15 Sätze).

# Zur Diskussion

A **motif** *is a simple element, usually a familiar situation, incident, attitude, etc., that serves as the basis or central idea for a story or poem. The more literature we read, the more familiar we become with such motifs because they tend to recur within our literary tradition, although in many different guises. Just think, for example, how many stories, musicals, and films have been built around the Cinderella motif (the poor girl who marries the rich prince).*

1. Diskutieren Sie Motive, die Sie in dieser Geschichte sehen.
2. Was sagt Ihnen der Titel? Lesen Sie die Goethe-Zitate *(quotations)* weiter unten!
3. Die Geschichte besteht *(consists)* aus nur *einem* langen Abschnitt. Warum nicht zwei oder drei Abschnitte?
4. Erklären Sie, welche Aspekte oder Probleme im Leben des Mannes und vielleicht auch in der modernen Welt durch die folgenden Dinge zum Ausdruck gebracht werden:

| | |
|---|---|
| die Bretterwand | das Ein und Aus der Autos im Hof |
| das Gärtchen | Akkordprämien |
| das Stakkato der Arbeit | |

5. Machen Sie eine Liste von Dingen, die Sie hassen. Was hassen Sie am allermeisten? Warum?
6. Haben Sie einmal eine Arbeit gehabt, die Sie haßten? Erzählen Sie davon. Beschreiben Sie die Gefühle, die Sie dabei hatten.
7. Erzählen Sie von einem Ort *(place)*, den Sie einmal in Ihrem Leben sehen möchten. Warum möchten Sie dorthin reisen?

---

*Von der Lage* (location) *der Stadt und ihren Herrlichkeiten, die so oft beschrieben und belobt* (praised) *sind, kein Wort. „Vedi Napoli e poi muori!" sagen sie hier. „Siehe Neapel und stirb!"*

*Neapel ist ein Paradies, jedermann lebt in einer Art von trunkner Selbstvergessenheit. Mir geht es ebenso, ich erkenne mich kaum, ich scheine mir ein ganz andrer Mensch.*

---

*JOHANN WOLFGANG GOETHE, 1749–1832*

# Zur Wiederholung 3

## TEXTE 7-9

A. Es geht um die Wette! Schreiben Sie in jeweils *(in each case)* einer Minute alle Wörter auf, die Ihnen zu jeder der folgenden Geschichten einfallen. Wer die meisten Wörter aus einer Geschichte schreibt und auch die Bedeutungen dieser Wörter weiß, gewinnt.

*NOTE: Words like* **und, er, haben,** *etc., do not count. You should write down words that are for the most part unique to the particular story. Do not forget the articles for the nouns.*

1. „San Salvador"
2. „Die Aussage"
3. „Neapel sehen"

B. Bilden Sie mit jedem Substantiv und einem dazupassenden Verb aus der zweiten Liste Sätze über die Geschichten, die Sie gelesen haben.

BEISPIEL:  **Zettel; zerreißen\***
*Paul **zerriß** den **Zettel** mit den Wellenlinien.*

1. das Fabrikareal
2. die Bretterwand
3. die Graphitspitze
4. der Nachbar
5. die Aussage
6. die Kinoinserate *(pl.)*

a. vorliegen\*
b. abbrechen\*
c. überfliegen\*
d. betrachten
e. lösen
f. sich verständigen

61

**C.** Was bedeuten hier im Kontext die Verbstrukturen in Fettdruck? Suchen Sie englische Entsprechungen *(equivalents)*.

BEISPIEL:    Georg **hielt** beim Schreiben **inne** (7). paused

1. Er **bezwang** (8) seine Angst.
2. Wir **lassen uns** nicht von unserer Arbeit **ablenken** (9).
3. Hans hat nie Zeit, **sich zu entspannen** (9).
4. Paul träumte von einem weit **entfernten** (9) Land.
5. Wir **klopften** (8), aber niemand **meldete sich** (8).
6. Das Telefonbuch **wurde** vom starken Mann **zerrissen** (7).
7. Es geht dir schlecht, aber du **darfst nicht verzweifeln** (7).
8. Einige Gründe haben wir noch nicht **erwähnt** (9).

**D.** Stellen Sie mit den folgenden Verben Fragen in der Vergangenheit *(simple past or present perfect),* die mit den Geschichten nichts zu tun haben. Beginnen Sie Ihre Fragen mit Ausdrücken wie „Wissen Sie, ob . . ." oder „Weißt du, ob . . ."

1. abdrehen (7)
2. jemandem befehlen* (9)
3. sich abfinden* mit (7)

4. erschrecken* (7)
5. zurückkehren (8)
6. begreifen* (8)

**E.** Viele abstrakte Substantive, vor allem *(above all)* Wörter mit **-ung,** sind von Verben abgeleitet *(derived).* Von welchen Verben stammen die folgenden Wörter ab? Erzählen Sie auf deutsch, was jedes dieser Substantive bedeutet.

1. die Mitteilung (7)
2. die Vorstellung (7)
3. die Anweisung (7)

4. die Verzweiflung (8)
5. die Rettung (8)

**F.** Welches Adverb paßt am besten in den Kontext hinein?

1. Schreiben Sie bis morgen einen Aufsatz von _____ zehn bis zwölf Sätzen.
2. Sie besaß wenig Geld, aber _____ kaufte

a. unbedingt (8)
b. erneut (7)
c. etwa (8)

sie ihren Kindern alles, was sie sich wünschten.

d. sorgfältig (7)
e. dennoch (7)
f. starr (8)

3. Wer ein Medikament nimmt, sollte vorher _____ die Gebrauchsanweisung lesen.
4. Nach einigen Wochen Pause nahm er seine Arbeit _____ auf.
5. Veronika macht selten Fehler, weil sie immer _____ arbeitet.

---

**G.** Ergänzen *(complete)* Sie die Sätze nach dem jeweiligen Kontext in den Geschichten.

1. Er ließ die Bretterwand entfernen, da . . .
2. Er haßte die Fabrik, in der . . .
3. Paul überflog die Inserate, in denen . . .
4. Der Gefangene verständigte sich mit seinem Nachbarn, indem . . .
5. Der Nachbar nahm seine Aussage zurück, nachdem . . .
6. Paul zerriß den Zettel, den . . .
7. Der Greis betrachtete den Schlot, aus dem . . .
8. Paul schrieb den Zettel an seine Frau, die . . .
9. Er haßte die Arbeit, wodurch . . .
10. Es war Paul zu kalt geworden, und deswegen . . .

---

**H.** Überfliegen Sie noch einmal schnell die Geschichten 7 bis 9. Schreiben Sie aus jeder Geschichte drei bis vier Wörter auf, deren Bedeutung Sie immer noch nicht gelernt haben. Schreiben Sie Sätze mit diesen Wörtern.

---

*Wer über gewisse Dinge den Verstand nicht verliert, der hat keinen zu verlieren.*

GOTTHOLD EPHRAIM LESSING, 1729–1781

# 10

# Die Erfindungsmaschine
## Paul Maar

*PAUL MAAR was born in 1937 in Schweinfurt, Germany. He has gained literary renown as a writer and illustrator of children's books. Among his award-winning efforts are* Der tätowierte Hund *(1968) and* Eine Woche voller Samstage *(1973). "Die Erfindungsmaschine" is from* Summelsarium oder 13 wahre Lügengeschichten *(Oetinger Verlag, 1973). All thirteen selections, including two additional Professor Monogrohm stories, "Die Frühstücksmaschine" and "das Mittel," make for delightful and easy reading.*

## ERSTES LESEN—ERSTE EINDRÜCKE

Lesen Sie diese Geschichte schnell durch. Ergänzen *(complete)* Sie die folgenden Sätze.

1. Diese Geschichte handelt von einem Professor, der . . .
2. Seine Frau sagte ihm, er solle . . .
3. Elefanten sind Pflanzenfresser und . . .
4. Die Denkmaschine machte dem Professor den Vorschlag *(suggestion)*, . . .
5. Die Erfindungsmaschine . . .

### (LEICHT GEKÜRZT)

Eines Morgens sagte Professor Monogrohm (der berühmte[1] Erfinder der fünfeckigen Kugel[2], der Frühstücksmaschine und des trinkbaren Superhaarwuchsmittels[3]) vor dem Frühstück zu seiner Frau: „Es ist höchste Zeit[4], daß ich wieder einmal eine meiner berühmten Erfindungen
5 mache. Aber mir fällt nicht ein, was ich erfinden soll."

„Das hast du schon oft gesagt", meinte seine Frau. „Erfinde doch[5] irgendeine[6] neuartige[7] Maschine!"

„Das hast du auch schon oft vorgeschlagen[8]", sagte er. „Aber mir fällt eben keine ein. Alle Maschinen sind schon erfunden. Ich denke und denke, aber . . ."

„Du denkst und denkst?" unterbrach[9] ihn seine Frau. „Warum tust du das? Warum baust du keine Maschine, die dir das abnimmt[10]?"

„Richtig! Großartig[11]! Höchstbestens[12]!" rief er. „Das ist eine geniale[13] Idee. Schade, daß sie nicht von mir ist. Ich erfinde eine Denkmaschine!"

15 Damit[14] zog er seinen weißen Erfindermantel an, ging in die Erfinderwerkstatt[15], setzte sich an seinen Erfindertisch und begann die Denkmaschine zu erfinden.

Er baute sechs Wochen, dann war die Maschine fertig. Stolz schob er sie ins Wohnzimmer und führte sie seiner Frau vor[16]. Oben war eine alte 20 Schreibmaschine eingebaut. In die spannte er einen Bogen[17] Papier ein[18] und tippte die erste Frage:

WIEVIEL IST SIEBEN UND ZWÖLF?

Kaum war die Frage ausgeschrieben, tippte die Maschine auch schon ihre Antwort. Neugierig[19] zog der Professor das Papier heraus und las 25 seiner Frau die Antwort vor:

ALBERNE[20] FRAGE! NATÜRLICH NEUNZEHN.

„Die Maschine ist ganz schön hochmütig[21]", stellte der Professor leicht verärgert[22] fest[23]. „Ich muß ihr wohl eine schwierigere Frage stellen."

Er dachte einige Zeit nach[24], dann tippte er:

30 WENN DREI ELEFANTEN AN ZWEI TAGEN SIEBEN PFUND FLEISCH FRES-SEN, WIEVIEL PFUND FLEISCH FRESSEN DANN NEUN ELEFANTEN AN FÜNF TAGEN?

Wieder brauchte die Maschine keine zwanzig Sekunden, dann hatte sie schon ihre Antwort geschrieben. Professor Monogrohm zog das Papier 35 heraus und las vor:

ELEFANTEN SIND PFLANZENFRESSER UND FRESSEN ÜBERHAUPT KEIN FLEISCH, ALTER TROTTEL[25]!

„Die Maschine ist nicht hochmütig, sie ist frech[26]", sagte der Professor. „Jetzt werde ich ihr eine Frage stellen, an der sie ordentlich[27] zu kauen[28] hat."

Damit spannte er ein neues Papier ein und schrieb:

WAS SOLL PROFESSOR MONOGROHM ERFINDEN?

Kaum war die Frage ausgeschrieben, tippte die Maschine schon die Antwort. Die beiden zogen das Papier heraus und lasen gemeinsam[29]:

PROFESSOR MONOGROHM IST ERFINDER! PROFESSOR MONOGROHM WEISS NICHT, WAS ER ERFINDEN SOLL! DARAUS FOLGT[30]: PROFESSOR MON-OGROHM SOLL EINE ERFINDUNGSMASCHINE ERFINDEN, DIE AUFSCHREIBT, WAS ER ERFINDEN SOLL!

„Wenn die Maschine manchmal auch ausgesprochen[31] frech ist: 50 Denken kann sie!" freute sich der Professor. „Genau das ist es, was ich jetzt erfinden werde. Eine Erfindungsmaschine, die Erfindungen erfindet!"

Wieder zog er seinen weißen Erfindermantel an und ging in die Erfinderwerkstatt, um die Erfindungsmaschine zu bauen.

55    Gestern ist die Maschine fertig geworden. Alle vierundfünfzig Minuten
schreibt sie einen neuen Erfindungsvorschlag auf und spuckt ihn aus[32].
Und Professor Monogrohm braucht sich nur in seine Erfindungswerkstatt
zu setzen und das zu bauen, was die Maschine ausgedacht hat. Denn das
schwierigste beim Erfinden ist nicht das Erfinden selber. Viel schwieriger
60    ist es, sich Sachen auszudenken, die bis jetzt noch keiner erfunden hat.

Dies sind die ersten Erfindungsvorschläge, die die Maschine ausge-
spuckt hat:

1. Spazierstock[33] mit Kilometerzähler
2. Hut, der sich automatisch vom Kopf hebt, wenn sein Besitzer „Gu-
65    ten Tag" sagt
3. Brille[34] mit Scheibenwischer[35]
4. Viereckige Äpfel (weil sie sich besser in Kisten[36] verpacken lassen
als runde)
5. Spinat mit Schokoladengeschmack
70    6. Gardine[37], die ohne Wind wehen[38] kann (für Kriminalfilme)
7. Mechanische Großmutter, die auf Knopfdruck[39] Märchen erzählt
8. Jacke, die sich allein zuknöpft[40]
9. Pantoffeln[41] mit eingebauter Heizung[42]
10. Unverwüstliche[43] Rauchzeichen[44] aus Metall für Indianer
75    11. Runde Hausecken (damit es weniger weh tut, wenn man sich
stößt[45])
12. Automatischer Mantelkragen[46], der sich bei starkem Wind hochklappt[47]
13. Wanderstiefel[48] für Wanderdünen[49]

# GRÜNDLICHES LESEN

Lesen Sie die Geschichte jetzt genau durch.

# Zum Textverständnis (Partnerarbeit)

Erzählen Sie Ihrem Partner, was in der Geschichte passiert. Benutzen Sie dabei das folgende Erzählschema. Nehmen Sie den Text nicht zu Hilfe.

NOTE: Use all of the words in the Erzählschema. Alternate with your
partner at the end of each group of words.

Eines Morgens
höchste Zeit
Erfindung
nichts einfallen*

Frau
vorschlagen*
Maschine, die
geniale Idee

anziehen*
Werkstatt
bauen
nach sechs Wochen
vorführen

Bogen einspannen
tippen
Wieviel . . .
Antwort?
Wenn drei Elefanten . . .
Antwort?

meinen, sehr frech
eine Frage stellen, die
Was soll . . .
Antwort?

Maschine
alle vierundfünzig Minuten
Vorschlag ausspucken

# Wortschatzübungen

1. Welche der folgenden Wörter drücken positive Reaktionen aus? Welche
   drücken etwas Negatives aus? Suchen Sic in einem deutschen Wörterbuch
   ein paar Synonyme für jedes Wort.

   a. großartig
   b. verärgert
   c. genial
   d. frech

   e. höchstbestens
   f. albern
   g. hochmütig

2. Erzählen Sie mit einem Satz, was man normalerweise mit den folgenden Gegenständen *(objects)* tut oder wozu man sie verwendet *(uses)*.

a. eine Brille
b. ein Spazierstock
c. eine Werkstatt

d. eine Schreibmaschine
e. Scheibenwischer *(pl.)*
f. Pantoffeln *(pl.)*

3. Drücken Sie die Sätze anders aus. Achten Sie vor allem auf die Wörter in Fettdruck.

*NOTE: Word substitutions will suffice, or you can recast the sentences.*

a. Das Publikum **unterbrach** den Redner.
b. Der Professor **führte** seinen Studenten eine neue Lernmethode **vor**.
c. Udo **schlägt** seinen Freunden ein anderes Buch **vor**.
d. Meine Mutter wird **sich** über die Blumen **freuen**.

# Zum Schreiben (Wählen Sie *eine* Aufgabe.)

1. Erklären Sie in einem Aufsatz, warum Sie eine bestimmte *(certain)* Erfindung für die beste, die wichtigste oder die schlimmste aller Zeiten halten (12 bis 15 Sätze).
2. Beschreiben Sie eine verrückte oder seltsame *(strange)* Erfindung und wozu sie dienen könnte (12 bis 15 Sätze).
3. Wenn es (eine Erfindung) nicht gäbe, dann . . . (10 bis 12 Sätze).

*NOTE: Keep your entire composition in the subjunctive mood. Try to use several modal verbs.*

# Zur Diskussion

1. a. Schlagen Sie Professor Monogrohm mindestens fünf weitere Erfindungen vor. Wenn Sie wollen, schreiben Sie die Vorschläge zuerst auf englisch. Übersetzen Sie sie dann mit Hilfe Ihres Lehrers ins Deutsche.
   b. Lesen Sie Ihre Vorschläge in der Deutschstunde vor. Wer hat den lustigsten, den teuersten, den billigsten, den größten, den praktischsten oder unpraktischsten, den besten oder den dümmsten Vorschlag?
2. a. Schreiben Sie eine chronologische Liste der Ihrer Meinung nach acht wichtigsten Erfindungen in der Geschichte der Menschheit.
   b. Lesen Sie Ihre Liste im Unterricht vor.
   c. Einigen Sie sich als Gruppe über eine Rangliste *(ranking)* der acht wichtigsten Erfindungen in der Geschichte der Menschheit.

3. Stellen Sie eine Liste von acht wichtigen Erfindungen und Entdeckungen *(discoveries)* zusammen, ohne die unser modernes Leben unmöglich oder ganz anders wäre. Berichten Sie kurz darüber, was wäre, wenn es jede dieser Erfindungen nicht gäbe.
4. Führen Sie durch Pantomime eine Erfindung vor. Die anderen in der Gruppe versuchen, Ihre Erfindung zu erraten *(guess)*.

---

*Es gab einen Mann in Holzminden,*
*der war ein Genie im Erfinden.*
*Eines Tages erfand*
*er das Loch ohne Rand.*
*Ich glaub, das erklärt sein Verschwinden.*

---

VIKTOR CHRISTEN

# 11

# Das Märchen vom kleinen Herrn Moritz, der eine Glatze[1] kriegte[2]

## Wolf Biermann

*WOLF BIERMANN was born in Hamburg in 1936 and moved to the German Democratic Republic in 1953. He gained fame and notoriety as a Liedermacher, a composer and singer of political lyrics, but in 1976 the East German government revoked his citizenship. Biermann now lives and sings in West Germany. Some of his songs require knowledge of East German political history, but "Die Ballade von dem Briefträger William L. Moore aus Baltimore" or "Kleinstadtsonntag" from* Die Drahtharfe. Balladen, Gedichte, Lieder *(1965) and many of the selections in* Mit Marx- und Engelszungen *(1968) have broad appeal and are easy to read. The "Märchen vom kleinen Herrn Moritz" was written for an anthology of children's literature. Ostensibly a whimsical, modern-day fairy tale, it can perhaps also be viewed as a veiled political allegory.*

## ERSTES LESEN—ERSTE EINDRÜCKE (Gruppenarbeit)

1. Bilden Sie zunächst Dreiergruppen *(groups of three)*. Lesen Sie *einen* Teil dieses Märchens (entweder A, B oder C) rasch durch. Benutzen Sie die Glossen. Die anderen in Ihrer Gruppe lesen je *(each)* einen anderen Teil des Textes. Schreiben Sie dabei Stichworte und Notizen zum Nacherzählen Ihres Teils (15 Minuten).
2. Erzählen Sie den anderen in Ihrer Dreiergruppe kurz den Inhalt Ihres Teils. Für drei Berichte hat Ihre Gruppe etwa 15 Minuten.

*NOTE: Here you have an opportunity to put your paraphrasing skills to work. Keep in mind that your partners may not understand some of the glossed words in the text that you would like to use. In such instances you will have to explain in German what these words mean.*

3. Erzählen Sie in einer größeren Gruppe das ganze Märchen noch einmal (15 Minuten) nach.

**A**

Es war einmal ein kleiner älterer Herr, der hieß Herr Moritz und hatte sehr große Schuhe und einen schwarzen Mantel dazu[3] und einen langen schwarzen Regenschirmstock[4], und damit ging er oft spazieren.

Als nun der lange Winter kam, der längste Winter auf der Welt in
5 Berlin, da wurden die Menschen allmählich[5] böse.

Die Autofahrer *schimpften*[6], weil die Straßen so glatt[7] waren, daß die Autos ausrutschten[8]. Die Verkehrspolizisten *schimpften,* weil sie immer auf der kalten Straße rumstehen mußten. Die Verkäuferinnen *schimpften,* weil ihre Verkaufsläden[9] so kalt waren. Die Männer von der Müllabfuhr[10]
10 *schimpften,* weil der Schnee gar nicht alle[11] wurde. Der Milchmann *schimpfte,* weil ihm die Milch in den Milchkannen zu Eis gefror. Die Kinder *schimpften,* weil ihnen die Ohren ganz rot gefroren waren, und die Hunde *bellten*[12] vor Wut[13] über die Kälte schon gar nicht mehr, sondern zitterten[14] nur noch und klapperten mit den Zähnen[15] vor Kälte,
15 und das sah auch sehr böse aus.

An einem solchen kalten Schneetag ging Herr Moritz mit seinem blauen Hut spazieren, und er dachte: „Wie böse die Menschen alle sind, es wird höchste Zeit, daß wieder Sommer wird und Blumen wachsen."

**B**

Und als er so durch die schimpfenden Leute in der Markthalle ging,
20 wuchsen ganz schnell und ganz viel Krokusse, Tulpen und Maiglöckchen[16] und Rosen und Nelken[16], auch Löwenzahn[16] und Margeriten[16]. Er merkte es aber erst gar nicht, und dabei[17] war schon längst[18] sein Hut vom Kopf hochgegangen, weil die Blumen immer mehr wurden und auch immer länger.
25 Da blieb vor ihm eine Frau stehn und sagte: „Oh, Ihnen wachsen aber schöne Blumen auf dem Kopf!" „Mir Blumen auf dem Kopf!" sagte Herr Moritz, „so was[19] gibt es gar nicht!"

„Doch[20]! Schauen Sie hier in das Schaufenster[21], Sie können sich darin spiegeln. Darf ich eine Blume abpflücken?"
30 Und Herr Moritz sah im Schaufensterspiegelbild, daß wirklich Blumen auf seinem Kopf wuchsen, bunte[22] und große, vielerlei Art[23], und er sagte: „Aber bitte, wenn Sie eine wollen . . ."

„Ich möchte gerne eine kleine Rose", sagte die Frau und pflückte sich eine.

35    „Und ich eine Nelke für meinen Bruder", sagte ein kleines Mädchen, und Herr Moritz bückte sich[24], damit das Mädchen ihm auf den Kopf langen[25] konnte. Er brauchte sich aber nicht sehr tief zu bücken, denn er war etwas kleiner als andere Männer. Und viele Leute kamen und brachen sich Blumen vom Kopf des kleinen Herrn Moritz, und es tat ihm

40 nicht weh, und die Blumen wuchsen immer gleich nach[26], und es
kribbelte[27] so schön am Kopf, als ob ihn jemand freundlich streichelte[28],
und Herr Moritz war froh, daß er den Leuten mitten im kalten Winter
Blumen geben konnte. Immer mehr Menschen kamen zusammen und
lachten und wunderten sich[29] und brachen sich Blumen vom Kopf des
45 kleinen Herrn Moritz, und keiner, der eine Blume erwischt[30] hatte, sagte
an diesem Tag noch ein böses Wort.

### C

Aber da kam auf einmal[31] auch der Polizist Max Kunkel. Max Kunkel
war schon seit zehn Jahren in der Markthalle als Markthallenpolizist
tätig[32], aber so was hatte er noch nicht gesehn! Mann mit Blumen auf
50 dem Kopf! Er drängelte sich[33] durch die vielen lauten Menschen, und als
er vor dem kleinen Herrn Moritz stand, schrie er: „Wo gibt's denn so
was! Blumen auf dem Kopf, mein Herr! Zeigen Sie doch[34] mal bitte
sofort ihren Personalausweis[35]!"
Und der kleine Herr Moritz suchte und suchte und sagte verzweifelt[36]:
55 „Ich habe ihn doch immer bei mir gehabt, ich habe ihn doch in der
Tasche gehabt!"
Und je mehr er suchte, um so mehr[37] verschwanden[38] die Blumen auf
seinem Kopf.
„Aha", sagte der Polizist Max Kunkel, „Blumen auf dem Kopf haben
60 Sie, aber keinen Ausweis in der Tasche!"
Und Herr Moritz suchte immer ängstlicher seinen Ausweis und
war ganz rot vor Verlegenheit[39], und je mehr er suchte—auch im
Jackenfutter[40]—, um so mehr schrumpften die Blumen zusammen[41], und
der Hut ging allmählich wieder runter auf den Kopf! In seiner Verzweif-
65 lung nahm Herr Moritz seinen Hut ab, und siehe da[42], unter dem Hut
lag in der abgegriffenen[43] Gummihülle[44] der Personalausweis. Aber was
noch!? Die Haare waren alle weg! Kein Haar mehr auf dem Kopf hatte
der kleine Herr Moritz. Er strich[45] sich verlegen über den kahlen[46] Kopf
und setzte dann schnell den Hut drauf.
70 „Na[47], da ist ja der Ausweis", sagte der Polizist Max Kunkel freundlich, „und Blumen haben Sie ja wohl[48] auch nicht mehr auf dem Kopf,
wie[49]?!"
„Nein . . .", sagte Herr Moritz und steckte schnell seinen Ausweis
ein[50] und lief, so schnell man auf den glatten Straßen laufen konnte, nach
75 Hause. Dort stand er lange vor dem Spiegel und sagte zu sich: „Jetzt hast
du eine Glatze, Herr Moritz!"

Blumen
Kopf
Personalausweis
Polizeist

# GRÜNDLICHES LESEN

Lesen Sie den ganzen Text jetzt genau durch.

## Zum Textverständnis (mündlich in Gruppen oder schriftlich)

Berichtigen Sie die folgenden Aussagen.

1. Da er Blumen haßte, wollte Herr Kunkel den Ausweis des Herrn Moritz sehen.
2. Herr Moritz ging in einem Hamburger Supermarkt spazieren.
3. Herr Moritz verkaufte Blumen an alle Menschen, die sie wollten.
4. Der Kopf des Herrn Moritz wurde kahl, weil er das falsche Superhaarwuchsmittel benutzte.
5. Die Blumen verschwanden vom Kopf des Herrn Moritz, weil sie Angst vor dem Polizisten hatten.
6. Die Hunde schimpften, weil es so kalt war.
7. Herr Moritz trug einen braunen Mantel und einen grauen Hut und ging mit einem schwarzen Sonnenschirmstock oft spazieren.
8. Herr Moritz suchte, bis er endlich seinen Ausweis in seiner Hosentasche entdeckte.

## Wortschatzübungen

1. Machen Sie mit jedem der folgenden Verben Aussagen über das, was Menschen und Hunde in dieser Geschichte tun. Erklären Sie auch, warum sie diese Dinge tun.

BEISPIEL:    suchen: *Herr Moritz* **suchte** *nach seinem Ausweis, weil Max Kunkel ihn sehen wollte.*

a. schimpfen
b. tätig sein
c. sich bücken
d. langen
e. sich drängeln

f. abpflücken
g. spazierengehen*
h. sich wundern
i. zittern´

2. Beantworten Sie die folgenden Fragen.

a. Wann braucht man einen Ausweis?
b. Wozu brauchen Geschäfte Schaufenster?
c. Warum wird ein Regenschirm getragen?
d. Wie wäre das Leben in der Stadt ohne die Müllabfuhr?
e. Warum gehen Leute in eine Markthalle?

# In eigenen Worten

Erklären Sie den Zusammenhang (wer, was, mit wem usw.).

1. Max Kunkel war schon seit zehn Jahren in der Markthalle als Markthallen-polizist tätig, aber so was hatte er noch nicht gesehn!
2. Dort stand er lange vor dem Spiegel und sagte zu sich: „Jetzt hast du eine Glatze, Herr Moritz."
3. „Mir Blumen auf dem Kopf!" sagte Herr Moritz, „so was gibt es gar nicht!" „Doch! Schauen Sie hier in das Schaufenster, Sie können sich darin spie-geln."
4. Und der kleine Herr Moritz suchte und suchte und sagte verzweifelt: „Ich habe ihn doch immer bei mir gehabt, ich habe ihn doch in der Tasche gehabt!"

# Zum Schreiben (Wählen Sie *eine* Aufgabe.)

1. Erzählen Sie, wie die Haare des Herrn Moritz wieder auf seinem Kopf zu wachsen begannen (12 bis 15 Sätze).
2. Erfinden Sie Ihr eigenes Wintermärchen (15 bis 20 Sätze).
3. Schreiben Sie ein politisches oder sozialkritisches Märchen (15 bis 20 Sätze).

# Zur Diskussion

Oft beginnt ein Märchen mit einer bekannten, alltäglichen, aber oft unguten Situation: z. B., arme Familie, böse Mutter. Dann kommt die Hauptperson in eine unbekannte, nicht alltägliche oder „wunderbare" Situation: z. B., Hexe *(witch)* im Wald; ein Wald, in dem man die Sprache der Tiere versteht. Am Ende kehrt diese Person in die bekannte Welt oder Situation zurück und bringt dabei aus der wunderbaren Welt oft etwas Besonderes (Gold, Juwelen usw.) mit, wodurch die schlechte Ausgangssituation behoben *(eliminated)* wird.

1. Diskutieren Sie, inwiefern *(to what extent)* das Märchen vom kleinen Herrn Moritz eine solche Struktur hat. Was ist in diesem Märchen anders? Was bedeutet das?
2. In diesem Märchen steckt *(be; lie hidden)* wohl auch Politisches. Be-sprechen Sie, was die folgenden Personen, Dinge und Situationen eigent-lich bedeuten und was Biermann damit andeuten *(hint at)* will.

   a. Herr Moritz
   b. der längste Winter auf der Welt (in Berlin!)
   c. Blumen im Winter
   d. Max Kunkel
   e. der Personalausweis
   f. die Glatze

3. Leben Herr Moritz und Max Kunkel in West-Berlin oder Ost-Berlin? Begründen Sie Ihre Antwort.
4. Die Hauptpersonen heißen Max und Moritz! Deutsche denken dabei sofort an zwei böse Buben in der Geschichte mit demselben Titel von Wilhelm Busch. Suchen Sie dieses Werk in der Bibliothek. Sehen Sie sich dieses Werk an und berichten Sie im Unterricht darüber. Warum nennt Biermann die beiden Hauptpersonen in seinem Märchen Max und Moritz?
5. Was meinen Sie? Begründen Sie Ihre Antworten.

   a. Für mich sind Blumen . . .
   b. Menschen mit einem Glatzkopf sind . . .
   c. Meiner Meinung nach sind Polizisten . . .

---

*Eine Blume geht über die Wiese,*
*sieht einen wunderschönen Menschen*
*und reißt ihm den Kopf ab.*

---

ANONYM

# 12
# Geschichte ohne Moral
## Alfred Polgar

*ALFRED POLGAR was born in Vienna in 1873 and died in Zurich in 1955. A perceptive observer and critic of social mores, he wrote short stories, journalistic sketches, essays, and some comedies. The gentle satire, humor, and unmasking of questionable attitudes in "Geschichte ohne Moral" characterize much of his prose. This is taken from his collection* Begegnung im Zwielicht *(1951). Polgar's oeuvre includes a vast number of very short sketches and vignettes (often less than one page) that make for delightful reading.*

ZU IHRER INFORMATION: Mit den folgenden Verben mündlicher Äußerungen bringt der Autor die Meinungen verschiedener Menschen in dieser Geschichte zum Ausdruck. Merken Sie sich diese Verben vorher.

1. anklagen (sich) *blame (oneself)*
2. bereden *talk about, discuss*
3. beten *pray*
4. ermahnen *admonish, warn*

5. lügen* *tell a lie*
6. meinen *be of the opinion*
7. schreien* *scream*
8. verfluchen *curse*

## ERSTES LESEN—ERSTE EINDRÜCKE
## (am besten als Partner- oder Gruppenarbeit)

Der Text ist in fünf Abschnitte geteilt, damit Sie leichter einen Überblick gewinnen. Lesen Sie jeden Teil schnell durch. Schreiben Sie den Hauptgedanken von jedem Abschnitt in einem kurzen Satz. Vergleichen Sie Ihre Sätze mit denen anderer Studenten.

**A**

Sonntag, drei Uhr nachmittags, sagte der Gymnasiast[1] Leopold, jetzt müsse er fort, denn der Autobus zum Fußballmatch fahre Punkt drei Uhr fünfzehn von seinem Standplatz[2] ab.

„Und deine Schularbeiten für morgen?" fragte die Mutter.

5    „Die mache ich am Abend."

Tante Alwine meinte, es sei schade ums Geld für die Autofahrt, so ein junger Mensch könne auch zu Fuß gehen.

**B**

Es wurde Abend, und Leopold war noch nicht zu Hause. Und dann kam die Nachricht[3], daß der fahrplanmäßig[4] um drei Uhr fünfzehn von
10  seinem Standplatz abgegangene[5] Autobus in einen Graben[6] gestürzt[7] und sämtliche[8] Insassen[9] schwer verletzt[10] seien.

**C**

Die Mutter, aus der Ohnmacht[11] erwacht, klagte sich immerzu[12] an, sie hätte Leopold nie und nimmer[13] erlauben dürfen, seine Schularbeiten erst am Abend zu machen. Jetzt büße[14] sie für ihre elterliche Schwäche.
15  Der Vater verfluchte das Fußballspiel und den Götzen[15] Sport überhaupt[16].

Tante Alwine schrie: „Hätte er nicht zu Fuß gehen können wie tausend andere Jungen?"

Ihr Mann schüttelte[17] bedeutsam[18] den Kopf: „Heute ist der dritte Au-
20  gust, der Sterbetag unseres seligen[19] Großvaters. Daran hätte man denken müssen."

Die Großmutter mütterlicherseits[20] sprach zu sich selbst: „Kürzlich[21] bin ich ihm auf eine Lüge gekommen. Ich ermahnte ihn: ‚Wer lügt, sündigt[22], und wer sündigt, wird bestraft[23]'. Da hat er mir ins Gesicht
25  gelacht!"

Das Mädchen für alles[24] sagte dem Kohlenmann[25]: „Na[26], sehen Sie? Wie ich Ihnen erzählt habe, daß mir heute früh zwei Nonnen begegnet[27] sind, da haben Sie sich über mich lustig gemacht!"

Hernach[28] ging das Mädchen für alles hinunter zu den Portiersleuten[29],
30  um mit ihnen den traurigen Fall[30] zu bereden. „Ja", sagte sie, „am Ersten wollten sie aufs Land fahren. Aber weil die Schneiderin mit den Kleidern der Gnädigen[31] nicht fertig war, sind sie noch dageblieben. Wegen der dummen Fetzen[32]."

Die Portiersfrau meinte: „Am Sonntag sollten die Kinder und Eltern
35  zusammenbleiben . . . Aber bei den besseren Leuten gibt's ja kein Familienleben mehr."

Emma, das eine der beiden Fräulein vom Konditor[33] im Nebenhaus, machte sich bittere Vorwürfe[34] wegen ihrer Prüderie. Hätte sie dem armen jungen Mann nicht nein gesagt, dann wäre er heute nachmittag mit
40  ihr gewesen und nicht beim Fußball.

Bobby, der Dobermann, dachte: „Gestern hat er mir einen Tritt[35] gegeben. In der ersten Wut[36] wollte ich ihn ins Bein beißen. Leider, leider hab ich es nicht getan. Sonst wäre es ihm heute kaum möglich gewesen, zum Fußballmatch zu gehen."

**D**

45  Spätabends kam, vergnügt[37], Leopold nach Hause. Das mit dem Fußballmatch hatte er nur vorgeschwindelt[38]. In Wirklichkeit war er mit Rosa, dem anderen Fräulein vom Konditor nebenan[39], auf einer Landpartie[40] gewesen, die, schien es, einen zufriedenstellenden[41] Verlauf[42] genommen hatte.

**E**

50  Die Mutter umarmte ihren Sohn in hemmungsloser[43] Rührung[44].
Der Vater gab ihm ein paar Ohrfeigen[45].
Die Großmutter mütterlicherseits faltete die Hände und betete stumm[46]: „Lieber Gott, ich danke Dir, daß er wieder gelogen hat."

## GRÜNDLICHES LESEN

Lesen Sie den Text jetzt genau durch.

# Zum Textverständnis (mündlich in der Gruppe oder schriftlich zum Vorlesen in der Gruppe)

Machen Sie *mindestens dreißig* ganz kurze Aussagen zum Text. Je kürzer die Aussage, desto besser. Hauptsache, Sie produzieren *viele* Aussagen. Eine chronologische Reihenfolge ist nicht wichtig.

BEISPIELE:    *Leopold ist Gymnasiast.*
*Er will zum Fußballspiel gehen.*
*Rosa arbeitet im Nebenhaus.*
*Der Bus fährt um drei Uhr fünfzehn zum Fußballspiel.*

# Wortschatzübungen

1. Drücken Sie die Sätze anders aus, indem Sie Verben mündlicher Äußerungen aus „Geschichte ohne Moral" verwenden.

    a. Veronikas Tante spricht jeden Tag zu Gott.
    b. Man hat die Kinder öfters gewarnt, nicht allein in den Bergen zu wandern.
    c. Die Leute von der Müllabfuhr schimpften über das Wetter.
    d. Seinen Vorschlag müssen wir noch besprechen.

    e. Manche Menschen sprechen nicht immer die Wahrheit.
    f. Der Busfahrer klagte sich wegen des schweren Unfalls an.

2. Schreiben Sie zehn Wörter aus dem Text auf, die Sie noch nicht gut kennen. Lernen Sie diese Wörter auswendig *(by heart)*. Lesen Sie einem Partner Ihre Wörter vor. Er soll versuchen, die Bedeutungen Ihrer Wörter auf deutsch zu erklären.

## In eigenen Worten (schriftlich oder mündlich mit einem Partner)

Erzählen Sie in Ihren eigenen Worten, wie die folgenden Personen auf die Nachricht vom Busunfall reagierten.

| | |
|---|---|
| die Mutter | die Großmutter |
| der Vater | das Mädchen für alles |
| Tante Alwine | Emma vom Konditor |
| Tante Alwines Mann | Bobby |

## Zum Schreiben (Wählen Sie *eine* Aufgabe.)

1. Sie sind Rosa (oder Leopold) und schreiben in Ihrem Tagebuch von der Landpartie (12 bis 15 Sätze).

*NOTE: Avoid the verbs* **gehen, kommen, sagen,** *and* **fragen.**

2. Erzählen Sie von dem tollsten Ausflug, den Sie je mit einem Freund (oder einer Freundin) machten (12 bis 15 Sätze).
3. Erzählen Sie eine Anekdote aus Ihrem Leben mit dem Titel „Dichtung und Wahrheit" *(„Fact and Fiction")*.

*NOTE: In your story intersperse the truth with statements that are exaggerated or downright false. Then read your anecdote to a small group in class. Your listeners jot down what they feel is either true or false. When your anecdote is finished, your listeners tell what they think was true or false and why.*

## Zur Diskussion

1. Welche „moralischen" Probleme werden in dieser Geschichte aufgezeigt?
2. Mit den Worten „ohne Moral" meint der Autor:

    a. _____    b. _____    c. _____

3. Leopolds Familie lebt in einer anderen Gesellschaftsschicht *(social level)* als die anderen Menschen in der Geschichte. Suchen Sie mindestens fünf Stellen im Text, die das zeigen. Diskutieren Sie, inwiefern das in dieser Geschichte eine Rolle spielt.
4. Sagen Sie, was Ihrer Meinung nach die folgenden Personen sagen werden, wenn Sie von Leopolds Lüge erfahren *(find out)*. Zitate *(quotations)* bitte!

Tante Alwine                      Emma vom Konditor
die Portiersfrau                  Tante Alwines Mann
Bobby

5. Gibt es Situationen, in denen man lügen darf? Welche?

---

*Wer einmal lügt, dem glaubt man nicht,*
*Und wenn er auch die Wahrheit spricht.*

---

*VOLKSSPRUCH*

# Zur Wiederholung 4

## TEXTE 10-12

---

**A.** Erklären Sie aus dem Kontext der eben gelesenen Geschichten die Bedeutung der folgenden Wörter.

**BEISPIEL:** **Trottel (10):** *Die Denkmaschine hielt den Professor für einen Trottel, weil er dumme Fragen stellte. Die Maschine gab deswegen auch freche Antworten.*

1. nachwachsen* (11)
2. verletzen (12)
3. die Werkstatt (10)

4. der Konditor (12)
5. zusammenschrumpfen (11)
6. ausspucken (10)

---

**B.** Erklären Sie, ob und wann Sie das Folgende tun würden.

*NOTE: You should use hypothetical subjunctive forms here.*

**BEISPIEL:** **sich schonen:** *Ich würde mich schonen, wenn ich nicht ganz gesund wäre.*

1. jemandem eine Ohrfeige geben* (12)
2. in Ohnmacht fallen* (12)
3. jemandem Vorwürfe machen (12)
4. mit den Zähnen klappern (11)
5. vor Wut schimpfen (11)
6. ganz rot vor Verlegenheit werden* (11)
7. den Kopf bedeutsam schütteln (12)

---

**C.** Geben Sie eine genaue englische Übersetzung der Wörter in Fettdruck.

1. Während der Autoverkäufer das neue Modell **vorführte** (10), wurde er **auf einmal** (11) durch das Telefon **unterbrochen** (10).
2. Rudi redet **immerzu** (12) davon, wie sehr er **sich freuen** (10) würde, wenn das **Bellen** (11) von **nebenan** (12) endlich aufhörte.
3. Hast du den Frage**bogen** (10) noch nicht ausgefüllt? Doch **schon längst** (11).
4. Barbara **rutschte** auf der **glatten** (11) Straße **aus** (11) und **verletzte** (12) sich den Arm dabei.

---

**D.** Berichtigen Sie die Aussagen, indem Sie die Wörter in Fettdruck in die richtigen Sätze einsetzen.

---

*NOTE: The correct answers can be found in the other sentences.*

BEISPIEL:    Hans hat schwache Augen. Er braucht **ein Superhaarwuchsmittel** (10).
RICHTIG: *Er braucht eine Brille (10).*

1. Der Winter ist wieder da. Man braucht also **einen Personalausweis** (11).
2. Unser Lehrer hat sich das Bein leicht verletzt. Er braucht **eine gute Heizung** (10), wenn er wandern will.
3. Stan und Oliver fahren bei starkem Regen. Deswegen sollte das Auto gute **Nelken** (11) haben.
4. Uschi ist von einer deutschen Familie zum Essen eingeladen. Sie wird wohl ihrer Gastgeberin **einen Spazierstock** (10) mitbringen.
5. Will man einen Reisescheck einlösen, muß man dabei gewöhnlich Scheibenwischer (10) vor/zeigen

---

**E.** Die folgenden Verben schildern *(depict)*, wie Menschen gewisse Gefühle oder Reaktionen zum Ausdruck bringen. Bilden Sie Sätze mit diesen Verben, wobei Sie auch die Konjunktionen **weil, wenn, als** oder **da** verwenden.

---

*NOTE: The subordinating clauses express why or when the particular verb activity occurs.*

BEISPIELE:    *hassen: Ich* **hasse** *es,* **wenn** *Menschen ihre Nachbarn schlecht behandeln* (treat).
*schreien: Mein Bruder* **schrie, weil** *er sich in den Finger geschnitten hatte.*

1. sich wundern (11)
2. verfluchen (12)
3. sich freuen (10)
4. zittern (11)

5. beten (12)
6. schimpfen (11)
7. umarmen (12)
8. unterbrechen* (10)

---

**F.** Ergänzen Sie die Sätze.

---

1. Professor Monogrohm erfand eine Maschine, *(which)* . . .
2. Herr Moritz bückte sich, *(so that)* . . .
3. Herr Kunkel wollte den Ausweis sehen, *(which)* . . .
4. Viele Leute wunderten sich über Herrn Moritz, auf *(whose)* . . .
5. Herr Moritz suchte und suchte, *(until)* . . .
6. Der Professor tat, was seine Frau vorgeschlagen hatte, *(by . . . ing)* . . .
7. Am Abend kam Leopold vergnügt nach Hause, *(without . . . ing)* . . .
8. Die Maschine gab freche Antworten, *(because)* . . .
9. Professor Monogrohm dachte darüber nach, *(which)* Fragen . . .
10. Der Winter in Berlin war kalt, und *(for this reason)* . . .

---

**G.** Drücken Sie den Sinn der folgenden Sätze in anderen Worten aus.

---

*NOTE: Make sure the boldface words do not occur in your rewording. Sometimes an adjective substitute will suffice, but in other instances you may wish to recast the sentence.*

BEISPIEL:    **Allmählich** verschwand die Erinnerung an den Unfall.
SIMPLE SUBSTITUTION: **Nach und nach** *verschwand die Erinnerung an den Unfall.*
REPHRASING: *Nach und nach vergaß man den Unfall.*

1. Vom Hotelfenster aus hatten wir einen **großartigen** (10) Blick auf ganz Neapel.
2. Sei doch nicht so **ängstlich** (11)!
3. Sissis Vater ist bei der Müllabfuhr **tätig** (11).
4. „Denke an deine **selige** (12) Mutter", sagte der Vater zu seinem Sohn.

5. In Bonn lernte Heidi **sämtliche** (12) Verwandte ihres Mannes kennen.
6. Für **neuartige** (10) Ideen hatte der Greis kein Verständnis mehr.
7. **Kürzlich** (12) sah ich unseren Bürgermeister in Bad Oeynhausen.
8. **Punkt** neun Uhr zwanzig haben wir ein Rendezvous.

---

*Ein Buch ist ein Spiegel. Wenn ein Affe hineinguckt, kann kein Apostel heraussehen.*

---

GEORG CHRISTOPH LICHTENBERG, 1742 –1799

# 13

# Der Spitzbart[1]

## Günter Eich

*GÜNTER EICH was born in 1907 in Lebus on the Oder River and grew up in the Prussian province of Brandenburg and in Berlin. After World War II, he helped found the important German writers' association* Gruppe 47. *He won literary acclaim in the 1950s and '60s as Germany's leading author of* Hörspiele *(radio plays) and as a poet. He was very active in literary circles and received numerous literary awards before his death in 1972. "Der Spitzbart" is from his* Gesammelte Werke in vier Bänden *(1973).*

## ERSTES LESEN—ERSTE EINDRÜCKE

Lesen Sie diese Geschichte schnell durch. Finden Sie heraus, warum Frau Kleyer und der Vater des Erzählers einander angeschrien haben.

Meine Mutter öffnete mir die Wohnungstür und winkte mir zu[2], leise zu sein. Sie zog mich sogleich[3] in die Küche.

„Was ist los?" fragte ich.

„Ach, nichts Besonderes, das heißt[4]: Vater hat einen schlechten Tag."

5 „Ist er auf mich wütend[5]?"

„Nein, nicht auf dich und auch nicht auf mich. Das heißt: auf uns auch. Er ist in einer Stimmung[6], daß ihn die Fliege[7] an der Wand ärgert[8]. Ich habe Angst, daß er das Geschirr[9] durchs Fenster wirft."

„Was ist denn passiert?"

10 „Ach, nichts Besonderes, das heißt:—" (So fing meine Mutter für gewöhnlich[10] an, wenn sie die aufregendsten[11] Dinge erzählte.)

„—das heißt: Heute nachmittag sind wir Frau Kleyer begegnet[12]. Du kennst doch Frau Kleyer?"

„Keine Ahnung[13]."

15 „Natürlich kennst du sie. Das heißt: Vielleicht kennst du sie auch nicht. Eine Bekannte von mir, eine ziemlich entfernte Bekannte. Vor Jahren war sie ein paarmal bei uns, aber dann haben wir sie aus den Augen verloren. Ein bißchen komisch[14] ist sie ja—aber heute—, nein, das war wirklich zuviel!"

20 „Wieso? Was hat sie angestellt[15]?"

„Ach, nichts Besonderes, das heißt, sie fragte bloß so[16], wie es geht, und wir fragten auch bloß so, wie es geht. Und ihr ging es gut, und uns ging es auch gut, und ich sagte ihr, sie sähe[17] glänzend[18] aus. Ja, sie wäre in Bad Wörishofen gewesen, und das kalte Wasser sei eben doch[19] das
25  beste."

„Das ist doch nichts Schlimmes[20], Mutter. Obwohl mir ja warmes Wasser auch lieber ist."

„Nein, das ist nichts Schlimmes", bestätigte[21] meine Mutter. „Aber dann kam es. Frau Kleyer sagte, ich sähe auch glänzend aus und Vater
30  auch. Und das alles ohne kaltes Wasser. Und bis dahin[22] war es eine lustige Unterhaltung[23] gewesen. Und dann sagte sie, Vater sähe auch deswegen[24] besser aus, weil er jetzt glatt[25] rasiert wäre und sich den Spitzbart hätte abnehmen lassen."

„Na[26]", sagte ich, „sie hat Vater mit irgend[27] jemandem verwechselt[28].
35  Vater hat ja nie einen Spitzbart gehabt."

„Ja, das haben wir ihr auch gesagt, und Vater nahm es zuerst von der guten Seite. Aber stell dir vor, Frau Kleyer ließ sich nicht abbringen[29]. Sie glaubte offenbar, wir wollten es ihr nicht zugeben[30]. Nun stell dir vor! Was soll man für einen Grund haben, einen Spitzbart zu verleugnen[31]?
40  Frau Kleyer lächelte jedenfalls[32] ganz infam[33] und sagte: ‚Na, mir brauchen Sie's nicht abzustreiten[34]. Ich habe Sie ja mit Spitzbart gesehen. Ich spreche auch mit sonst niemandem darüber.' Und da wurde Vater wütend und schrie sie an, ob sie es denn besser wissen wolle[35] als er selber! Und sie schrie auch und sagte, er habe auf jeden Fall[36] einen
45  Spitzbart getragen. Und Vater sagte, sie sei eine alberne[37] Person, und sie sagte, Vater sei ein Lügner. Und stell dir vor, das alles auf der Straße, und jetzt fingen die Leute an, stehenzubleiben. Da zog ich Vater fort, und er war weiß wie die Wand und zitterte[38] an allen Gliedern[39]."

„Na", sagte ich, „dann will ich jetzt mal zu ihm hineingehen."
50  „Ja", sagte meine Mutter, „aber sieh dich vor[40], daß du ihn nicht reizt[41]!"

Vater saß hinter irgendeinem Kassenbuch[42], aber ich glaube nicht, daß er gerechnet[43] hatte. Er war in einer träumerischen Stimmung, viel ruhiger, als ich es erwartete. Ich begrüßte ihn, und er lächelte mir
55  abwesend[44] zu. Ich nahm die Zeitung und setzte mich ihm gegenüber. Ich sagte nichts und las.

Nach einer Weile merkte ich, daß er mich ansah. Ich schielte[45] ein bißchen zu ihm hin. Er blickte mich ernst an, als wolle er prüfen, ob er mir vertrauen[46] könne. Ich tat, als läse ich mit höchstem Interesse.
60  Wieder nach einer Weile räusperte sich[47] mein Vater und rief mich an. „Hör mal, Ernst!" sagte er, und ich ließ die Zeitung sinken. „Hör mal, ich möchte dir gern eine Frage stellen, aber du mußt mir versprechen, daß du sie ganz ehrlich[48] beantwortest!"

„Natürlich, Vater", sagte ich, „ich bin bestimmt[49] ganz ehrlich!"
65    „Meine Frage ist nämlich folgende—denke nach und beantworte sie ganz ehrlich!—: Habe ich früher einen Spitzbart getragen?"

An diesem Tage begriff[50] ich merkwürdigerweise[51] etwas von der Macht[52] der Propaganda.

# GRÜNDLICHES LESEN

Lesen Sie die Geschichte jetzt genau durch.

## Zum Textverständnis (mit einem Partner)

Erzählen Sie Ihrem Partner die Geschichte mit Hilfe des Schemas in kurzen Sätzen nach. Verwenden Sie alle Vokabeln.

*NOTE: You and your partner should take turns telling parts of the story after every four or five sentences. When one person is talking, the other should not look at the cue words but simply listen. When retelling what other people say or have said, you should normally use the subjunctive of indirect discourse, just as the narrator's mother does in telling him about the encounter between her husband and Frau Kleyer.*

Mutter und Sohn
Vater in schlechter Stimmung
wissen wollen
was passiert sei

antworten
Frau K. begegnet seien
von früher kennen*
sei ein bißchen komisch

Mutter meinen, daß
glänzend aussehe
erklären,
sei in Bad Wörishofen gewesen
kaltes Wasser sei gut

bis dahin sich nett unterhalten*
Frau Kleyer bemerken, daß

Vater deswegen besser aussehe, weil
Vater meinen, daß
ihn verwechsle
Frau K. dennoch behaupten *(maintain)*
Vater wütend werden*
sie anschreien*, daß
nie getragen habe

Frau K. erwidern, daß
gesehen habe
Vater sagen, daß
alberne Person sei
Frau K. antworten,
sei Lügner

Leute jetzt stehenbleiben*
an allen Gliedern zittern
weiß wie die Wand
fortziehen*

Sohn hineingehen*
Kassenbuch
nicht rechnen
begrüßen
Zeitung lesen*

nach einer Weile
Sohn anblicken
schließlich sagen, er möchte
versprechen, Frage ehrlich beantworten
wissen wollen, ob

begreifen*
Macht

# Wortschatzübungen

1. Ergänzen Sie die Sätze, indem Sie passende Verben mündlicher Äußerungen von der Liste verwenden.

   a. Freunde kommen dich nächste Woche besuchen. Du wirst sie an der Tür . . .

   b. Die Eltern wissen, daß Leopold gelogen hat. Er muß es wohl endlich . . .

   c. Sie waren noch nie in Ulm, aber jemand behauptet, Sie dort gesehen zu haben. Sie werden seine Behauptung . . .

   zugeben*
   bestätigen
   verleugnen
   abstreiten*
   begrüßen
   versprechen*

    d. Manfred erzählt seiner Freundin, er sei gestern in Graz gewesen. Sie glaubt es ihm nicht. Aber Sie haben ihn gestern dort gesehen und können deswegen seine Aussage . . .

    e. Heinrich fährt morgen allein in Urlaub. Daß er jeden Tag schreibt, muß er seiner Freundin . . .

2. Drücken Sie die Sätze anders aus. Achten Sie besonders auf die Teile in Fettdruck.

    a. **Begreifst** du nicht, warum keine Briefe kommen?

    b. Kinder **reizen** oft ihre Eltern.

    c. Der Professor stellte **alberne** Fragen.

    d. Gestern haben wir mit den Nachbarn **eine nette Unterhaltung geführt.**

    e. Wir wissen jetzt **von der Macht** der Propaganda.

# In eigenen Worten

Erklären Sie die folgenden Stellen aus dem Kontext (wer, wen, mit wem, wo usw.).

1. Natürlich kennst du sie. Das heißt: Vielleicht kennst du sie auch nicht. Vor Jahren war sie ein paarmal bei uns, aber dann haben wir sie aus den Augen verloren.

2. Ja, das haben wir ihr auch gesagt, und Vater nahm es zuerst von der guten Seite. Aber stell dir vor, Frau Kleyer ließ sich nicht abbringen. Sie glaubte offenbar, wir wollten es ihr nicht zugeben.

3. Da zog ich Vater fort, und er war weiß wie die Wand und zitterte an allen Gliedern.

4. Nach einer Weile merkte ich, daß er mich ansah. Ich schielte ein bißchen zu ihm hin. Er blickte mich ernst an, als wolle er prüfen, ob er mir vertrauen könne.

5. Ja, sie wäre in Bad Wörishofen gewesen, und das kalte Wasser sei eben doch das beste.

# Zum Schreiben (Wählen Sie *eine* Aufgabe.)

1. Schreiben Sie eine kurze Propagandaschrift für etwas, woran Sie fest glauben (15 bis 20 Sätze).

2. Schreiben Sie eine kurze Propagandaschrift für etwas, woran Sie eigentlich *nicht* glauben (15 bis 20 Sätze).

3. Geben Sie ein Beispiel aus der Geschichte Europas oder Amerikas, wo Propaganda eine große Rolle spielte (15 bis 20 Sätze).

# Zur Diskussion

1. Erklären Sie das Verhalten *(behavior)* von Frau Kleyer und dem Vater des Erzählers. Warum ließ der Vater die Frau nicht in ihrem Irrtum *(error)*?
2. Wie hätten Sie auf die Behauptung von Frau Kleyer reagiert, wenn Sie der Mann gewesen wären? Warum?
3. Nennen Sie berühmte Personen, die einen Bart trugen. Welche trugen einen Spitzbart? Womit assoziieren Sie einen Spitzbart? Möchten Sie als Mann lieber einen Spitzbart oder eine Glatze haben? Würden Sie als Frau lieber mit einem spitzbärtigen oder einem glatzköpfigen Mann befreundet sein? Begründen Sie Ihre Antworten.
4. Was verstehen Sie unter dem Wort „Propaganda"? Was meint der Autor mit diesem Wort?
5. Besprechen Sie die folgenden Definitionen von „Propaganda":

**Propaganda,** die: gekürzt aus nlat. Congregatio de propaganda fide = (Päpstliche) Gesellschaft zur Verbreitung des Glaubens (gegr. 1622), zu lat. prōpāgāre, propagieren: 1. *systematische Verbreitung politischer, weltanschaulicher oder ähnlicher Ideen u. Meinungen (mit massiven [publizistischen] Mitteln) mit dem Ziel, das allgemeine (politische) Bewußtsein in bestimmter Weise zu beeinflussen:* die kommunistische, nationalsozialistische P. . . . 2. (besonders Wirtschaft) *Werbung, Reklame:* er macht P. für seinen Film, sein Buch.
*Duden. Das große Wörterbuch der deutschen Sprache,* Mannheim, 1980

6. Nennen Sie Beispiele von politischer oder weltanschaulicher Propaganda in Ihrem Land. Diskutieren Sie das Für und Wider von Propaganda in unserer Kultur. Wann brauchen wir sie? Wann brauchen wir sie nicht?

---

*Propaganda ist die Kunst, anderen Menschen zu beweisen, daß sie unserer Meinung sind.*

---

PETER USTINOV, geb. 1921

# 14

# In der Gondel
## Hans Bender

*HANS BENDER was born in 1909 in Mühlhausen in the Kraichgau area, just south of Heidelberg, and began his writing career after World War II. In addition to publishing two novels, poems, essays, and short stories, Bender was for many years chief editor of* Akzente *(1954–1980), one of Germany's leading literary journals. He now lives in Cologne. Bender is a master of the short story, and some of his finest prose deals with war—his experiences on the Eastern front and later as a Russian POW— and the early postwar years in Germany. Set in Italy, "In der Gondel" displays the stylistic clarity, ambivalent dialogue, and gentle irony that are Bender's trademarks. Most of his short stories, including "In der Gondel," have recently been reprinted in his collection* Der Hund von Torcello. 32 Geschichten *(1980). Some other excellent short stories are "Der Automat," "Mit dem Postschiff," "Fondue oder Der Freitisch," and "La Paloma oder Der Liebe Nahrung."*

ZU IHRER INFORMATION: Diese Geschichte spielt in Venedig *(Venice)* in Italien. Italienische Namen und Ausdrücke werden am Ende der Aufgaben erläutert *(explained)*.

## ERSTES LESEN–ERSTE EINDRÜCKE

Lesen Sie diese Geschichte *langsam* und mit Hilfe der Glossen durch, um das Folgende herauszufinden:

1. Woher der Gondoliere (Francesco) und der deutsche Tourist (Enrico = Heinrich) sich schon kennen.
2. Mit wem der Erzähler früher in der Gondel fuhr.
3. Mit wem der Erzähler jetzt in der Gondel fährt.
4. Was aus der früheren Freundin (Noëlly) geworden ist.

   Der Gondoliere schwieg und ruderte, bis wir mitten im Canal Grande waren, unter vielen anderen Gondeln, schaukelnd[1] in den Wellen[2] des Vaporettos, das zur Ca'd'Oro hinüberpflügte[3].

Vor dem Rialto erklärte er die Brücke: Sie sei an Stelle einer früheren
5 Holzbrücke von Antonio da Ponte erbaut, bestehe aus[4] einem einzigen
Bogen[5], und jeder Pfeiler[6] ruhe auf sechstausend Pfählen[7].

Als ich Marlen übersetzte, wußte er, daß sie kein Italienisch verstand.

„Ich habe Sie gleich wiedererkannt, als Sie uns ansprachen", sagte ich.

„Ich auch. Fünf Jahre sind es her—und dieses ist der Palazzo Bembo,
10 ein gotischer Bau des 15. Jahrhunderts von großem ornamentalem
Reichtum[8]!"

Marlen konnte sich an den Spitzbögen nicht sattsehen[9].

„Es war der schönste Sommer Venedigs. Hat es einen Tag geregnet damals?"

15    „Nein, nie hat es geregnet."

„Dieser Sommer ist kalt. Immerfort[10] Regen, der die Fremden vertreibt."

„Was sagt er jetzt?" fragte Marlen.

„Er spricht vom Wetter. Er ist unzufrieden mit dem Wetter."

20    „Sind Sie verheiratet?" fragte er.

„Ja."

„Und zur Hochzeitsreise in Venedig?"

„Nein, es ist nicht die Hochzeitsreise. Die war vor drei Jahren schon."

„Was sagt er jetzt?" fragte Marlen.

25    „Der Gondoliere meint, wir wären Hochzeitsreisende."

„Er ist kein Psychologe", sagte Marlen. „Er soll lieber erklären. Ich hätte den Baedeker[11] einstecken sollen."

„Wozu?"

„Ich will wissen, wie die Paläste heißen."

30    „Du wirst sie doch wieder vergessen."

Er zeigte und erklärte: „Palazzo Dandolo, Palazzo Loredan, Palazzo Farsetti, Palazzo Grimani—"

Ich glaube, er vergaß nicht einen.

„Sie heißen Enrico?"

35    „Ja."

Da fiel auch mir sein Name wieder ein, gerade im richtigen Moment. „Und Sie heißen Francesco!"

„Mamma mia! Sie wissen es noch!"

„Ein schöner Sommer damals—"

40    „Palazzo Papadopoli, Palazzo della Madonetta, Palazzo Bernado, Palazzo Corner-Spinelli!"

„Die Namen brauchst du mir nicht zu übersetzen, die verstehe ich von allein; aber was sagt er dazwischen?"

„Er erzählt von anderen, die er früher gerudert hat."

45    „Interessiert dich das?"

„Ich kann ihm nicht verbieten zu erzählen."

„Hat er nicht gesagt, er wird singen?"

„Meine Frau wünscht, daß Sie singen, Francesco!"

„Eine strenge[12] Frau", sagte er. „Ihre Freundin lachte immerfort. Nie

50 hatte ich ein Mädchen in der Gondel, das so viel lachte! Sie konnte über alles lachen, und die Palazzi haben sie einen Dreck interessiert[13]."

Er sang „O sole mio".

Die Gondolieri in den Venedig-Filmen haben strahlendere[14] Tenöre. Sie singen in ein Mikrophon, und die Ateliers[15] haben eine bessere Aku-

55 stik als der Canal Grande.

„Hoffentlich hört er bald auf[16]", sagte Marlen.

„Du hast es dir doch gewünscht."

„Ein Caruso ist er nicht."

Francesco hatte verstanden. Er sagte: „Ihrer Freundin damals hat
60 meine Stimme gefallen, weil sie glücklich war, weil ihr die Welt
überhaupt[17] gefallen hat. Und dir, Enrico, hat sie auch gefallen."

„Mir gefällt deine Stimme auch heute."

„Weißt du noch, wie eifersüchtig[18] du warst?"

„Ich, eifersüchtig?"

65 „Nun, sie sprach besser italienisch als du. Sie sagte so witzige Dinge,
die du gar nicht alle verstehen konntest. Ihre Mutter war Italienerin."

„Aus Messina war ihre Mutter. Ihr Vater Franzose."

„Du wolltest ins Wasser springen", sagte Francesco.

Ich erinnerte mich. Ich spielte den Eifersüchtigen, weil sie allzu ver-
70 liebt zu Francesco hinaufblickte, sich allzu gern mit ihm unterhielt[19]. Sie
schürte[20] das Feuer. So war ich. Ich sagte, ich ersäufe[21] mich, wenn du
nicht augenblicklich[22] geradeaus siehst und mich umarmst, wie man sich
in Gondeln zu umarmen hat. Ich sprang auf den Sitz, und sie hielt mich
fest, umarmte mich—

75 „Was macht er jetzt?" fragte Marlen.

Ich drehte mich um und sah, wie Francesco das Ruder ins Wasser
stellte, zu beweisen[23], daß die Lagune nicht tiefer als fünfzig Zentimeter
war.

Nichts hatte Francesco vergessen! Alles holte er aus der Erinnerung!
80 „Er will uns zeigen, wie seicht[24] die Lagune ist."

„Warum zeigt er das?"

„Wir sollen sehen, in der Lagune kann sich nicht einmal[25] ein Nichtschwimmer ertränken."

„Willst du dich ertränken?"

85 „Nein", sagte ich. „Mir ist zu kalt dazu."

„Vor fünf Jahren wollte sich einmal einer ertränken", sagte Francesco
und lachte.

„Gehört das auch zur Gondelfahrt?" fragte Marlen.

„Francesco ist besonders aufmerksam[26]."

90 „Und wird alle Aufmerksamkeiten auf die Rechnung setzen!"

„Warum bist du so böse auf ihn?"

„Er spricht mir zuviel."

Damals hatte Francesco die dreitausend Lire, die wir vor der Fahrt
vereinbart[27] hatten, abgelehnt[28].

95 Ein Märchen aus Venedig könnte so anfangen: Es war einmal ein Gondoliere, der ruderte ein Liebespaar durch den Canal Grande und die
Mäanderwindungen der vielen kleinen Kanäle. Er hatte seine Gondel mit
Lampions behängt, er sang „O sole mio", er ruderte zwei Stunden und
wies die dreitausend Lire, die ihm der junge Mann zahlen wollte,

100 zurück[29], weil dessen[30] Freundin so hübsch war und wie ein Glockenspiel
lachen konnte. Ja, zuletzt ruderte er die beiden zu einer Osteria[31], in die
sonst keine Touristen hinkamen, lud sie ein, die halbe Nacht Chianti mit
ihm zu trinken, zu lachen, zu tanzen—
„Warum bist du so schweigsam auf einmal[32]?" fragte Marlen.
105    „Ich?"
„Auch dein Gondoliere scheint zu schlafen."
„Meine Frau wünscht, daß du ihr sagst, wie die Palazzi rechts und
links heißen."
Francesco erklärte mit gewohntem[33] Pathos: Links sehen Sie den
110 Campo und die Chiesa San Samuele mit dem typisch venezianisch-byzan-
tinischen Glockenturm[34] aus dem 12. Jahrhundert. Der Palazzo Grassi
folgt, ein besonders schöner Bau, im Innern mit berühmten
Deckengemälden[35] Alessandro Longhis geschmückt[36]—"
Während ich übersetzte, sagte Francesco: „Warum bist du nicht mit
115 ihr gekommen, einen Ring am Finger?"
„Und der Palast dort rechts?"
Diesmal war ich dankbar für Marlens Einwurf[37].
„Meine Frau will wissen, wie der Palazzo dort heißt."
„Es ist der Palazzo Rezzonico, ein Werk Longhenas."
120    Wir waren nun fast am Ende des Kanals. Es war dunkel geworden,
dunkler durch Regenwolken, die vom Westen heraufzogen. Die Kuppel
von Santa Maria della Salute strahlten Scheinwerfer[38] an[39].
„Steigen wir am Markusplatz aus?" fragte Marlen.
„Wenn du willst—"
125    „Ich friere, und es sieht aus, als regne es gleich."
„Hier hielten wir damals lange, weißt du noch Enrico?"
„Ich weiß—"
„Alle Liebespaare halten hier an, die Kuppel von Santa Maria della
Salute zu betrachten[40]. Auch Noëlly wollte, daß—"
130 Francesco biß sich auf die Zunge, weil ihm der Name, den wir bisher
vermieden[41] hatten, entfallen[42] war.
„Noëlly—"
„Wer ist Noëlly?" fragte Marlen.
„Noëlly: Es ist der Name eines Mädchens—"
135    „Welchen Mädchens?"
„Seiner Frau vielleicht", sagte ich schlagfertig[43].
„Noëlly è mia moglie[44]", sagte Francesco.
„Nein, das ist nicht wahr!"
„Es ist wahr.—Sie ist ein Jahr später wiedergekommen. Allein."
140    „Was sagt der gräßliche[45] Mensch?"
„Von seiner Frau erzählt er."

„Immer erzählt er Dinge, die uns nichts angehen[46].—Sind wir nicht bald da?"

„Bald, Marlen."

# GRÜNDLICHES LESEN

Lesen Sie den Text noch einmal genau durch.

## Zum Textverständnis (schriftlich)

1. Suchen Sie im Text mindestens sieben Stellen, wo man sehen kann, wie sehr die Gondelfahrt in Venedig *jetzt* anders ist als *damals* vor fünf Jahren.
2. Beschreiben Sie diese Unterschiede in Ihren eigenen Worten.

**BEISPIEL:**   Damals war das Wetter wunderschön, und jetzt regnet es jeden Tag.

## Wortschatzübung

Mit welchen Personen assoziieren Sie die folgenden Wörter und Ausdrücke? Bilden Sie mit jedem Wort einen Satz über die Geschichte.

1. sich ertränken
2. mit Pathos
3. den Baedeker einstecken
4. (Lire) ablehnen
5. (den Preis) vereinbaren
6. einladen*
7. eifersüchtig
8. umarmen
9. sich sattsehen*
10. eine schöne Stimme
11. lieber erklären
12. witzige Dinge sagen
13. frieren*
14. besonders aufmerksam
15. streng
16. wiedererkennen*

# In eigenen Worten (mündlich oder schriftlich)

Kommentieren Sie jede Stelle in Ihren eigenen Worten. Erklären Sie, wer mit wem spricht. Erklären Sie auch die *Bedeutung* dieser Stellen.

1. Da fiel auch mir sein Name wieder ein, gerade im richtigen Moment. „Und Sie heißen Francesco!"
2. „Eine strenge Frau", sagte er. „Ihre Freundin lachte immerfort. Nie hatte ich ein Mädchen in der Gondel, das so viel lachte! Sie konnte über alles lachen, und die Palazzi haben sie einen Dreck interessiert."

3. "Er will uns zeigen, wie seicht die Lagune ist."
   „Warum zeigt er das?"
   „Wir sollen sehen, in der Lagune kann sich nicht einmal ein Nichtschwimmer ertränken."
   „Willst du dich ertränken?"
   „Nein", sagte ich. „Mir ist zu kalt dazu."
4. „Was sagt der gräßliche Mensch?"
   „Von seiner Frau erzählt er."
   „Immer erzählt er Dinge, die uns nichts angehen."
5. Ich sagte, ich ersäufe mich, wenn du nicht augenblicklich geradeaus siehst und mich umarmst, wie man sich in Gondeln zu umarmen hat.
6. Während ich übersetzte, sagte Francesco: „Warum bist du nicht mit ihr gekommen, einen Ring am Finger?"
   „Und der Palast dort rechts?"
   Diesmal war ich dankbar für Marlens Einwurf.
7. „Francesco ist besonders aufmerksam."
   „Und wird alle Aufmerksamkeiten auf die Rechnung setzen!"

# Zum Schreiben (Wählen Sie *eine* Aufgabe.)

1. Schreiben Sie einen Aufsatz, der wie folgt beginnt (nicht mehr als 20 Sätze): „Diese Geschichte handelt von . . ."

*NOTE: If you choose to write in the simple past tense, events from five years earlier should be expressed in the past perfect tense. If you write in the present tense, events prior to the second gondola ride should be in the present perfect tense. Do not mix the present and simple past tenses.*

2. Schreiben Sie einen kurzen Werbeprospekt *(brochure)* von Venedig. Erklären Sie, warum Venedig eine Reise wert ist. Was kann man dort unternehmen, sehen usw. (15 bis 20 Sätze)?

*NOTE: Do not use any main verb other than modals more than once.*

3. Beschreiben Sie den schönsten oder interessantesten Reiseaufenthalt *(stay)*, den Sie je hatten (15 bis 20 Sätze).

*NOTE: Do not repeat any main verb. Use at least six different time expressions.*

# Zur Diskussion

1. Die starke Wirkung *(effect)* dieser Geschichte liegt zum Teil *(in part)* darin, daß Marlen nicht versteht, worüber (und über wen) der Gondelfahrer Francesco und „Enrico" (Heinrich) sich eigentlich unterhalten. Manchmal sagt und meint Marlen etwas, was im Kontext des Gesprächs zwischen Francesco und dem Erzähler eine andere, sogar ironische Bedeutung haben kann. Suchen Sie mindestens drei solche Stellen und erklären Sie sie.
2. Vergleichen Sie die beiden Frauen. Zum Beispiel, die eine Frau ist „streng", während die andere damals „witzige Dinge" sagte. Erklären Sie, wie jede dieser beiden Frauen Venedig erlebt *(experiences)*. Finden Sie es wichtig, daß sie aus verschiedenen Ländern stammen? Erzählen Sie, ob und warum eine dieser Frauen Ihnen besser gefällt.
3. Kommentieren Sie:
   „Mir ist zu kalt dazu" (der Erzähler zu Marlen).
   „Mir ist es hier zu kalt" (Paul in „San Salvador").
4. Beschreiben Sie die Stimmung des Erzählers auf der zweiten Gondelfahrt. Ist er glücklich verheiratet? Wäre er mit Noëlly glücklicher gewesen?
5. Finden Sie Francescos Benehmen *(behavior)* glaubhaft? Warum erinnert er den Erzähler immer wieder an die Gondelfahrt vor fünf Jahren? Er hätte doch schweigen können. Ist Noëlly wirklich Francescos Frau geworden? Ändert es etwas an der Geschichte, wenn Francesco hier lügt?
6. Erzählen Sie, was *Sie* in Venedig sehen und tun würden. Wenn Sie nichts von Venedig wissen, dann sollten Sie ein Buch darüber aus der Bibliothek holen und sich über diese Stadt informieren.


**Canal Grande:** *main canal and traffic artery in Venice*
**Vaporetto:** *small passenger motorboat*
**Ca'd'Oro:** *"the golden house," a magnificent palace on the Canal Grande*
**Rialto:** *famous bridge over the Canal Grande, one of the most photographed settings in Europe*
**Ponte, Antonio da:** *builder of the Rialto bridge (sixteenth century)*
**Palazzo Dandolo . . . Grimani:** *beautiful houses built by wealthy families along the Canal Grande*
**"Mamma mia!":** *an exclamation of surprise; it literally means "My mother!"*
**"O sole mio":** *"Oh my sun," a Neapolitan love song*
**Caruso, Enrico:** *famous Italian singer (1873–1921)*
**Campo:** *small square, usually in front of a church*
**Chiesa San Samuele:** *Church of St. Samuel*
**Longhi, Alessandro:** *Italian painter and engraver (1733–1813)*
**Longhena, Baldassare:** *Italian architect (1598–1682)*
**Santa Maria della Salute:** *famous church directly across the Canal Grande from St. Mark's Square*
**Markusplatz:** *St. Mark's Square, world-famous square at the open end of the Canal Grande*

## AUF DEM CANAL GRANDE

Auf dem Canal grande betten
Tief sich ein die Abendstunden,
Hundert dunkle Gondeln gleiten
Als ein flüsterndes[1] Geheimnis[2].

Aber zwischen zwei Palästen
Glüht herein die Abendsonne,
Flammend wirft sie einen grellen[3]
Breiten Streifen[4] auf die Gondeln.

In dem purpurroten Lichte
Laute Stimme, hell Gelächter,
Überredende Gebärden[5]
Und das frevle[6] Spiel der Augen.

Eine kurze kleine Strecke
Treibt[7] das Leben leidenschaftlich[8]
Und erlischt[9] im Schatten drüben
Als ein unverständlich Murmeln.

CONRAD FERDINAND MEYER, 1825–1898

[1]**flüsternd** whispering   [2]**das Geheimnis** secret   [3]**grell** glaring   [4]**der Streifen** stripe, streak   [5]**die Gebärde** gesture   [6]**frevel** wanton   [7]**treiben*** float, drift   [8] **leidenschaftlich** passionate   [9]**erlöschen*** go out, be extinguished

# 15

# Anekdote zur Senkung der Arbeitsmoral

## Heinrich Böll

HEINRICH BÖLL was born in 1917 in Cologne (Köln) and began writing shortly after World War II. By the time he died in 1985, his novels, radio plays, and many stories had established him as one of the major German writers of the twentieth century. His literary awards include the Nobel Prize for Literature (1972). Initially, Böll depicted the absurdity of the war and the sins of the immediate German past, but most of his later works portray and criticize the materialistic orientation, bureaucracy, and corruption he detected in postwar German prosperity. Like many of the selections in his Erzählungen 1950 –1970, "Anekdote zur Senkung der Arbeitsmoral" questions materialistic values in a humorous tone. Böll's stories have often been anthologized in German-language textbooks. "Mein teures Bein," "An der Brücke," "Der Lacher," and "Mein Onkel Fred" are short and easy to read. "Es wird etwas geschehen" and "Die unsterbliche Theodora" are a bit longer but quite amusing.

## ERSTES LESEN—ERSTE EINDRÜCKE

Bölls „Anekdote" ist stark beschreibend. Für das *Geschehen* in einem Text sind beschreibende Adjektive und Adverbien oft auch weniger wichtig, und wir drucken den ersten Abschnitt von Bölls Text zuerst ohne solche Wörter (— = fehlendes Wort).

Lesen Sie den ersten Abschnitt durch. Drücken Sie das Geschehen (wer, wo, was) in diesem Abschnitt in fünf bis sechs Aussagen aus.

In einem Hafen[1] an der — Küste Europas liegt ein — — Mann in seinem Fischerboot und döst. Ein — — Tourist legt eben einen — Farbfilm in seinen Fotoapparat, um das — Bild zu fotografieren: — Himmel, — See mit —, — Wellenkämmen[2], — Boot, — Fischermütze[3].
5 Klick. Noch einmal: klick, und da aller — Dinge drei sind, und sicher sicher ist, ein drittes Mal: klick. Das —, — — Geräusch[6] weckt den —

Fischer, der sich — aufrichtet[7], — nach seiner Zigarettenschachtel[8] angelt; aber bevor er das Gesuchte gefunden, hat ihm der — Tourist schon eine Schachtel vor die Nase gehalten, ihm die Zigarette nicht gerade in
10 den Mund gesteckt, aber in die Hand gelegt, und ein viertes Klick, das des Feuerzeuges[10], schließt die — Höflichkeit[12] ab. Durch jenes — —,
— — Zuviel an — Höflichkeit ist eine — Verlegenheit[16] entstanden[17], die der Tourist—der Landessprache mächtig[18]—durch ein Gespräch zu überbrücken versucht.

# GRÜNDLICHES LESEN

Lesen Sie die vollständige Geschichte jetzt genau durch. Der Text ist in fünf Abschnitte geteilt, damit Sie sich leichter orientieren können. Die fehlenden Adjektive und Adverbien der ersten Fassung des ersten Abschnitts sind in Kursivschrift *(italics)*.

## (VOLLSTÄNDIGER TEXT)

### A

In einem Hafen[1] an der *westlichen* Küste Europas liegt ein *ärmlich gekleideter* Mann in seinem Fischerboot und döst. Ein *schick angezogener* Tourist legt eben einen *neuen* Farbfilm in seinen Fotoapparat, um das *idyllische* Bild zu fotografieren: *blauer* Himmel, *grüne* See mit *friedlichen,*
5 *schneeweißen* Wellenkämmen[2], *schwarzes* Boot, *rote* Fischermütze[3]. Klick. Noch einmal: klick, und da aller *guten* Dinge drei sind, und sicher sicher ist, ein drittes Mal: klick. Das *spröde*[4]*, fast feindselige*[5] Geräusch[6] weckt den *dösenden* Fischer, der sich *schläfrig* aufrichtet[7], *schläfrig* nach seiner Zigarettenschachtel[8] angelt; aber bevor er das Gesuchte gefunden, hat ihm
10 der *eifrige*[9] Tourist schon eine Schachtel vor die Nase gehalten, ihm die Zigarette nicht gerade in den Mund gesteckt, aber in die Hand gelegt, und ein viertes Klick, das des Feuerzeuges[10], schließt die *eilfertige*[11] Höflichkeit[12] ab. Durch jenes *kaum meßbare, nie nachweisbare*[13] Zuviel an *flinker*[14] Höflichkeit ist eine *gereizte*[15] Verlegenheit[16] entstanden[17], die der
15 Tourist—der Landessprache mächtig[18]—durch ein Gespräch zu überbrücken versucht.

### B

„Sie werden heute einen guten Fang machen."
Kopfschütteln des Fischers.
„Aber man hat mir gesagt, daß das Wetter günstig[19] ist."
20 Kopfnicken[20] des Fischers.
„Sie werden also nicht ausfahren?"

Kopfschütteln des Fischers, steigende Nervosität des Touristen. Gewiß[21]. liegt ihm das Wohl des ärmlich gekleideten Menschen am Herzen, nagt[22] an ihm die Trauer[23] über die verpaßte[24] Gelegenheit[25].

25 „Oh, Sie fühlen sich nicht wohl?"

Endlich geht der Fischer von der Zeichensprache zum wahrhaft gesprochenen Wort über. „Ich fühle mich großartig[26]", sagt er. „Ich habe mich nie besser gefühlt." Er steht auf, reckt sich[27], als wolle er demonstrieren, wie athletisch er gebaut ist. „Ich fühle mich phantastisch."

30 Der Gesichtsausdruck des Touristen wird immer unglücklicher, er kann die Frage nicht mehr unterdrücken, die ihm sozusagen das Herz zu sprengen[28] droht[29]: „Aber warum fahren Sie dann nicht aus?"

Die Antwort kommt prompt und knapp[30]. „Weil ich heute morgen schon ausgefahren bin."

35 „War der Fang gut?"

„Er war so gut, daß ich nicht noch einmal auszufahren brauche, ich habe vier Hummer[31] in meinen Körben gehabt, fast zwei Dutzend Makrelen gefangen . . ."

Der Fischer, endlich erwacht, taut jetzt auf[32] und klopft dem Touris-
40 ten beruhigend auf die Schultern. Dessen[33] besorgter[34] Gesichtsausdruck erscheint ihm als ein Ausdruck zwar[35] unangebrachter[36], doch rührender[37] Kümmernis[38].

„Ich habe sogar für morgen und übermorgen genug", sagt er, um des Fremden Seele[39] zu erleichtern. „Rauchen Sie eine von meinen?"

45 „Ja, danke."

## C

Zigaretten werden in Münder gesteckt, ein fünftes Klick, der Fremde setzt sich kopfschüttelnd auf den Bootsrand, legt die Kamera aus der Hand, denn er braucht jetzt beide Hände, um seiner Rede Nachdruck zu verleihen[40].

50 „Ich will mich ja nicht in Ihre persönlichen Angelegenheiten[41] mischen", sagt er, „aber stellen Sie sich mal vor, Sie führen heute ein zweites, ein drittes, vielleicht sogar ein viertes Mal aus und Sie würden drei, vier, fünf, vielleicht gar zehn Dutzend Makrelen fangen . . . stellen Sie sich das mal vor."

55 Der Fischer nickt.

„Sie würden", fährt der Tourist fort[42], „nicht nur heute, sondern morgen, übermorgen, ja, an jedem günstigen Tag zwei-, dreimal, vielleicht viermal ausfahren—wissen Sie, was geschehen würde?"

Der Fischer schüttelt den Kopf.

60 „Sie würden sich in spätestens einem Jahr einen Motor kaufen können, in zwei Jahren ein zweites Boot, in drei oder vier Jahren könnten Sie vielleicht einen kleinen Kutter haben, mit zwei Booten oder dem Kutter

würden Sie natürlich viel mehr fangen—eines Tages würden Sie zwei
Kutter haben, Sie würden . . .", die Begeisterung[43] verschlägt ihm für ein
65 paar Augenblicke die Stimme[44], „Sie würden ein kleines Kühlhaus bauen,
vielleicht eine Räucherei[45], später eine Marinadenfabrik, mit einem eigenen Hubschrauber[46] rundfliegen, die Fischschwärme ausmachen[47] und
Ihren Kuttern per Funk[48] Anweisung[49] geben. Sie könnten die Lachsrechte[50] erwerben[51], ein Fischrestaurant eröffnen, den Hummer ohne
70 Zwischenhändler direkt nach Paris exportieren—und dann . . .", wieder
verschlägt die Begeisterung dem Fremden die Sprache. Kopfschüttelnd,
im tiefsten Herzen betrübt[52], seiner Urlaubsfreude schon fast verlustig[53],
blickt er auf die friedlich[54] hereinrollende Flut[55], in der die ungefangenen
Fische munter[56] springen.

### D

75 „Und dann", sagt er, aber wieder verschlägt ihm die Erregung[57] die
Sprache.
Der Fischer klopft ihm auf den Rücken, wie einem Kind, das sich
verschluckt[58] hat. „Was dann?" fragt er leise.
„Dann", sagt der Fremde mit stiller Begeisterung, „dann könnten Sie
80 beruhigt hier im Hafen sitzen, in der Sonne dösen—und auf das herrliche
Meer blicken."
„Aber das tu ich ja schon jetzt", sagt der Fischer, „ich sitze beruhigt
am Hafen und döse, nur Ihr Klicken hat mich dabei gestört[59]."

### E

Tatsächlich[60] zog der solcherlei[61] belehrte Tourist nachdenklich[62] von
85 dannen[63], denn früher hatte er auch einmal geglaubt, er arbeite, um eines
Tages einmal nicht mehr arbeiten zu müssen, und es blieb keine Spur[64]
von Mitleid[65] mit dem ärmlich gekleideten Fischer in ihm zurück, nur
ein wenig Neid[66].

## Zum Textverständnis

1. **Schriftlich:** Schreiben Sie für jeden Abschnitt der Geschichte ein Erzählschema in Stichworten.

BEISPIEL:    TEIL A: *Tourist im Fischerhafen*
*fotografieren*
*weckt den Fischer*
*bietet dem Fischer eine Zigarette an*
*gibt ihm Feuer*
*beginnt mit dem Fischer zu sprechen*

2. **Mündlich** (Partner oder Kleingruppenarbeit): Erzählen Sie die Anekdote mit Hilfe Ihrer Schemas nach.

# Wortschatzübungen

1. Schreiben Sie möglichst viele Adjektive (auch Partizipien, die als Adjektive benutzt werden) und beschreibende Adverbien aus dem Text heraus. (Lassen Sie die Farben weg.) Welche Adjektive sind *negativ*, welche *positiv*, welche *neutral*?

BEISPIELE:     negativ: *feindselig, gereizt, betrübt, verpaßt*
                    positiv: *munter, günstig, schick*
                    neutral: *schläfrig, gekleidet, knapp*

2. Suchen Sie sich aus jeder Gruppe in Aufgabe 1 mindestens vier Adjektive heraus, mit denen Sie Aussagen über sich machen können. Schreiben Sie mit diesen Adjektiven Sätze über sich selbst oder andere Menschen, die Sie kennen.

BEISPIELE:     *Ich werde* **schläfrig,** *wenn ich am Abend zuviel esse.*
                    *Ich mag* **friedliche** *Menschen.*

# In eigenen Worten (schriftlich)

Drücken Sie die folgenden recht komplizierten Stellen in möglichst kurzen und einfachen Sätzen aus.

*NOTE: You do not need to recapture every detail, but try to be as thorough as possible.*

BEISPIEL:     TEXT:     Der Fischer, endlich erwacht, taut jetzt auf und klopft dem Touristen beruhigend auf die Schultern. Dessen besorgter Gesichtsausdruck erscheint ihm als ein Ausdruck zwar unangebrachter, doch rührender Kümmernis.

                    KONTEXT: *Der Fischer ist jetzt wach und wird freundlicher. Er klopft dem Touristen auf die Schulter. Er glaubt, daß der Tourist sich Sorgen um ihn macht, und das tut ihm leid.*

1. . . . aber bevor er [der Fischer] das Gesuchte gefunden, hat ihm der eifrige Tourist schon eine Schachtel vor die Nase gehalten, ihm die Zigarette nicht gerade in den Mund gesteckt, aber in die Hand gelegt, und ein viertes Klick, das des Feuerzeuges, schließt die eilfertige Höflichkeit ab.

2. „Sie werden also nicht ausfahren?"
   Kopfschütteln des Fischers, steigende Nervosität des Touristen. Gewiß liegt
   ihm das Wohl des ärmlich gekleideten Menschen am Herzen, nagt an ihm
   die Trauer über die verpaßte Gelegenheit.
3. Endlich geht der Fischer von der Zeichensprache zum wahrhaft gesprochenen Wort über. „Ich fühle mich großartig", sagt er. „Ich habe mich nie
   besser gefühlt." Er steht auf, reckt sich, als wolle er demonstrieren, wie
   athletisch er gebaut ist.
4. Tatsächlich zog der solcherlei belehrte Tourist nachdenklich von dannen,
   denn früher hatte er auch einmal geglaubt, er arbeite, um eines Tages einmal nicht mehr arbeiten zu müssen . . .
5. „Sie könnten die Lachsrechte erwerben, ein Fischrestaurant eröffnen, den
   Hummer ohne Zwischenhändler direkt nach Paris exportieren—und
   dann . . .", wieder verschlägt die Begeisterung dem Fremden die Sprache.

## Zum Schreiben (Wählen Sie *eine* Aufgabe.)

1. Sie sind entweder der Fischer oder der Tourist und schreiben einem
   Freund einen Brief, in dem Sie von der Begegnung *(encounter)* am Hafen
   erzählen. Verwenden Sie dabei mindestens zehn Adjektive aus der Geschichte.
2. Setzen Sie die Anekdote fort, indem Sie erzählen, was der Tourist am
   Ende seines Urlaubs tat (15 bis 20 Sätze). Verwenden Sie dabei mindestens
   zehn Adjektive aus der Geschichte.

*NOTE: Remember to keep your narrative in the simple past tense.*

3. Schreiben Sie eine eigene Anekdote mit einer Moral (15 bis 20 Sätze).

*NOTE: An anecdote presents a single episode, usually culminating
in a point or commentary, a sort of punch line, that brings home
the moral of the story. Try to conclude your anecdote with such a
punch line.*

## Zur Diskussion

1. Ziehen Sie Vergleiche (mindestens fünf) zwischen dem Touristen und dem
   Fischer. Zum Vergleichen eignen sich *(are suited)* die Konjunktionen *aber*
   und *während* sehr gut.

BEISPIELE:    *Der Tourist trägt schicke Kleider,* **aber** *der Fischer ist ärmlich geklei-
              det.*

*Der Tourist hat Geld und macht Reisen, **während** der Fischer
dagegen wenig besitzt und wohl immer in seinem Dorf bleibt.*

2. Diskutieren Sie, was der Autor mit dieser Anekdote zum Ausdruck bringen will.
3. Inwiefern sind der Fischer und der Tourist repräsentativ für die Mentalität
vieler Menschen in diesen Ländern? Oder sollte man hier eher *(rather)* von
Sozialklassen sprechen?
4. Vergleichen Sie den Touristen mit dem Fabrikarbeiter in „Neapel sehen"
(Arbeit, Mentalität usw.).
5. Erklären Sie, ob Sie lieber der Fischer oder der Tourist sein möchten. Geben Sie Ihre Gründe an.

---

*Von Arbeit stirbet kein Mensch; aber von ledig und müßig*
(unoccupied and idle) *gehen kommen die Leute um* (lose) *Leib und
Leben; denn der Mensch ist zur Arbeit geboren, wie der Vogel zum
Fliegen.*

---

MARTIN LUTHER, 1483–1546

# Zur Wiederholung 5

**A.** Schreiben Sie alle Wörter auf, die Ihnen zu den folgenden Themen einfallen (eine Minute für jedes Thema). Vergleichen Sie Ihre Wörter mit denen eines Partners. Erklären Sie mündlich mit Ihrem Partner den jeweiligen (respective) Kontext.

1. Bad Wörishofen
2. eine Lagune, die nur fünfzig Zentimeter tief ist
3. mit zwei Booten oder einem Kutter
4. das idyllische Bild fotografieren
5. die halbe Nacht Chianti trinken
6. eine wichtige Frage stellen

**B.** Schreiben Sie die Sätze zu Ende.

NOTE: The sentence completions require either a subordinate clause or an infinitive clause, as in the examples.

BEISPIELE:    Vater wollte (es) nicht **zugeben** (13), . . .
                    *daß er früher einen Bart getragen hatte.*
                    Ich kann (es) dir nicht **verbieten** (14), . . .
                    *Wein zu trinken.*

1. Die Polizei wollte **beweisen** (14), . . .
2. Vor dem Richter (judge) hat der Dieb es **verleugnet** (13), . . .
3. Die Worte des Nachbarn haben **bestätigt** (13), . . .
4. Ich will es nicht **abstreiten** (13), . . .
5. Bis jetzt haben wir es **vermieden** (14), . . .
6. Die Schüler sollen **fortfahren** (15), . . .

**C.** Ergänzen Sie die Sätze mit dem am besten dazupassenden Reflexivverb aus der Liste.

BEISPIEL:    Ohne schwimmen zu können, sprang Margarethe ins Wasser, . . .
*weil sie* **sich ertränken** *wollte.*

1. Wahrscheinlich hatte Marianne Halsschmerzen, denn oft mußte sie . . .
2. Hans erwachte und . . .
3. Da Tanja sehr gern spricht, . . .
4. Wenn mein Nachbar ein Dieb wäre, . . .
5. Wer beim Essen viel lacht und nicht aufpaßt, . . .

a. sich mit jemand unterhalten* (14)
b. sich räuspern (13)
c. sich verschlucken (15)
d. sich vorsehen* (13)
e. sich aufrichten (15)
f. sich ertränken (14)

**D.** Welche abstrakten Substantive aus der Liste drücken den Inhalt der Sätze am besten aus?

1. Sie saßen am Teetisch und plauderten.
2. Wenn du das richtige Wort nennst, gewinnst du diesen neuen Porsche.
3. Vor Gebrauch bitte gut schütteln.
4. Füllest wieder Busch und Tal
Still mit Nebelglanz,
Lösest endlich auch einmal
Meine Seele ganz.
(Goethe: „An den Mond")
5. Ich kann mir schon denken, wer unsere Bücher mitgenommen hat.
6. In meinen Adern welches Feuer!
In meinem Herzen welche Glut!
(Goethe:   „Willkommen   und   Abschied")
7. Franz saß mit einem hübschen Mädchen im Wirtshaus zusammen, als seine Frau unerwartet hereinkam.
8. Ich habe morgen etwas Wichtiges zu tun.
9. Gnädige Frau, dürfte ich Ihnen beim Besteigen des Zuges behilflich sein?

a. die Unterhaltung (13)
b. die Ahnung (13)
c. die Stimmung (13)
d. die Erregung (15)
e. die Höflichkeit (15)
f. die Anweisung (15)
g. die Angelegenheit (15)
h. die Verlegenheit (15)
i. die Gelegenheit (15)

E. In den Geschichten 13 bis 15 wird oft berichtet, was andere Leute sagen oder gesagt haben. In solchen Fällen verwendet man sehr oft den Konjunktiv *(subjunctive)* der indirekten Rede. Schreiben Sie die folgenden Sätze zu Ende.

1. Frau Kleyer schreit und sagt, . . .
2. Marlen meint, daß der Gondoliere . . .
3. Der Gondoliere fragte Enrico, ob . . .
4. Der Tourist äußerte die Meinung, daß . . .
5. Auf Frau Kleyers Behauptung erwiderte der Vater, . . .

F. Adverbien sollte man sich immer wieder merken, da man sie leicht wieder vergessen kann. Suchen Sie englische Äquivalente für diese Adverbien.

1. ziemlich (13)
2. eben (13)
3. bis dahin (13)
4. jedenfalls (13)
5. bestimmt (13)
6. immerfort (14)
7. lieber (14)
8. überhaupt (14)
9. nicht einmal (14)
10. auf einmal (14)
11. noch einmal (15)
12. zwar (15)
13. sozusagen (15)
14. tatsächlich (15)

G. Beschreiben Sie einen Tag in Ihrem Leben. Verwenden Sie dabei mindestens sieben Adverbien aus Aufgabe F. Wiederholen Sie kein Hauptverb.

*Sprachkürze gibt Denkweite.*

JEAN PAUL, 1763–1825

# 16
# Wenn die Haifische[1] Menschen wären
## Bertolt Brecht

*BERTOLT BRECHT was born in 1898 in Augsburg, Germany. He spent most of World War II in exile in Denmark, Finland, and the United States. He later moved to Switzerland and in 1949 to East Berlin, where he founded his own theater, the famous Berliner Ensemble. He achieved literary prominence through one of his early plays, the* Dreigroschenoper *(1928), for which Kurt Weill composed the music. Best known for his stage works, Brecht also wrote short didactic plays (*Lehrstücke*), novels, short stories, calendar tales, screenplays, poetry, essays, and theoretical treatises on the theater. "Wenn die Haifische Menschen wären" comes from* Geschichten vom Herrn Keuner, *a remarkable collection of more than eighty anecdotes written by Brecht over many years and published in 1956, the year he died. These anecdotes are very short, often less than a hundred words, and show Brecht at his witty and at times philosophical best. Many of these selections are easy to read and fun to discuss.*

## VORBEREITUNG AUF DAS LESEN
### (Gruppenarbeit)

Sagen Sie in einem Satz, was Sie für die Fischlein tun würden, wenn Sie ein Haifisch wären.

## GRÜNDLICHES LESEN

Lesen Sie den Text genau durch.

**NOTE:** *This story does not lend itself to skimming or quick reading. Therefore it should be read carefully the first time.*

„Wenn die Haifische Menschen wären", fragte Herrn K. die kleine Tochter seiner Wirtin[2], „wären sie dann netter zu den kleinen Fischen?" „Sicher", sagte er. „Wenn die Haifische Menschen wären, würden sie im

**111**

Meer für die kleinen Fische gewaltige[3] Kästen[4] bauen lassen, mit
5 allerhand[5] Nahrung[6] drin, sowohl Pflanzen als auch Tierzeug[7]. Sie würden sorgen[8], daß die Kästen immer frisches Wasser hätten, und sie würden überhaupt allerhand sanitäre Maßnahmen treffen[10]. Wenn zum Beispiel ein Fischlein sich die Flosse[11] verletzen[12] würde, dann würde ihm
sogleich ein Verband[13] gemacht, damit es den Haifischen nicht weg-
10 stürbe vor der Zeit. Damit die Fischlein nicht trübsinnig[15] würden, gäbe
es ab und zu[16] große Wasserfeste; denn lustige Fischlein schmecken besser
als trübsinnige. Es gäbe natürlich auch Schulen in den großen Kästen. In
diesen Schulen würden die Fischlein lernen, wie man in den Rachen der
Haifische schwimmt. Sie würden zum Beispiel Geographie brauchen,
15 damit sie die großen Haifische, die faul irgendwo liegen, finden könnten.
Die Hauptsache wäre natürlich die moralische Ausbildung[18] der Fischlein.
Sie würden unterrichtet werden, daß es das Größte und Schönste sei,
wenn ein Fischlein sich freudig aufopfert[19], und daß sie alle an die Haifische glauben müßten, vor allem[20], wenn sie sagten, sie würden für eine
20 schöne Zukunft[21] sorgen. Man würde den Fischlein beibringen[22], daß
diese Zukunft nur gesichert sei, wenn sie Gehorsam[23] lernten. Vor allen
niedrigen[24], materialistischen, egoistischen und marxistischen Neigungen[25]
müßten sich die Fischlein hüten[26] und es sofort den Haifischen melden[27],
wenn eines von ihnen solche Neigungen verriete[28]. Wenn die Haifische
25 Menschen wären, würden sie natürlich auch untereinander Kriege führen,
um fremde[29] Fischkästen und fremde Fischlein zu erobern[30]. Die Kriege
würden sie von ihren eigenen Fischlein führen lassen. Sie würden die
Fischlein lehren, daß zwischen ihnen und den Fischlein der anderen Haifische ein riesiger[31] Unterschied bestehe[32]. Die Fischlein, würden sie
30 verkünden[33], sind bekanntlich stumm[34], aber sie schweigen in ganz verschiedenen Sprachen und können einander daher unmöglich verstehen.
Jedem Fischlein, das im Krieg ein paar andere Fischlein, feindliche, in
anderer Sprache schweigende Fischlein tötete, würden sie einen kleinen
Orden[36] aus Seetang[37] anheften[38] und den Titel Held[39] verleihen[40]. Wenn
35 die Haifische Menschen wären, gäbe es bei ihnen natürlich auch eine
Kunst[41]. Es gäbe schöne Bilder, auf denen die Zähne der Haifische in
prächtigen[42] Farben, ihre Rachen als reine Lustgärten[43], in denen es sich
prächtig tummeln läßt[44], dargestellt[45] wären. Die Theater auf dem Meeresgrund würden zeigen, wie heldenmütige[46] Fischlein begeistert in die
40 Haifischrachen schwimmen, und die Musik wäre so schön, daß die Fischlein unter ihren Klängen[48], die Kapelle[49] voran, träumerisch und in aller-
angenehmste Gedanken eingelullt, in die Haifischrachen strömten. Auch
eine Religion gäbe es da, wenn die Haifische Menschen wären. Sie würde
lehren, daß die Fischlein erst im Bauch[50] der Haifische richtig zu leben
45 begännen. Übrigens[51] würde es auch aufhören[52], wenn die Haifische

Menschen wären, daß alle Fischlein, wie es jetzt ist, gleich sind. Einige von ihnen würden Ämter⁵³ bekommen und über die anderen gesetzt werden. Die ein wenig größeren dürften sogar die kleineren auffressen. Das wäre für die Haifische nur angenehm, da sie dann selber öfter größere
50  Brocken⁵⁴ zu fressen bekämen. Und die größeren, Posten habenden Fischlein würden für die Ordnung unter den Fischlein sorgen, Lehrer, Offiziere, Ingenieure im Kastenbau usw. werden. Kurz, es gäbe überhaupt erst eine Kultur im Meer, wenn die Haifische Menschen wären."

# Zum Textverständnis (schriftlich oder mündlich)

Erzählen Sie in jeweils zwei bis drei Sätzen, wie die Haifische für jeden der hier genannten Bereiche *(areas)* sorgen würden und *warum* sie das täten. Verwenden Sie einige der folgenden Konjunktionen dabei.

denn

damit

so daß

um . . . zu

da

deswegen, weil

**BEISPIEL:**    **Lebensmittelversorgung:** Sie würden Kästen voller Nahrung bauen lassen, **damit** die Fischlein mehr fressen und besser schmecken.

Gesundheit

Lebensmittelversorgung *(food supply)*

Religionsunterricht

Kunst (welche Künste?)

politische Bildung *(education)*

Wohnungsbau

militärische Ausbildung

Verwaltung *(administration)*

# Wortschatzübungen

1. Erklären Sie auf deutsch, was jedes der folgenden Verben bedeutet. Bilden Sie einen kurzen Satz mit jedem Verb.

**BEISPIEL:**    **aufhören:** *bedeutet, etwas nicht länger tun, oder, daß etwas nicht länger geschieht.*
*Der Greis* **hörte** *zu arbeiten* **auf.** *Die Hetze nach Akkordprämien* **hörte auf.**

a. bestehen*

b. sich hüten vor

c. verkünden

d. sich aufopfern

e. verraten*

f. verletzen

g. jemandem etwas beibringen*

2. Schreiben Sie fünf Substantive aus dem Text auf, die etwas Abstraktes ausdrücken. Schreiben Sie drei passende Adjektive zu jedem dieser Substantive.

BEISPIEL:    die Ausbildung: *eine militärische/strenge/vierjährige Ausbildung*

# In eigenen Worten (schriftlich)

Drücken Sie die Sätze mit anderen Worten aus.

*NOTE: These passages are grammatically difficult, particularly those containing passive-voice constructions. You may wish to translate them into English first, to make sure you recognize the constructions.*

1. Die Hauptsache wäre natürlich die moralische Ausbildung der Fischlein.
2. Die Kriege würden sie von ihren eigenen Fischlein führen lassen.
3. Man würde den Fischlein beibringen, daß diese Zukunft nur gesichert sei, wenn sie Gehorsam lernten.
4. Übrigens würde es auch aufhören, wenn die Haifische Menschen wären, daß alle Fischlein, wie es jetzt ist, gleich sind.
5. Sie würden unterrichtet werden, daß es das Größte und Schönste sei, wenn ein Fischlein sich freudig aufopfert, und daß sie alle an die Haifische glauben müßten, vor allem, wenn sie sagten, sie würden für eine schöne Zukunft sorgen.
6. Die Fischlein, würden sie verkünden, sind bekanntlich stumm, aber sie schweigen in ganz verschiedenen Sprachen und können einander daher unmöglich verstehen.
7. Sie würden die Fischlein lehren, daß zwischen ihnen und den Fischlein der anderen Haifische ein riesiger Unterschied bestehe.

# Zum Schreiben (Wählen Sie *eine* Aufgabe.)

1. Wenn ich ein Fischlein im Meer der Haifische wäre, dann . . . (15 Sätze).
2. Schreiben Sie über einen Haifisch in Menschengestalt *(human guise)*, der heute lebt oder früher gelebt hat. Erzählen Sie, warum Sie diese Person für einen Haifisch halten (15 bis 18 Sätze).
3. Am Ende der Aufgaben (Seite 115) steht die „Moritat" von einem menschlichen Haifisch. Erzählen Sie diese Geschichte in Ihren eigenen Worten nach.

*NOTE: Try to summarize the main idea of each stanza in one sentence or at most in two sentences.*

# Zur Diskussion

1. Brecht war Kommunist. Diskutieren Sie, ob er hier an bestimmte Gesell-schaftssysteme denkt, wie z.B. den Kapitalismus, oder an die Menschen überhaupt. An welche Beispiele in der Geschichte Europas oder Amerikas denkt Brecht vielleicht?
2. Halten Sie seine Meinung für richtig? Begründen Sie Ihre Antwort. Geben Sie konkrete Beispiele von Haifischen in Ihrer Kultur, wenn Sie glauben, daß es solche gibt.
3. Möchten Sie lieber ein Fischlein oder ein Haifisch sein? Warum?
4. Was sollten die Fischlein Ihrer Meinung nach tun, um ihre Situation zu verstehen und zu verbessern? Können Sie an konkrete Beispiele in unserer Welt denken, wo die Fischlein versuchen sollten, ihre Situation zu än-dern? Wie sollen sie das tun?
5. Besprechen Sie die Rolle der Religion in der Welt der Haifische. Denken Sie dabei an das Wort von Karl Marx, Religion sei das Opium des Volkes. Was meinte Marx wohl damit?
6. Vielleicht kennen Sie George Orwells *Animal Farm*. Finden Sie Parallelen im Denken von Brecht und Orwell?

*DIE MORITAT[1] VON MACKIE MESSER*

**NOTE:** *This song has been translated into English and sung by such famous personalities as Louis Armstrong and Bobby Darin. Perhaps you can find the recordings and compare the English translations with the German original.*

*Und der Haifisch, der hat Zähne*
*Und die trägt er im Gesicht*
*Und Macheath, der hat ein Messer*
*Doch das Messer sieht man nicht.*

*Ach, es sind des Haifischs Flossen*
*Rot, wenn dieser Blut vergießt[2]!*
*Mackie Messer trägt 'nen Handschuh*
*Drauf man keine Untat[3] liest.*

[1] die **Moritat** organ-grinder song about terrible deeds   [2] **vergießen\*** shed   [3] die **Untat** misdeed

*An der Themse grünem Wasser*
*Fallen plötzlich Leute um!*
*Es ist weder Pest[4] noch Cholera*
*Doch es heißt: Macheath geht um.*

*An 'nem schönen blauen Sonntag*
*Liegt ein toter Mann am Strand*
*Und ein Mensch geht um die Ecke*
*Den man Mackie Messer nennt.*

*Und Schmul[5] Meier bleibt verschwunden*
*Und so mancher reiche Mann*
*Und sein Geld hat Mackie Messer*
*Dem man nichts beweisen kann.*

*Jenny Towler ward[6] gefunden*
*Mit 'nem Messer in der Brust*
*Und am Kai geht Mackie Messer*
*Der von allem nichts gewußt.*

*Wo ist Alfons Glite, der Fuhrherr[7]?*
*Kommt das je ans Sonnenlicht?*
*Wer es immer wissen könnte—*
*Mackie Messer weiß es nicht.*

*Und das große Feuer in Soho[8]*
*Sieben Kinder und ein Greis—*
*In der Menge Mackie Messer, den*
*Man nichts fragt und der nichts weiß.*

*Und die minderjährige[9] Witwe[10]*
*Deren Namen jeder weiß*
*Wachte auf und war geschändet[11]—*
*Mackie, welches war dein Preis?*

*Und die Fische, sie verschwinden*
*Doch zum Kummer[12] des Gerichts[13]:*

---

[4] die **Pest** plague   [5] **Schmul** Samuel   [6] **ward: wurde**   [7] der **Fuhrherr** carter
[8] **Soho** *ein Stadtteil von London*   [9] **minderjährig** underage   [10] die **Witwe** widow
[11] **schänden** violate, rape   [12] der **Kummer** concern, worry   [13] das **Gericht** court of law

*Man zitiert[14] am End den Haifisch*
*Doch der Haifisch weiß von nichts.*

*Und er kann sich nicht erinnern*
*Und man kann nicht an ihn ran[15]:*
*Denn ein Haifisch ist kein Haifisch*
*Wenn man's nicht beweisen kann.*

BERTOLT BRECHT, Die Dreigroschenoper

[14] **zitieren** order to appear    [15] **kann nicht an ihn ran** can't get to him (i.e., can't prosecute him)

17

# Eine größere Anschaffung[1]
## Wolfgang Hildesheimer

*WOLFGANG HILDESHEIMER was born in Hamburg in 1916 and attended secondary school in England before emigrating to Palestine with his parents in 1933. After working as a translator at the Nuremberg trials, he settled in southern Bavaria and eventually turned to writing. He now lives in the Swiss village of Poschiavo in the Grisons (Graubünden). His literary oeuvre encompasses novels, dramas, radio plays, short stories, translations (from English), and literary criticism. He has received numerous literary awards. "Eine größere Anschaffung" is from his first published collection of short stories,* Lieblose Legenden *(1952). Though bizarre and bordering on the absurd, it nevertheless possesses an irrefutable, albeit nonsensical, logic of its own. For those who enjoy this story "Der hellgraue Frühjahrsmantel" from the same collection is a must.*

## ERSTES LESEN–ERSTE EINDRÜCKE
## (Gruppenarbeit)

Lesen Sie diese Geschichte in etwa zehn Minuten durch. Wenn Sie ein Wort oder einen Satz nicht verstehen, lesen Sie einfach weiter. Erklären Sie in jeweils *(in each case)* nur einem Satz, was die folgenden Objekte, Orte und Personen mit der Geschichte zu tun haben.

**BEISPIEL:** **eine Schnellzugslokomotive:** *Der Erzähler kaufte eine Schnellzugslokomotive.*

ein Dorfwirtshaus
ein Mann gewöhnlichen Aussehens
eine Garage
ein Fesselballon
der Vetter

eine Flasche Kognak
Lüttich und Barcelona
Zwillinge
ein Kran

Eines Abends saß ich im Dorfwirtshaus vor (genauer gesagt, hinter) einem Glas Bier, als ein Mann gewöhnlichen Aussehens[2] sich neben mich

118

setzte und mich mit vertraulicher[3] Stimme fragte, ob ich eine Lokomotive kaufen wolle. Nun ist es zwar ziemlich leicht, mir etwas zu verkaufen,

5  denn ich kann schlecht nein sagen, aber bei einer größeren Anschaffung dieser Art schien mir doch Vorsicht am Platze[4]. Obgleich ich wenig von Lokomotiven verstehe, erkundigte ich mich nach[5] Typ und Bauart, um bei dem Mann den Anschein zu erwecken[6], als habe er es hier mit einem Experten zu tun, der nicht gewillt sei, die Katz im Sack zu kaufen[7], wie

10 man so schön sagt. Er gab bereitwillig[8] Auskunft[9] und zeigte mir
Ansichten[10], die die Lokomotive von vorn und von den Seiten
darstellten[11]. Sie sah gut aus, und ich bestellte sie, nachdem wir uns vorher über den Preis geeinigt[12] hatten, unter Rücksichtnahme auf[13] die
Tatsache[14], daß es sich um einen second-hand-Artikel handelte[15].

15    Schon in derselben Nacht wurde sie gebracht. Vielleicht hätte ich daraus entnehmen[16] sollen, daß der Lieferung[17] eine anrüchige[18] Tat zugrunde lag[19], aber ich kam nun einmal[20] nicht auf die Idee. Ins Haus
konnte ich die Lokomotive nicht nehmen, es wäre zusammengebrochen[21],
und so mußte sie in die Garage gebracht werden, ohnehin[22] der
20 angemessene[23] Platz für Fahrzeuge[24]. Natürlich ging sie nur halb hinein.
Hoch genug war die Garage, denn ich hatte früher einmal meinen
Fesselballon[25] darin untergebracht[26], aber er war geplatzt[27]. Für die
Gartengeräte[28] war immer noch Platz.

    Bald darauf[29] besuchte mich mein Vetter. Er ist ein Mensch, der,
25 jeglicher[30] Spekulation und Gefühlsäußerung[31] abhold[32], nur die nackten
Tatsachen gelten läßt[33]. Nichts erstaunt[34] ihn, er weiß alles, bevor man
es ihm erzählt, weiß es besser und kann alles erklären. Kurz, ein
unausstehlicher[35] Mensch. Nach der Begrüßung fing ich an: „Diese herrlichen Herbstdüfte[36] . . ."—„Welkendes[37] Kartoffelkraut", sagte er. Fürs
30 erste[38] steckte ich es auf[39] und schenkte mir von dem Kognak ein[40], den
er mitgebracht hatte. Er schmeckte nach Seife[41], und ich gab dieser
Empfindung[42] Ausdruck. Er sagte, der Kognak habe, wie ich auf dem
Etikett[43] ersehen könne, auf den Weltausstellungen[44] in Lüttich und Barcelona große Preise erhalten[45], sei daher[46] gut. Nachdem wir schweigend
35 mehrere Kognaks getrunken hatten, beschloß[47] er, bei mir zu übernachten
und ging den Wagen einstellen. Einige Minuten darauf kam er zurück
und sagte mit leiser, leicht zitternder Stimme, daß in meiner Garage eine
große Schnellzugslokomotive stünde. „Ich weiß", sagte ich ruhig und
nippte[48] von meinem Kognak, „ich habe sie mir vor kurzem[49] ange-
40 schafft." Auf seine zaghafte[50] Frage, ob ich öfters damit fahre, sagte ich
nein, nicht oft, nur neulich[51] nachts hätte ich eine benachbarte Bäuerin,
die ein freudiges Ereignis[52] erwartete, in die Stadt, ins Krankenhaus gefahren. Sie hätte noch in derselben Nacht Zwillingen[53] das Leben geschenkt, aber das habe wohl mit der nächtlichen Lokomotivfahrt nichts
45 zu tun. Übrigens[54] war das alles erlogen, aber bei solchen Gelegenheiten[55]
kann ich oft diesen Versuchungen[56] nicht widerstehen[57]. Ob er es geglaubt
hat, weiß ich nicht, er nahm es schweigend zur Kenntnis[58], und es war
offensichtlich[59], daß er sich bei mir nicht mehr wohl fühlte. Er wurde
einsilbig[60], trank noch ein Glas Kognak und verabschiedete sich[61]. Ich
50 habe ihn nicht mehr gesehen.

    Als kurz darauf die Meldung[62] durch die Tageszeitungen ging, daß
den französischen Staatsbahnen eine Lokomotive abhanden gekommen[63]

sei (sie sei eines Nachts vom Erdboden—genauer gesagt vom Rangierbahnhof[64]—verschwunden gewesen) wurde mir natürlich klar, daß ich
55  das Opfer[65] einer unlauteren[66] Transaktion geworden war. Deshalb begegnete ich auch dem Verkäufer, als ich ihn kurz darauf im Dorfgasthaus
sah, mit zurückhaltender Kühle. Bei dieser Gelegenheit wollte er mir einen Kran verkaufen, aber ich wollte mich in ein Geschäft mit ihm nicht
mehr einlassen[67], und außerdem[68], was soll ich mit einem Kran?

# GRÜNDLICHES LESEN

Lesen Sie die Geschichte jetzt genau durch.

## Zum Textverständnis (mündlich oder schriftlich)

1. Erzählen Sie, ob die folgenden Aussagen (1) richtig, (2) falsch oder (3)
   nicht im Text sind. Berichtigen Sie die falschen Aussagen.

BEISPIEL:    Der Vetter mochte Kartoffelkraut nicht.
FALSCH: *Der Vetter meinte, der Herbst rieche nach welkendem Kartoffelkraut.*
oder: *Er sagte, die Herbstdüfte kämen von dem welkenden Kartoffelkraut.*

   a. Die Nachbarin des Erzählers gebar zwei Kinder.
   b. Der Erzähler ließ die Lokomotive neben seinem Fesselballon in der Garage
      unterbringen.
   c. Der Vetter des Erzählers war ganz einfach ein Mensch ohne Phantasie.
   d. Der Verkäufer der Lokomotive hatte sie vom Rangierbahnhof gestohlen.
   e. Der vom Vetter mitgebrachte Kognak hatte mehrere Preise gewonnen.
   f. Der Vetter hatte die Absicht, beim Erzähler zu übernachten.
   g. Der Erzähler war Eisenbahnexperte, aber niemand sollte es wissen.
   h. Da die Lokomotive schon gebraucht war, wollte der Erzähler keinen zu
      hohen Preis dafür bezahlen.
   i. Der Erzähler kaufte den Kran deswegen nicht, weil der Verkäufer zuviel
      Geld dafür wollte.

## Wortschatzübungen

Obwohl der Erzähler von sehr konkreten Dingen erzählt, verwendet er sehr
viel abstraktes Vokabular dabei.

1. Umschreiben *(paraphrase)* Sie die folgenden abstrakten Substantive entweder mit einem deutschen Synonym oder einem erklärenden Satz.

BEISPIELE:    **Transaktion:** *Man kauft oder verkauft etwas.*
            **Spekulation:** *Man stellt sich vor, was sein könnte.*

a. die Auskunft         f. die Gelegenheit
b. die Tatsache         g. die Versuchung
c. die Begrüßung        h. die Kenntnis
d. die Empfindung       i. die Meldung
e. die Lieferung         j. die Vorsicht

2. Drücken Sie den Inhalt des Satzes mit einem passenden Adjektiv oder Adverb aus der Liste aus.

BEISPIELE:    Niemand unterhält sich gern mit Peter, denn er schimpft immer über alles und weiß alles besser.
            *Peter ist ein **unausstehlicher** Mensch.*
            Dieser Raum ist wie alle anderen.
            *Dieser Raum sieht ganz **gewöhnlich** aus.*

a. „Hat es dir hier gefallen?"—„Ja."—Kommst du bald wieder zurück?"—„Nein."—„Kannst du mir sagen, warum nicht?"—„Nein."
b. Daß er lügt, sieht man ganz deutlich.
c. Donnerwetter! Er hat das Spiel doch gewonnen!
d. Du, komm mal her! Ich möchte dir etwas zeigen, aber es darf sonst niemand davon wissen.
e. Er benahm sich höflich den Gästen gegenüber, aber freundlich war er nicht.
f. Da Birgit nicht wußte, was auf sie wartete, wollte sie nicht ins Büro gehen.
g. In schwierigen Situationen tut unser Chef immer das Richtige.

zaghaft
einsilbig
unlauter
offensichtlich
angemessen
vertraulich
erstaunt
zurückhaltend
gewöhnlich
unausstehlich

# In eigenen Worten

Es gehört zum humorvollen Ton dieser Geschichte, daß der Erzähler sich manchmal recht schwierig, gehoben *(elevated)* und abstrakt ausdrückt. Diese Diskrepanz zwischen dem Geschehen (das, **was** er erzählt) und der gehobenen Sprache des Erzählers (**wie** er erzählt) ist ein wichtiger Aspekt seines Stils und seines Humors. Vereinfachen Sie und kürzen Sie in Ihren eigenen Worten die folgenden „gehobenen" Stellen soweit wie möglich.

BEISPIEL:    Sie sah gut aus, und ich bestellte sie, nachdem wir uns vorher über den Preis geeinigt hatten, unter Rücksichtnahme auf die Tatsache, daß es sich um einen second-hand-Artikel handelte.

            *Sie sah gut aus. Wir machten einen Preis aus, und ich kaufte sie, obwohl sie gebraucht war.*

**NOTE:** *For extensive paraphrasing practice, you may wish to retell (with a partner) or rewrite the entire story line for line in your own words.*

1. Obgleich ich wenig von Lokomotiven verstehe, erkundigte ich mich nach Typ und Bauart, um bei dem Mann den Anschein zu erwecken, als habe er es hier mit einem Experten zu tun, der nicht gewillt sei, die Katz im Sack zu kaufen . . .
2. Vielleicht hätte ich daraus entnehmen sollen, daß der Lieferung eine anrüchige Tat zugrunde lag, aber ich kam nun einmal nicht auf die Idee.
3. Er ist ein Mensch, der, jeglicher Spekulation und Gefühlsäußerung abhold, nur die nackten Tatsachen gelten läßt.
4. Er schmeckte nach Seife, und ich gab dieser Empfindung Ausdruck.
5. Sie hätte noch in derselben Nacht Zwillingen das Leben geschenkt . . .
6. Bei dieser Gelegenheit wollte er mir einen Kran verkaufen, aber ich wollte mich in ein Geschäft mit ihm nicht mehr einlassen . . .
7. Ob er es geglaubt hat, weiß ich nicht, er nahm es schweigend zur Kenntnis, und es war offensichtlich, daß er sich bei mir nicht mehr wohl fühlte.
8. Als kurz darauf die Meldung durch die Tageszeitungen ging, daß den französischen Staatsbahnen eine Lokomotive abhanden gekommen sei . . . wurde mir natürlich klar, daß ich das Opfer einer unlauteren Transaktion geworden war.
9. Er gab bereitwillig Auskunft und zeigte mir Ansichten, die die Lokomotive . . . darstellten.

# Zum Schreiben (Wählen Sie *eine* Aufgabe.)

1. Schon im ersten Abschnitt der Geschichte kommen die folgenden Konjunktionen vor:

| | |
|---|---|
| als | wie |
| ob | und |
| denn | nachdem |
| obgleich | daß |
| um . . . zu | |

Verwenden Sie alle diese Konjunktionen in einer Zusammenfassung der ganzen Geschichte. Verwenden Sie dabei auch fünf der folgenden Zeitadverbien aus der Geschichte.

| | |
|---|---|
| eines Abends | immer noch |
| früher einmal | fürs erste |
| kurz darauf | bald darauf |
| neulich | nachts |
| vorher | vor kurzem |

*NOTE: Adverbs of time help us to narrate or retell chronologically. They also make nice sentence openers, although you should not always use them at the beginning of a sentence.*

2. Schreiben Sie über die wichtigste oder die dümmste Anschaffung in Ihrem Leben. Erzählen Sie, wo Sie den Gegenstand zuerst sahen, wie Sie ihn kauften, warum Sie ihn haben wollten, was Sie damit machten usw. (12 bis 15 Sätze).

*NOTE: Remember to vary your verbs.*

3. Eine größere (oder verrückte) Anschaffung, und was ich damit machen möchte (12 bis 15 Sätze).

# Zur Diskussion

1. Die Ereignisse *(events)* in dieser Geschichte sind sehr ungewöhnlich. In was für einer Sprache und mit was für einer Logik erzählt der Mann davon? Diskutieren Sie, was der Autor damit zum Ausdruck bringen will.
2. Führen *(give)* Sie mögliche Gründe an, warum er sich einen Fesselballon angeschafft hatte. Je lustiger der Grund desto besser!
3. Stellen Sie in der Gruppe eine Liste zusammen von den zehn wichtigsten Dingen, die wir uns im Laufe unseres Lebens anschaffen. Welche sind unnötig? Welche braucht man unbedingt? Ordnen Sie diese Dinge nach ihrer Wichtigkeit für unser Leben.
4. Es gibt viele sehr reiche Menschen auf der Welt (Rocksänger, Filmschauspieler, Basketballspieler, Fabrikbesitzer, Kinder reicher Familien usw.), die sich oft „größere Anschaffungen" machen. Nennen Sie ein paar Beispiele. Was halten Sie davon?
5. Versuchen Sie, einen Partner oder andere Studenten zur Anschaffung einer Schnellzugslokomotive, eines Krans, eines Fesselballons oder eines anderen ungewöhnlichen und großen Gegenstands *(object)* zu überreden. Ihr Partner soll versuchen, jedes Ihrer Argumente durch ein Gegenargument zu entkräften *(refute)*.

---

*Augen auf! Kauf ist Kauf.*

---

SPRICHWORT

# 18
# Der weiße Fiat
## Margarete Neumann

*MARGARETE NEUMANN was born in 1917 in Pyritz, Pomerania
(Pommern), and now lives as a free-lance writer in the province
of Neubrandenburg in the German Democratic Republic. Her
first novel appeared in 1955, and although she continues to
publish novels, poetry, and short stories, like so many East
German authors, she remains virtually unknown in the West.
Several anthologies of East German literature have been
published in West Germany in recent years, but some of the best
collections, such as Joachim Buscha's textbook* Literarisches
Lesebuch für Ausländer *(1984), must be ordered directly from the
publisher, in this case VEB Verlag Enzyklopädie in Leipzig. Taken
from Neumann's collection* Windflöte und andere Geschichten
*(1978), "Der weiße Fiat" depicts questionable attitudes and
behavior of individuals in socialist society. In the German
Democratic Republic, automobiles are much less common than
in the West and very expensive. A ten-year waiting period for a
new car is not unusual.*

## ERSTES LESEN—ERSTE EINDRÜCKE
### (Partner- oder Kleingruppenarbeit)

Lesen sie diese Geschichte in etwa fünfzehn Minuten durch. Suchen Sie Informationen zu den folgenden Punkten:

1. Gregor (was für ein Mensch er ist, Beruf usw.)
2. die Frau (Alter, Aussehen usw.)
3. der weiße Fiat (wie er aussieht, warum die Frau ihn verkaufen will usw.)

Tauschen Sie Ihre Informationen mit anderen Studenten aus *(exchange).*

Das ist eine merkwürdige[1] und ungewöhnliche Geschichte. Sie hat sich
zugetragen[2] in unserer Stadt, die gerade klein genug ist, daß einer den
anderen vom Ansehn[3] kennt, zu groß aber, damit zu den Gesichtern auch
der Name sich einstellt[4] oder gar[5] die Lebensgeschichte.

5    In der Bezirkszeitung[6], im Lokalteil, der für unsere Stadt eingelegt
wird, stand eine Annonce.

**125**

„Verkaufe Fiat, gut erhalten, zweihundertfünfzig Mark.“

Nach einigen Tagen erschien die Anzeige wieder und am Wochenende wurde sie zum drittenmal abgedruckt.

10    Gregor S. arbeitet seit einiger Zeit als Redakteur[7] in unserer Stadt. Er ist ein freundlicher junger Mann, überall beliebt[8] wegen seiner freimütigen[9], gewinnenden Art[10], seiner aufrichtigen[11] Höflichkeit[12] und Anteilnahme[13].

Und er ist immer ganz dort, wo er eben ist, nur bei diesen Menschen.

15    Es scheint dann, er habe alle anderen, die ihm gestern noch nahestanden[14], vollends[15] vergessen. Jemand, der eine fortdauernde[16] Freundschaft mit ihm wollte, müßte ihn sich ständig[17] aufs neue mit dem Lasso einfangen[18].

Dieser Gregor S. las die Annonce dreimal. Zuerst dachte er wie alle

20    anderen an einen Druckfehler. Sie haben die Nullen vergessen. Beim zweiten Mal: Das ist ja eigenartig[19]. Sie können doch nicht wieder verdruckt haben.

Er telefonierte mit der Anzeigenabteilung[20] und erfuhr[21], daß es so richtig sei.

25    Dann ist es, sagte er sich, höchstens ein Unfallwagen.

Als aber der Text noch einmal erschien, beschloß[22] er, der Angelegenheit[23] nachzugehen[24].

Nicht, daß er etwa ernstlich geglaubt hätte, er könne für solches Spottgeld[25] ein Auto erwerben[26]. Oder, vielleicht, saß solche Hoffnung als

30    winziges[27] Fünkchen[28] am Grund[29] seiner Neugierde[30], die ihn trieb, nachzuforschen[31], was es mit dieser merkwürdigen Sache auf sich habe[32].

Er notierte die Adresse und setzte sich in den Bus, um das Vorstadtviertel zu erreichen.

Eine ältliche[33] Frau öffnete, nicht dick, eher[34] drall[35], trotz ihrer Jahre.

35    Die grauen Haare hatte sie zu Rouladen[36] gerollt um den Kopf gelegt. Sie sprach rasch und bestimmt, ihre Schnurrbarthärchen[37] zitterten. An den Händen trug sie mehrere Ringe. Der Hitze halber[38] war sie nur mit einer buntbedruckten Kittelschürze[39] bekleidet, die sie ständig über den Knien zusammenhielt. „Gewiß“, sagte sie, „sind Sie gekommen, um sich

40    den Wagen anzusehen.“

Das Fünkchen auf dem Grund seiner Neugierde brannte. Die Frau hatte Wagen gesagt.

Sie trat zu ihm in den Flur[40]. Es war so ein Wohnblock mit schmalen[41] Terazzotreppen, die natürlich von den Bewohnern spiegelblank[42] geboh-

45    nert[43] werden, so daß der Besucher den drohenden[44] Sturz[45] kaum abzuwenden[46] vermag[47].

Er ließ der Frau den Vortritt. Sie lief behende[48] die Stufen hinab, ohne sich am Geländer[49] zu halten.

Die Garage lag in der zweiten Querstraße[50] hinter den Wohnblöcken.

50 „Bitte", sagte die Frau, während sie aufschloß[51].

Gregor traute sich[52] keinen Schritt näher. Dort stand der Fiat, weiß und glänzend.

„Vielleicht verstehen Sie sich darauf[53]", sagte die Frau, „er hat erst zehntausend herunter. Sie können sich überzeugen[54]. Mein Mann hat ihn
55 im Winter gekauft. Vorher hatte er einen Wartburg[55]."

Gregor S. nickte.

„Möchten Sie nicht einmal um den Block fahren?" fragte die Frau. Sie nahm den Zündschlüssel[56] aus ihrer Kitteltasche.

„Es ist ein schöner Wagen", sagte der junge Mann. „Aber es hat keinen
60 Zweck[57], ich kann ihn nicht bezahlen."

„Wieso?" fragte die Frau. „Ich habe doch genau annonciert. Er kostet zweihundertfünfzig. Und die Garage, wenn Sie wollen, vermiete ich Ihnen zu fünfzig Mark im Monat. Das ist doch kulant[58]."

„Zweihundertfünfzig Mark? Er ist hundertmal soviel wert!"
65 „Wollen Sie ihn nun kaufen, oder wollen Sie nicht?" sagte die Frau ungeduldig.

Sie hatte die Tür schon aufgemacht und setzte sich auf den Platz neben dem Fahrer. „Ich habe nämlich keine Erlaubnis[59], mein Mann, als er noch lebte, wollte es nicht."
70 Gregor S. holte tief Luft und stieg ein. Der Motor sprang wunderbar an, der Wagen glitt sachte[60] auf die Straße, über die Kreuzung und reihte sich ein in den Strom des Nachmittagsverkehrs auf dem Großen Ring.

„Entschuldigen Sie", sagte Gregor, „ich verstehe noch nicht. Sie wollen diesen Wagen wirklich für zweihundertfünfzig Mark verkaufen?"
75 „Das sage ich doch." Die Frau hielt noch immer die bunte Schürze über ihren Knien zusammen.

Er fuhr aus der Stadt. Sie schwebten[61] vorbei an Gärten mit roten, blauen, violetten Blüten[62].

„Wir müssen zurück", sagte die Frau. „Ich habe Suppe auf dem
80 Herd[63]."

„Schade", sagte der junge Mann, „dann muß ich also wenden."

„Sie können", sagte die Frau, „den Wagen gleich mitnehmen, wenn er Ihnen so gut gefällt. Aber Sie müssen den Kaufvertrag[64] vorher unterschreiben. Das ist wichtig."
85 Gregor nickte unsicher. Gleich würde sich der Pferdefuß[65] an der Sache zeigen.

Aber er war jetzt schon bereit, sich auf allerlei[66] Unbedachtsamkeit[67] einzulassen. Der Gedanke, dieses Wunderding könnte ihm wirklich zufallen, machte ihm Herzklopfen, fast Schwindel[68].
90 „Sie wundern sich bestimmt", sagte die Frau. „Dabei ist es ganz einfach. Mein Mann, wissen Sie, hatte noch eine andere[69]. Fünfzehn Jahre lang, immer dieselbe. Zuerst hat er's mir verschwiegen[70]. Aber dann bin

ich dahintergekommen[71]." Sie wandte ihm ihr teigiges[72] graues Gesicht
zu. „Als ich es wußte, ist er zweimal die Woche über Nacht weggeblie-
95   ben. Ich hab nichts gesagt. Es hatte doch keinen Zweck."
    „Er war Ofensetzer[73], hatte schön was beiseite gelegt. Als er in Rente
ging[74], war er schon krank. Im Krankenhaus wollte er dann sein Testament machen, damit meins[75] gesichert ist, das Haus und das Sparkassenbuch[76]. Und der Erlös[77] vom Verkauf des Autos, der sollte für sie
100   sein. Er hat mir alles gezeigt im Testament. Und ich hab's gleich gesehen.
Ich meine, wo die Gelegenheit ist, ihr eins auszuwischen[78]. Ich hatte
so lange gewartet, fünfzehn Jahre . . . So ist das, junger Mann, verschenken[79] kann ich den Fiat nicht. Es heißt[80]: verkaufen. Aber wie teuer,
das steht nicht dabei."
105   Sie strich die Strähne[81] zurück, die ihr in die Stirn gefallen war, sie
hatte dabei die Schürze vergessen. Ihre Knie, das bemerkte er mit einer
Art schmerzhaftem Schreck, der ihm zugleich peinlich[82] war, sahen viel jünger aus als ihr graues, schlaffes[83] Gesicht.
    „Sie kaufen also?" fragte die Frau.
110   „Natürlich", antwortete Gregor rasch. Er dachte, daß er es schnell hinter sich bringen müßte.

# GRÜNDLICHES LESEN

Lesen Sie die Geschichte jetzt genau durch.

# Zum Textverständnis (schriftlich)

1. Teilen Sie die Geschichte in vier Abschnitte, wobei jeder Teil eine Phase
   der Handlung enthält (contains).
2. Erfinden Sie eine kurze Überschrift (heading) für jeden Teil.
3. Schreiben Sie Stichworte zu jedem Teil.

BEISPIEL:    *Gregor*
            *Redakteur*
            *eine Annonce lesen*
            *Fiat zu verkaufen*
            *nur 250 Mark!*
            *glauben, Druckfehler sein*

4. a. **Schriftlich:** Begründen Sie Ihre Überschriften in jeweils drei bis fünf
      Sätzen. Verwenden Sie einige Ihrer Stichworte dabei.
   b. **Mündlich:** Bilden Sie Vierergruppen. Erzählen Sie einander innerhalb
      der Gruppe je (each) einen Abschnitt. Verwenden Sie dabei Ihre Stich-

worte. Wenn jemand beim Erzählen etwas Wichtiges weg-
läßt, machen Sie ihn/sie darauf aufmerksam *(call to his/her attention).*

# Wortschatzübungen

1. Machen Sie mit den folgenden Wörtern Aussagen über die Geschichte.
   Alle Aussagen sollen im Präsens sein.

**BEISPIEL:**   **erwerben\*:** *Gregor* **erwirbt** *einen fast neuen Fiat für 250 Mark.*

a. sich zutragen\*
b. erfahren\*
c. nachforschen
d. überzeugen

e. bemerken
f. verschweigen\*
g. notieren
h. beschließen\*

2. Erklären Sie in Ihren eigenen Worten die Bedeutung der folgenden Vokabeln. Sie können z. B. erklären, was es ist, was man damit macht oder
   wie es aussieht.

**BEISPIEL:**   **die Anteilnahme:** Man zeigt Interesse, drückt Mitgefühl aus.

a. der Zündschlüssel
b. der Flur
c. der Herd
d. der Druckfehler
e. der Redakteur

f. die Anteilnahme
g. die Neugierde
h. das Herzklopfen
i. der Stadtbezirk

3. Drücken Sie die Sätze anders aus, indem Sie Verben aus der Liste
   verwenden.

**BEISPIEL:**   Er hat uns nicht alles gesagt.
               *Er hat uns etwas* **verschwiegen.**

a. Meister Böhni hatte keine Angst davor,
   in die Kutsche einzusteigen.
b. Für seine Bücher wollte er kein Geld.
c. Mit solchen Leuten will ich nichts zu
   tun haben.
d. Laß das. Es ist hoffnungslos.
e. Wie hast du die Wahrheit über seine
   unlautere Transaktion erfahren?
f. Christiane weiß nichts davon, wie man
   eine neue Sprache lernt.
g. Mein Name steht falsch in der Zeitung.
h. In dieser Angelegenheit kann ich Ihnen
   leider nicht helfen.

verschenken
vermögen\* + zu
dahinterkommen\*
keinen Zweck haben
verdrucken
sich mit jemandem einlassen\*
sich trauen
sich auf etwas verstehen\*
verschweigen\*

# In eigenen Worten (schriftlich)

Drücken Sie die folgenden Sätze einfacher aus.

**BEISPIEL:**   Der Hitze halber war sie nur mit einer buntbedruckten Kittel-
schürze bekleidet . . .
*Sie trug nur eine Kittelschürze, weil es so heiß war.*
*Die Kittelschürze hatte viele Farben.*

1. Sie [die Geschichte] hat sich zugetragen in unserer Stadt, die gerade klein genug ist, daß einer den anderen vom Ansehn kennt, zu groß aber, damit zu den Gesichtern auch der Name sich einstellt oder gar die Lebensgeschichte.
2. Als aber der Text noch einmal erschien, beschloß er, der Angelegenheit nachzugehen.
3. Nicht, daß er etwa ernstlich geglaubt hätte, er könne für solches Spottgeld ein Auto erwerben.
4. Es war so ein Wohnblock mit schmalen Terazzotreppen, die natürlich von den Bewohnern spiegelblank gebohnert werden, so daß der Besucher den drohenden Sturz kaum abzuwenden vermag.
5. Aber er war jetzt schon bereit, sich auf allerlei Unbedachtsamkeit einzulassen.

# Zum Schreiben (Wählen Sie *eine* Aufgabe.)

1. Das Ende der Geschichte gefällt Ihnen nicht. Erzählen Sie die Geschichte stark gekürzt nach, wobei Sie gewisse Fakten ändern, damit die Geschichte anders wird und anders endet (ungefähr 20 Sätze). Schreiben Sie im Imperfekt *(simple past)* und wiederholen Sie kein Hauptverb.
2. Gregor hatte großes Glück, indem er den Fiat für 250 Mark erwarb. Schreiben Sie eine kurze Geschichte, entweder wahr oder erfunden, in der Sie oder ein Bekannter von Ihnen ein ähnliches Glück erleben (mindestens 20 Sätze). Sie sollen dabei kein Hauptverb zweimal verwenden.
3. Schreiben Sie entweder für oder gegen die folgende Behauptung: „Das Automobil ist das wahre Glück des Menschen" (15 bis 18 Sätze).

# Zur Diskussion

1. Autoren der DDR sehen eine wichtige Aufgabe der Literatur darin, positive und negative Bilder menschlichen Verhaltens in einer sozialistischen Gesellschaft zu schildern. Beurteilen *(judge)* Sie das Verhalten der Frau *vor* und *nach* dem Tod ihres Mannes. Suchen Sie Stellen, die zeigen, daß sie keine emanzipierte Frau ist. Diskutieren Sie, wie diese Frau ihr Leben die letzten fünfzehn Jahre vielleicht anders hätte führen können.

2. Beurteilen Sie Gregors Verhalten vom (a) moralischen und (b) juristischen Standpunkt aus. Denken Sie dabei auch daran, wie er am Anfang beschrieben wird, und an die Verantwortung, die er als Zeitungsredakteur in einer sozialistischen Gesellschaft trägt.
3. Besprechen Sie, wie die Ehefrau beschrieben wird und was die Autorin dadurch andeuten (suggest) will. Achten Sie dabei besonders darauf, was für eine Rolle die „Kittelschürze" und die „Knie" dieser Frau in der Geschichte spielen.
4. Erklären Sie den letzten Satz der Geschichte. Was muß er „schnell hinter sich" bringen und warum?
5. Was würden Sie als betrogener Ehepartner in einer ähnlichen Situation tun? Begründen Sie Ihre Antwort.
6. Wie hätten Sie an Gregors Stelle gehandelt? Begründen Sie Ihre Antwort.

### GESUCHT! PASSENDES ZITAT

*Wenn Sie zu dieser Geschichte passende Sprüche oder Zitate finden oder selbst dichten* (compose), *schicken Sie sie bitte an den Autor über den Verlag Holt, Rinehart and Winston. Möglicherweise wird Ihr Zitat in der nächsten Auflage erscheinen.*

# Zur Wiederholung 6

**A.** Erklären Sie die folgenden Substantive. Sie können z. B. sagen, was es ist oder tut, wozu man etwas braucht oder was man damit macht.

*NOTE: Avoid the verb **sein** in your explanations.*

BEISPIEL:  **das Spottgeld (18):** *Man kauft etwas zu einem sehr billigen oder günstigen Preis.*

1. der Kaufvertrag (18)
2. der Herd (18)
3. das Etikett (17)
4. der Orden (16)
5. das Opfer (17)

6. das Sparkassenbuch (18)
7. die Querstraße (18)
8. die Katz(e) im Sack (17)
9. die Kapelle (16)
10. der Kran (17)

**B.** Welches Substantiv beschreibt am besten den Inhalt des Satzes?

1. Es wird jemandem etwas gesendet oder gebracht.
2. Man möchte eine Neuigkeit erfahren.
3. Man zeigt echtes Interesse an etwas.
4. Es wird berichtet.
5. Wir passen auf, damit uns nichts Schlimmes passiert.
6. Man hat eine besondere Lust zu etwas.

a. die Meldung (17)
b. die Neugierde (18)
c. die Neigung (16)
d. die Lieferung (17)
e. die Anteilnahme (18)
f. die Ausbildung (16)
g. die Nahrung (16)
h. die Empfindung (17)
i. die Vorsicht (17)
j. die Rücksicht (17)

7. Man wird auf einen Beruf vor-
bereitet.
8. Das ist zum Leben nötig.
9. Jemand achtet auf die Gefühle
anderer Menschen.
10. Wir spüren etwas.

---

**C.** Drücken Sie die Sätze vereinfacht aus. Achten Sie dabei besonders auf die Satzteile in Fettdruck.

---

**BEISPIEL:**   Ihr Schreiben vom 5. Dez. haben wir **zur Kenntnis genommen.**
*Wir haben Ihren Brief vom 5. Dez. gelesen.*

1. Er möchte **den Anschein erwecken** (17), als wäre er der serbokroa-
tischen Sprache mächtig.
2. Er **ist** großen Worten **abhold** (17).
3. In dieser Geschichte **haben wir es** mit einem Gondoliere **zu tun** (17),
der Touristen durch die Kanäle Venedigs rudert.
4. **Es müssen Maßnahmen getroffen werden** (16), damit die Fischlein
nicht verhungern.
5. Mein Kassettenrekorder **ist mir abhanden gekommen** (17).
6. Faust **ließ sich mit** dem Teufel Mephisto **auf** einen Pakt **ein** (17).
7. Die Namen seiner früheren Mitarbeiter **stellten sich bei ihm** nicht
mehr **ein** (18).
8. **Der Anklage** gegen den Bürgermeister **liegen Aussagen** mehrerer
prominenter Bürger **zugrunde** (17).

---

**D.** Noch einmal die kleinen Wörter! Verwenden Sie diese Wörter
in Sätzen.

---

**BEISPIEL:**   *Ich habe ein Bild von Otto gesehen, und* **daher** *weiß ich, daß er früher
einen Spitzbart gehabt hat.*

1. zwar (17)
2. nun einmal (17)
3. ohnehin (17)
4. eher (18)
5. übrigens (16)
6. außerdem (17)
7. ab und zu (16)
8. daher (16)
9. überall (18)
10. vor allem (16)
11. neulich (17)
12. sogleich (16)

**E.** Schreiben Sie Sätze, indem Sie die Verben mit passenden Vokabeln aus der zweiten Liste verwenden.

1. unterrichten (16)
2. sich aufopfern (16)
3. jemandem beibringen* (16)
4. verraten* (16)
5. erobern (16)
6. verkünden (16)
7. verleihen*

a. andere Länder und Völker
b. mein Geheimnis
c. Schüler
d. wie man einen guten Aufsatz schreibt
e. für das Vaterland
f. ein gutes Aussehen
g. den Beginn einer neuen Ära

**F.** Drücken Sie die Sätze anders aus.

*NOTE: You will need to recast some of these sentences.*

1. Heinz **erkundigte sich** (17) nach dem Baujahr des Autos.
2. Die Bilder **stellen** ein schönes Haus **dar** (17).
3. Am Ende der schweren Anstrengung **brach** der Arbeiter bewußtlos **zusammen** (17).
4. Wo können wir noch zwei Gäste **unterbringen** (17)?
5. **Schenken** Sie den Leuten Wein **ein** (17)!
6. Nach dem Fest **verabschiedeten sich** (17) unsere Nachbarn.
7. Keiner konnte dem Kognak **widerstehen** (17).

**G.** Bilden Sie Sätze mit diesen Präfixverben.

*NOTE: Vary your tenses.*

1. sich zutragen* (18)
2. erfahren* (18)
3. beschließen* (18)
4. erwerben* (18)
5. nachforschen (18)
6. abwenden* (18)
7. aufschließen* (18)
8. sich einreihen (18)
9. verschweigen* (18)

**H.** Ersetzen *(replace)* Sie die Adjektive in Fettdruck durch andere Adjektive, die Sie kennen.

1. **trübsinnige** (16) Fischlein
2. ein **riesiger** (16) Unterschied
3. als **winziges** (18) Fünkchen
4. mit **vertraulicher** (17) Stimme
5. der **angemessene** (17) Platz
6. eine **merkwürdige** (18) Geschichte
7. wegen seiner **aufrichtigen** (18) Höflichkeit
8. ein **unausstehlicher** (17) Mensch
9. ein **freudiges** (17) Ereignis
10. das Opfer einer **unlauteren** (17) Transaktion

---

*Zweimal sagen.—Es ist gut, eine Sache sofort doppelt auszudrücken und ihr einen rechten und linken Fuß zu geben. Auf einem Bein kann die Wahrheit zwar stehen; mit zweien aber wird sie gehen und herumkommen.*

---

*FRIEDRICH NIETZSCHE, 1844—1900*

# 19

# Lebensbeschreibung
## Peter Handke

*PETER HANDKE was born in 1942 in Griffen in the Austrian province of Carinthia (Kärnten) and studied law at the University of Graz. His* Sprechstück *"Publikumsbeschimpfung" (1966) attracted such notoriety that he turned to writing full time. A prolific output of plays,* Hörspiele, *novels, short stories, experimental prose, diaries, essays, and poetry has made Handke one of the most well-known writers of his generation. Through an idiosyncratic and often difficult style, Handke attempts to lay bare conventions of language that dictate and restrict how we think, experience, and communicate. Students may find "Lebensbeschreibung" (1965) tough going, particularly since it may not be completely clear whether Handke is providing his own commentary on God or commenting on how other people view God. At the very least, one must ask why he deliberately avoids any mention of Jesus Christ, although it is obviously the latter's life he is describing.*

## GRÜNDLICHES LESEN

Lesen Sie den Text jetzt schon genau durch. Achten Sie dabei auf die klischeehafte Sprache, in der hier erzählt wird.

Gott erblickte das Licht der Welt in der Nacht vom vierundzwanzigsten zum fünfundzwanzigsten Dezember.

Die Mutter Gottes wickelte[1] Gott in Windeln[2]. Auf einem Esel flüchtete[3] er sodann[4] nach Ägypten. Als seine Taten verjährt[5] waren,
5 kehrte er in sein Geburtsland zurück[6], weil er fand, daß dort der Ort sei, an welchem ein jeder am besten gedeihen[7] könnte. Er wuchs auf im stillen[8] und nahm zu[9] an Alter und Wohlgefallen[10]. Es litt ihn die Welt[11]. Er wurde die Freude seiner Eltern, die alles daransetzten[12], aus ihm einen ordentlichen[13] Menschen zu machen.
10 So erlernte er nach einer kurzen Schulzeit das Zimmermannshandwerk. Dann, als seine Zeit gekommen war, legte er, sehr zum Verdruß[14] seines Vaters, die Hände in den Schoß[15].

Er trat aus der Verborgenheit[16]. Es hielt ihn nicht mehr in Nazareth. Er brach auf[17] und verkündete[18], daß das Reich Gottes nahe sei.

15  Er wirkte auch Wunder[19].

Er sorgte für[20] Unterhaltung[21] bei Hochzeiten. Er trieb Teufel aus. Einen Schweinezüchter[22] brachte er auf solche Art um[23] sein Eigentum[24]. In Jerusalem verhinderte er eines Tages im Tempel den geregelten[25] Geldverkehr. Ohne das Versammlungsverbot[26] zu beachten, sprach er oft

20  unter freiem Himmel. Aus der Langeweile der Massen gewann er einigen Zulauf[27]. Indes[28] predigte[29] er meist tauben[30] Ohren.

Wie später die Anklage[31] sagte, versuchte er das Volk gegen die Obrigkeit[32] aufzuwiegeln[33], indem er ihm vorspiegelte[34], er sei der ersehnte[35] Erlöser[36]. Andererseits war Gott kein Unmensch. Er tat keiner Fliege

25  etwas zuleide[37]. Niemandem vermochte[38] er auch nur ein Haar zu krümmen[39].

Er war nicht menschenscheu. Unbeschadet[40] seines ein wenig großsprecherischen Wesens[41] war er im Grunde[42] harmlos.

Immerhin[43] hielten einige Gott für besser als gar nichts. Die meisten

30  jedoch erachteten ihn für[44] so gut wie gar nichts.

Deshalb wurde ihm ein kurzer Prozeß[45] gemacht. Er hatte zu seiner Verteidigung[46] wenig vorzubringen. Wenn er sprach, sprach er nicht zur Sache[47]. Im übrigen[48] blieb er bei seiner Aussage, daß er der sei, der er sei. Meist aber schwieg er. Am Karfreitag des Jahres dreißig oder neun-

35  unddreißig nach der Zeitwende[49] wurde er, in einem nicht ganz einwandfreien[50] Verfahren[51], ans Kreuz gehenkt.

Er sagte noch sieben Worte.

Um drei Uhr am Nachmittag, bei sonnigem Wetter, gab er den Geist auf.

40  Zur gleichen Zeit wurde in Jerusalem ein Erdbeben[52] von mittlerer Stärke verzeichnet[53]. Es ereigneten sich[54] geringe[55] Sachschäden[56].

# Zum Textverständnis

**Informationssuche:** Notieren Sie in Ihren eigenen Worten kurz und in chronologischer Folge die wichtigsten Ereignisse in dieser „Lebensbeschreibung". So fängt es an:

geboren am 24. oder 25. Dezember
in Ägypten aufgewachsen
usw.

# Wortschatzübungen

1. Drücken Sie die Sätze anders aus. Achten Sie besonders auf die Wörter in Fettdruck.

   a. Er **gab den Geist auf.**
   b. Wir sitzen **unter freiem Himmel.**
   c. Bertha **setzte alles daran,** ihrem Freund das Leben zu retten.
   d. Die Wanderer **brachen** in aller Frühe **auf.**
   e. Ich **erachte** die Gefahr **für gering.**
   f. Die Kinder wuchsen **im stillen** auf.
   g. Laß deine Finger von meinem **Eigentum!**

2. Drücken Sie das Gegenteil aus.

*NOTE: Express the opposite of the idea contained in the boldface words.*

   a. Er lebt **in der Verborgenheit.**
   b. Seine Eltern **kehren** heute aus dem Urlaub **zurück.**
   c. Sie **verkündet** jedermann ihre Probleme.
   d. Auf der Party **fand** Monika **viel Unterhaltung.**
   e. Er **nahm an Weisheit zu.**
   f. Mancher Politiker hat **ein großsprecherisches** Temperament.

# In eigenen Worten (mündlich oder schriftlich)

Berichten Sie ausführlicher *(in more detail)* über die folgenden Ereignisse im Leben dieses Mannes (Gottes?).

   1. Auf einem Esel flüchtete er sodann nach Ägypten.
   2. Er wirkte auch Wunder.
   3. Er sorgte für Unterhaltung bei Hochzeiten.
   4. Einen Schweinezüchter brachte er auf solche Art um sein Eigentum.
   5. In Jerusalem verhinderte er eines Tages im Tempel den geregelten Geldverkehr.

# Zum Schreiben (Wählen Sie *eine* Aufgabe.)

1. Schreiben Sie einen Lebenslauf *(curriculum vitae)* für Gott (12 bis 15 Sätze).
2. Verfassen *(compose)* Sie eine kurze Lebensbeschreibung einer berühmten Person (15 bis 18 Sätze).

3. Fragen Sie eine andere Person im Unterricht über ihr Leben aus. Verfassen Sie einen Lebenslauf dieser Person (15 bis 18 Sätze).

# Zur Diskussion

1. Schon mit dem ersten Satz dieser Lebensbeschreibung will Handke provozieren. Wie macht er das? Suchen Sie andere Stellen, wo er Ihrer Meinung nach provozierend erzählt oder formuliert.
2. Suchen Sie fünf Stellen aus dem Text heraus, die Sie anders formulieren möchten als Handke das tut. Erklären Sie, warum Sie Handkes Formulierungen für falsch oder nicht passend halten.
3. Suchen Sie Stellen, die darauf hinweisen, daß Handke vielleicht nicht so denkt, wie er hier schreibt. (Lesen Sie z. B. noch einmal den ersten und den letzten Satz des Textes!)
4. Vielleicht kennen Sie das Musical *Godspell* oder den Film *Oh God*. Diskutieren Sie, wie man Gott in jenen Werken darstellt. Vergleichen Sie jene Werke mit Handkes Text.
5. Erklären Sie in wenigen Sätzen, was Handke Ihrer Meinung nach mit diesem Text zum Ausdruck bringen will.

---

*Gott ist alles, was da ist, und Zweifel an ihm ist Zweifel an dem Leben selbst; es ist der Tod.*

---

*HEINRICH HEINE, 1797–1856*

---

*Gott sei Dank, daß ich ein Atheist bin.*

---

*ANONYM*

## 20
# Mal was andres
## Kurt Kusenberg

*KURT KUSENBERG was born in 1904 in Göteborg, Sweden, and spent a good deal of his early years in Lisbon before moving to Wiesbaden in 1914. He died in 1983. Over nearly four decades, Kusenberg wrote essays, critical articles in art history, radio plays, and many short stories. He was a reader for the Rowohlt publishing house and editor of rowohlts monographien, a series of biographies of famous intellectual and literary personalities from German and world history. Taken from his Gesammelte Erzählungen (1969), "Mal was andres" is one of what he called his "seltsame (strange) Geschichten." "Wer ist man," "Nihilit," and "Schnell gelebt" are also quite short, equally strange, and of about the same linguistic difficulty as "Mal was andres."*

*vorteile und nachteile ( pros + cons)*

## ERSTES LESEN—ERSTE EINDRÜCKE
## (Partnerarbeit)

1. Lesen Sie Teil A dieser seltsamen Geschichte in etwa zehn Minuten durch. Notieren Sie dabei wichtige Informationen (wer die Personen sind; was für Personen sie sind; was sie tun).
2. Besprechen Sie mit einem Partner anhand Ihrer Notizen Teil A (etwa fünf bis sieben Minuten).
3. Machen Sie dasselbe für die Teile B und C (etwa 35 Minuten).

**A**

Es war eine sehr *streng* steife Familie. Vielleicht lag es daran[1], daß sie sich gleichsam[2] vorschriftsmäßig[3] *to be comprised of* zusammensetzte[4] : ein Mann, eine Frau, ein Sohn, eine Tochter—ach, Unsinn[5], daran lag es nicht, sondern das Steife steckte ihnen im Blut. Sie lächelten fein, aber sie lachten nie; sie benah-
5 men sich wie bei Hofe[6] und kannten kein derbes[7] Wort. Hätte einer von ihnen gerülpst[8], so wären sicherlich die anderen ohnmächtig niederge-sunken.

Abgezirkelt[9] verging ihnen der Tag. Beim Mittagessen betraten sie ganz kurz vor zwölf den Speisesaal, jeder durch eine andere Tür, und
10 stellten sich hinter ihren Stühlen auf. Zwischen dem sechsten und dem

**140**

siebten Schlag der Uhr nahmen sie Platz. Der Tisch war überaus[10] vornehm gedeckt. Über der weißen Spitzendecke[11] lag, um diese zu schonen[12], eine Glasplatte, und bei jedem Gedeck[13] standen drei geschliffene[14] Gläser, obwohl nie Wein getrunken wurde, nur Wasser.
15 Die Mutter trug beim Essen einen Hut auf dem Kopf. Dem Vater traten ein wenig die Augen hervor, weil sein hoher, steifer Kragen[15] ihn würgte[16], doch daran hatte er sich gewöhnt. Jeden von ihnen drückte[17] irgend etwas, und irgend etwas war zu eng oder zu hart; sie mochten es eben nicht bequem haben.
20    Das Folgende aber begab sich[18] nicht beim Mittagessen, sondern beim

Abendbrot. Draußen, vor den Fenstern, spürte man den Mai; im Speisesaal spürte man ihn nicht. Kurz vor acht Uhr betraten sie den Raum und
stellten sich hinter ihre Stühle, um zwischen dem vierten und fünften
Schlag Platz zu nehmen. Doch was war das? Der Sohn stand nicht hinter
25 seinem Stuhl, er war unpünktlich—er fehlte. Jetzt schlug die Uhr.
Man setzte sich. Der Diener brachte die Suppenschüssel. Eisige Luft
umwehte[19] den Tisch, aber niemand sprach ein Wort; die Mahlzeiten
wurden schweigend eingenommen.

Sollte man es glauben? Noch immer war der Sohn nicht erschienen!
30 Der Vater und die Mutter tauschten[20] einen Blick und schüttelten den
Kopf. Als die Tochter das sah, bangte ihr[21] für den Bruder. Stumm löf-
felten die drei ihre Suppe.

Und jetzt, wahrhaftig[22], jetzt trat er durch die Tür, der achtzehn-
jährige Sohn, als sei nichts vorgefallen[23]. Niemand schaute zu ihm hin,
35 keiner bemerkte seine seltsame, gewitternde[24] Miene[25]. Was bedeutete
sie—Aufruhr[26] oder Spott[27]? Im nächsten Augenblick beugte sich der
Sohn nieder, setzte die Handflächen auf den Boden, schnellte[28] die Beine
hoch und stand kopfunten. So, in dieser würdelosen[29] Stellung, mar-
schierte er auf den Tisch zu.

40 Wo und wann er es gelernt hatte, auf den Händen zu gehen, blieb
unerfindlich. Es änderte auch nichts an dem unglaublichen Vorgang[30].
Die drei am Tisch hörten auf, ihre Suppe zu löffeln, und starrten den
Jüngling an; er mußte den Verstand verloren haben! Ja, so schien es—
und doch wieder nicht, denn als der junge Mann bei seinem Stuhl
45 angelangt[31] war, ließ er sich wieder auf die Füße fallen, nahm Platz und
aß von der Suppe.

Eigentlich—wir sagten es schon—wurde bei Tisch nicht gesprochen,
aber als der Diener abgeräumt[32] und das Hauptgericht[33] gebracht hatte,
tat der Vater seinen Mund auf und fragte: „Was soll das?"
50 Der Sohn zuckte die Achseln[34], lachte trotzig[35] und sprach: „Mal was
andres!"

**B**

Es waren nur drei Worte, aber sie fuhren wie ein Donnerschlag auf
die Übrigen nieder. Der Vater, die Mutter und die Tochter blickten ganz
betäubt[36], und selbst wenn es erlaubt gewesen wäre, bei Tisch zu
55 sprechen, hätte keiner ein Wort hervorgebracht.

Mal was andres! Schlimmeres konnte nicht ausgesprochen werden in
einem Hause, welches so streng[37] das Herkommen[38] einhielt[39], denn es
ging ja gerade darum[40], daß nichts sich änderte, daß alles genau so getan
wurde, wie man es festgelegt hatte. Und dann die grobe[41], fast unflätige[42]
60 Ausdrucksweise[43]! „Einmal etwas anderes" hieß das in einem Kreise, der
sich einer sorgfältigen Sprache befliß[44].

Man aß und trank Wasser, mehr Wasser als sonst, aus verhaltener[45] Erregung[46]. Der Sohn tat, als merke er von alledem nichts.

Der Vater blickte auf den Tisch nieder. Wie es in ihm aussah, ließ sich
65 denken[47]—das heißt: genau wußte man es selbstverständlich nicht, denn das Innere eines Menschen ist sehr geheim[48] und bisweilen[49] überraschend[50]. Wer zum Beispiel hätte das erwartet, was jetzt geschah?

Es begann damit, daß der Vater, obwohl er mit dem Essen fertig war, die Gabel in den Mund steckte und sie mit den Zähnen festhielt. Dann
70 nahm er eines der geschliffenen Gläser und stellte es vorsichtig auf den Gabelgriff. Die Gabel schwankte[51] ein wenig, doch das Glas blieb stehen. Sechs starre Augen verfolgten des Vaters Treiben[52]. Der nahm jetzt ein zweites Glas und versuchte, es auf das erste zu setzen. Fast wäre es ihm gelungen, aber eben nur fast, und so stürzten beide Gläser auf den Tisch
75 und zersprangen.

Verlegen[53], aber durchaus nicht betreten[54], schaute der Vater in die Runde. Er hörte die Frage hinter den stummen Lippen und gab eine Erklärung ab. „Mal was andres!" sagte er.

Zum erstenmal an diesem Tisch begab es sich, daß die Mutter und die
80 Tochter einen Blick wechselten. Was er ausdrückte, war schwer zu sagen; sicherlich ein Einverständnis[55]—aber welcher Art? Vielleicht war es auch kein Einverständnis, denn was die Tochter nun beging[56], konnte unmöglich der Mutter recht sein.

Das junge Ding—mehr als fünfzehn Jahre zählte es nicht—hob plötz-
85 lich die Hände zum Kopf und löste die aufgebundenen Haare, daß sie über die Schultern fluteten[57]. Nicht genug damit, nahm das Mädchen ein Messer und schnitt sich vom Hals zur Brust die Bluse auf: es kam ein schöner Ausschnitt zustande[58]—schön, weil er von den Brüsten etwas sehen ließ. „Mal was andres!" sprach die Tochter.

90 Jetzt blickten alle die Mutter an. Was würde sie sagen, was würde sie tun! Nichts sagte sie, doch sie tat etwas. Sie griff nach der Glasplatte, die auf dem Tisch lag, und hob sie empor[59]. Hei, wie glitt und stürzte da alles herunter, Schüsseln, Teller, Gläser, wie zerschellten[60] sie lustig am Boden! Die Mutter jedenfalls fand es lustig, und als sie laut lachte, lachten
95 die drei mit. „Mal was andres!" rief die Mutter, von Heiterkeit[61] geschüttelt, und schlug sich auf die Schenkel[62]. „Mal was andres!" johlten[63] die anderen.

Von nun an war kein Halten mehr. Wir können nicht aufzählen, was die Übermütigen[64] alles anstellten[65]; nur einiges sei berichtet. Sie sprangen
100 über die Stühle, beschmierten die Bilder an der Wand mit Senf und rollten sich in den Teppich ein. Sie spielten Haschen[66], wobei viele Gegenstände zerbrachen, tanzten wild auf dem Tisch herum, und als der Diener das Dessert brachte, rissen sie ihm das Tablett aus der Hand und warfen es durch die Fensterscheiben[67]. Die hereinströmende Mailuft machte sie

105  vollends toll: sie schrien laut und schlugen Purzelbäume[68]. Anfangs war
der Diener sehr erschrocken; dann aber stürzte er sich in das närrische[69]
Treiben.

### C

Gegen neun Uhr, als es zu dunkeln begann, erscholl[70] draußen plötzlich Musik. Alle liefen ans Fenster und blickten hinaus. Da stand eine
110  kleine Gruppe von Schaustellern[71], die ankündigen[72] wollten, daß am
nächsten Abend eine Vorstellung stattfinde. Die Gaukler[73] waren offensichtlich eine Familie: Vater, Mutter, Sohn und Tochter, genau wie die
Familie im Fenster. Welch hübscher Zufall[74]!

„Heda!" rief der Vater im Fenster dem Vater auf der Straße zu, als
115  das Musikstück geendet hatte. „Wollt Ihr nicht mit uns tauschen?" Und
da der Andere nicht sogleich begriff: „Ich meine, wollt Ihr dieses Haus
haben samt allem[75], was darin ist, und uns dafür Eure Habe[76] überlassen?
Es ist mir ernst damit—uns zieht es auf die Straße, in die Ferne."

Die Schauspieler berieten sich[77] und meinten dann, man müsse den
120  Fall aushandeln[78]. „Ja, kommt nur herauf!" rief der Vater im Fenster.
Mißtrauisch betraten die Gaukler das vornehme Haus, schüchtern[79]
schoben sie sich in den Speisesaal. Doch als man ihnen kräftig[80] die Hand
schüttelte und nachdrücklich[81] erklärte, das Anerbieten[82] sei wirklich
ernst gemeint, faßten sie allgemach[83] Vertrauen[84].

125  Nun wurden sie rasch einig, die beiden Familien. Im Nu[85] wechselten
sie die Kleider und das Dasein[86]. Ein wenig drollig sahen die feinen Leute
ja in dem verwegenen[87] Aufputz[88] aus; doch waren sie glücklich. Nur der
Diener weinte, denn er wäre gerne mitgezogen, aber er mußte
unbedingt[89] zurückbleiben, damit der Tausch vollkommen sei und es den
130  Hausbesitzern nicht an Bedienung mangle[90].

„Mal was andres!" bettelte[91] er und warf sich sogar auf die Knie, doch
es half ihm nichts.

„Wir lassen dir vier neue Gesichter zurück", sprach der Hausherr im
Fortgehen. „Das ist Abwechslung genug."

135  „Mal was andres!" sangen die neuen Schausteller im Chor, als sie auf
der nächtlichen Straße fortzogen, und winkten[92] denen im Fenster. Der
Sohn blies die Trompete ganz leidlich[93], die Tochter spielte hübsch auf
der Ziehharmonika[94] und der Vater zupfte[95] besessen[96] seine Gitarre. Nur
die Mutter wußte mit der großen Trommel noch nicht so richtig
140  umzugehen[97].

# GRÜNDLICHES LESEN

Lesen Sie die Geschichte jetzt genau durch.

## Zum Textverständnis (Gruppenarbeit)

Jeder schreibt zehn wichtige Stichworte zu jedem Teil der Geschichte. Dann erzählt die ganze Gruppe die Geschichte mit Hilfe der Stichworte nach. Erzählen Sie *chronologisch* und *möglichst ausführlich*.

*NOTE: One student begins, and after two or three sentences another student continues the narrative. If you feel others are leaving out some details you have in your cue words, you should politely interrupt and add your facts. Here are some sample openers for gaining the floor.*

Ich möchte noch etwas dazu sagen . . .
Ja, aber Sie haben etwas nicht erwähnt . . .
Mir fällt noch etwas dazu ein . . .

## Wortschatzübungen

1. Schreiben Sie die Sätze anders, indem Sie reflexive Verben aus der Liste verwenden.

**BEISPIEL:**   Auf die Nachricht von seinem Lottogewinn reagierte der Autor recht komisch.
*Als er die Nachricht von seinem Lottogewinn bekam, **benahm sich** der Autor recht komisch.*

a. Wir müssen Ihren Vorschlag besprechen, ehe wir ihn annehmen.
b. Alle wurden höflichst gebeten, Platz zu nehmen.
c. Ein Auto besteht aus sehr vielen Teilen.
d. Die Zeiten sind nicht mehr dieselben.
e. Nach so langer Zeit kommen uns die Nachbarskinder nicht mehr so fremd vor.
f. Herrn Kunkel gelang es, durch die Menge *(crowd)* hindurchzukommen.
g. Die Truppen standen in Reihen vor den Toren *(gates)* der Stadt.

sich zusammensetzen aus
sich aufstellen
sich gewöhnen an
sich setzen
sich ändern
sich beraten*
sich niederbeugen
sich schieben*

2. Erklären sie auf deutsch, wie man das Folgende tut.

BEISPIEL:    Unsinn machen: *Man tut etwas Albernes.*

    a. ein Anerbieten ablehnen
    b. Heiterkeit verursachen
    c. das Gedeck abräumen
    d. Abwechslung bringen*
    e. seine Habe verlieren*

3. Schreiben Sie die Sätze zu Ende.

    a. Es begab sich einmal in Berlin, daß . . .
    b. Hans fand keine Arbeit. Es lag wohl daran, daß . . .
    c. In einem Fußballspiel geht es darum . . .
    d. Es bangt mir, wenn . . .

# In eigenen Worten

Erzählen Sie zwei der mit den folgenden Worten beginnenden Absätze *(paragraphs)* aus dem Text in anderen Worten nach.

    1. Das Folgende aber begab sich . . . (A)
    2. Wo und wann er . . . (A)
    3. Mal was andres! Schlimmeres konnte nicht . . . (B)
    4. Nun wurden sie rasch einig . . . (C)

# Zum Schreiben (Wählen Sie *eine* Aufgabe.)

1. Fassen Sie diese Geschichte zusammen (20 bis 22 Sätze). Die Verben **tun, machen, gehen, kommen** und **sagen** sollen Sie dabei nicht verwenden.
2. Schreiben Sie eine Fortsetzung der Geschichte, in der Sie entweder von (a) der vornehmen Familie oder (b) der Gauklerfamilie erzählen (12 bis 15 Sätze). Verwenden Sie in Ihrer Fortsetzung mindestens vier Reflexiv- verben.
3. Erzählen Sie eine eigene Geschichte, in der jemand „mal was andres" tut (15 bis 18 Sätze). Verwenden Sie in Ihrer Geschichte vier bis fünf Refle- xivverben.

*NOTE: You should structure your narrative so that you first depict the normal or usual state of your main character(s) and then tell what happens after or because of the changed behavior.*

# Zur Diskussion

1. Diskutieren Sie, was den Sohn vielleicht dazu bewegt hat, sich auf einmal ganz anders zu benehmen.
2. Was halten Sie von dem Entschluß *(decision)* der Familie, Schauspieler zu werden?
3. Halten Sie es für möglich, daß Menschen ihr Leben plötzlich ändern? Warum? Warum nicht? Hatten Sie selbst je Lust, aus einer Routine herauszubrechen und mal was andres zu tun? Erzählen Sie davon.
4. Nennen Sie zwei oder drei Beispiele, wo bekannte oder berühmte Personen ihr Leben auf einmal geändert haben. Erzählen Sie, warum sie das getan haben.
5. Diese Geschichte enthält einige groteske und fast absurde Aspekte. Zeigen Sie das an einigen Beispielen aus dem Text.
6. *Mal was andres!* Schreiben Sie fünf Aussagen, in denen Sie mitteilen, was Sie einmal anders machen möchten. Lesen Sie Ihre Aussagen im Unterricht vor.

BEISPIEL:    *Ich möchte mal samstags und sonntags zur Deutschstunde gehen und mich wochentags ausschlafen.*

---

*Hier stehe ich. Ich kann nicht anders, Gott helfe mir, Amen!*

---

MARTIN LUTHER auf dem Reichstag zu Worms

# 21

# Forgive Me

## Hans Bender

*HANS BENDER's war stories belong to the best in this genre. As the encounter here shows, the awful experiencing of war knows no geographical or political boundaries. At the most human level, enemies share mutually in its horror. Bender's other war narratives include the short pieces "Iljas Tauben," "Die Schlucht," and "Die Wölfe kommen zurück," all available in the collection* Der Hund von Torcello. 32 Geschichten.

## ERSTES LESEN—ERSTE EINDRÜCKE (Partnerarbeit)

Lesen Sie den Text schnell durch. Diskutieren Sie mit einem Partner, was der Titel „Forgive Me" mit der Geschichte zu tun hat.

Herr Studienrat[1] Runge sagte mit einschläfernder[2] Stimme: „Forgive me" ist ein starker Ausdruck. Der Engländer gebraucht ihn eigentlich nur Gott gegenüber, im Gebet[3], in der höchsten Gefühlsaufwallung[4]. Ihr werdet ihn selten hören, selten gebrauchen. Häufiger kommen vor „excuse
5 me" und „sorry", ja, vor allem[5] „sorry". „Sorry" könnt ihr bei jeder Entschuldigung anwenden[6]. Wenn ihr an jemandem vorbeigehen wollt, wenn ihr jemandem auf den Fuß getreten seid, sagt „I'm sorry" . . .

Ich war vierzehn Jahre alt. Ich saß in der letzten Bank und war nicht besonders aufmerksam. Vor mir auf der polierten[7] Platte lag ein blaues
10 Oktavheftchen[8], in das ich die neuen Wörter eintragen[9] sollte. Doch ich malte rechts und links von meinem Namen eine Blume. Unter dem Oktavheftchen lag ein Spiegel, in den ich ab und zu sah. Ich sah gern in den Spiegel, zupfte[10] an meinen Haaren vor der Stirne und schnitt Gesichter[11]. Ich wollte nämlich Schauspielerin[12] werden. Auf dem Heim-
15 weg überholten[13] mich drei Jungen der Parallelklasse, Walter, Horst und Siegbert. Siegbert sagte: „Da geht die Brigitte Horney[14]!" Die anderen lachten.—Was hatte nur dieser Siegbert gegen mich? Er reizte[15], neckte[16] mich, blies die Backen auf[17], ich aber freute mich, wenn ich ihn sah . . .

Es war Anfang April. Der Krieg ging dem Ende zu. Von Vater kamen
20 keine Briefe mehr. Mutter saß am Abend ohne Worte an meinem Bett.

Einige Tage später wurden wir aus der Schule nach Hause geschickt. Um die Mittagszeit surrten[18] amerikanische Tiefflieger[19] über die Dächer. In der Nacht fuhren Lastwagen[20] mit SS-Leuten der Rheinbrücke zu, und die Fenster schütterten[21] vom Gedröhn[22] der Front. Dann drängten sich[23]
25 Autos, Pferdewagen und Panzer[24] durch die Straßen, über die Trottoirs[25]. Infanteristen zogen zurück, in Gruppen, vereinzelt, abgerissen[26], verwundet.

Unsere kleine Stadt wurde aufgewühlt[27] von Angst, Unruhe, Ungewißheit und der Erwartung, daß alles zu Ende sei. Beck, ein fanat-
30 ischer Anhänger[28] Hitlers, bewaffnete[29] junge Leute und alte Leute. Er verteilte[30] Gewehre[31] und Panzerfäuste[32], er ließ Sperren[33] errichten[34], Gräben ausheben[35]. Die Alten machten nur widerwillig mit, aber die Jungen hatten keine Ahnung, und deshalb waren sie vielleicht sogar begeistert[36]. Auch Siegbert. Siegbert lag unter dem Befehl eines
35 ehemaligen[37] Weltkriegsoffiziers auf einem Hügel[38] vor der Stadt. Ich trug Wasser zum Hügel, Kaffee, Kuchen, Zigaretten, und die letzte Tafel[39] Schokolade, die Vater zu Weihnachten geschickt hatte, brachte ich Siegbert. Ich saß im Graben neben ihm. Er sagte: „Du, ich habe mich getäuscht[40], du bist kein Flittchen[41]—eher[42] ein Junge." Das machte mich
40 stolz. Ich rauchte kurz danach, ohne zu husten[43], meine erste Zigarette. Aber ich war kein Junge! Nein, ich war kein Junge.

An einem frühen Vormittag ging ich wieder zum Hügel. Die Wege und Felder lagen wie ausgestorben, nur die Lerchen[44] stiegen aus den Furchen[45]. Seit diesem Morgen weiß ich, wie schön Gesang der Lerchen
45 ist. Auf dem Hügel wurde ich nicht gerade freundlich empfangen[46]. Einer sagte: „So'n Wahnsinn[47]." Und der Weltkriegsoffizier sagte: „Tolles Mädchen, du kannst nicht mehr zurück."

„Warum?" fragte ich.

„Es geht los", sagte er.

50 „Was? Was geht los?"

Niemand antwortete. Eine unheimliche[48] Stille. Ich stolperte[49] über den Hügel zu Siegbert. Er riß mich in den Graben, neben sich, preßte meinen Kopf in seine Arme und sagte: „Warum bist du nur gekommen! Warum bist du nur heute gekommen!"

55 Dann explodierte die Ruhe. Einschläge schüttelten[50] den Hügel. Zornige[51] Granaten durchwühlten[52] die Erde, die wenigen Leben herauszuwerfen, herauszupflügen wie Kartoffeln auf dem Felde. Hatte ich Angst? Hatte ich keine Angst? Ich weiß es nicht.

Erdfontänen sprangen hoch. Splitter regneten, und der Rauch nahm
60 den Atem.

Eine Stimme gellte[53]: „Sie sind auf der Straße!"

Dann wurde es ruhig, doch in der Ruhe war ein dunkles Rollen.

Siegbert sagte: „Mal nachsehen." Er richtete sich auf[54] und schaute, den

Kopf über dem Grabenrand, zur Straße hinüber. Ich sah zu ihm auf und
65  fragte: „Siehst du etwas? Siehst du—?" Da schoß das Blut aus seinem
Hals, ein roter Strahl[55], wie aus einer Röhre[56] . . .

In der Kirche war ein Bild: Das Lamm Gottes über einem Kelch[57].
Blut, ein roter Bogen, wölbte sich[58] aus einer klaffenden[59] Halswunde
zum Kelchrand. So war es bei Siegbert. Ich hatte das Bild in der Kirche
70  lange nicht gesehen. Jetzt sah ich es genau. Das Bild war mein einziger
Gedanke, ein dummer, deplazierter Gedanke. Lähmend[60]. Ich konnte
nicht schreien, nichts tun. Ich sah das Blut aus seinem Hals stoßen[61]—
und dachte an das Bild in der Kirche . . . Dann brach sein Körper
zusammen[62], nach vorn, zu mir, sackte in die Hocke[63], die Stirn schlug
75  auf die Knie, und die Hände legten sich, nach unten geöffnet neben die
Füße auf die Erde.

In die Unheimlichkeit meiner Angst fiel ein Schatten[64]. Oben, am Grabenrand, stand ein Soldat, ein fremder Soldat, in fremder Uniform, mit
einem Stahlhelm und einer fremden Waffe, die noch nach Siegbert
80  zielte[65].

Sein Mörder!

Aber der[66] senkte die Waffe, warf sie zur Erde und sagte: „Forgive
me." Er beugte sich herab, riß meine Hände an seine Brust und sagte:
„Forgive me."

## GRÜNDLICHES LESEN

Lesen Sie die Geschichte jetzt genau durch.

## Zum Textverständnis (schriftlich, oder mündlich in einer kleinen Gruppe)

1. Beschreiben Sie das Verhältnis (relationship) zwischen dem Mädchen und Siegbert, ehe sie sich auf dem Hügel besser kennenlernten.
2. Der Krieg ging dem Ende zu. Charakterisieren Sie die Situation in der Stadt.
3. Geben Sie mögliche Erklärungen dafür, daß keine Briefe mehr vom Vater des Mädchens kamen.
4. Erklären Sie, warum die Jungen und die Alten auf dem Hügel warteten.
5. Erzählen Sie, wie Siegbert starb.

## Wortschatzübungen

1. Drücken Sie die Sätze anders aus. Achten Sie besonders auf die Wörter in Fettdruck.

a. Er **richtete sich auf.**
b. Eine Stimme **gellte.**
c. Er **neckte** mich.
d. Beck **verteilte** Gewehre.
e. Ich habe **mich getäuscht.**
f. Er war ein **Anhänger** Hitlers.
g. Man **gebraucht** diesen Ausdruck **in der höchsten Gefühlsaufwallung.**
h. Es **geht** jetzt **los.**

2. Schreiben Sie zehn Verben aus den Glossen auf, die Sie für die nächste Prüfung auswendig lernen werden. Mindestens vier der Verben sollen stark sein.

## Zum Schreiben

1. Fassen Sie die Geschichte in nicht mehr als achtzehn Sätzen zusammen.
2. Erzählen Sie von einem Kriegsfilm, den Sie gesehen haben (18 bis 20 Sätze).
3. Schreiben Sie eine eigene kurze Geschichte, die mit den Worten „Forgive me" endet (20 bis 30 Sätze).

## Zur Diskussion

1. Diskutieren Sie, inwiefern das Alter von Siegbert und dem Mädchen ihr Verhältnis zueinander bestimmt. Im Deutschen heißt es übrigens: „Was sich neckt, das liebt sich." Stimmt das hier?
2. Was bedeutet im katholischen Glauben das Lamm Gottes? Diskutieren Sie, welche Aspekte von Siegberts Tod der Autor durch *das Lamm* und *den Kelch* zum Ausdruck bringen will.
3. Zeigen Sie im Text mindestens fünf Stellen, wo Bender Ihrer Meinung nach ein glaubhaftes Bild vom Krieg und Kriegsende in Deutschland zeichnet.
4. Schlagen Sie drei oder vier andere Titel für diese Geschichte vor. Begründen Sie Ihre Vorschläge.

---

*—Es schont der Krieg*
*Auch nicht das zarte Kindlein in der Wiege.*

---

*FRIEDRICH SCHILLER, 1759—1805*

# Zur Wiederholung 7

**A.** Drücken Sie die Sätze anders aus. Achten Sie besonders auf die Präfixverben in Fettdruck.

1. Der Kapitän **erblickte** (19) ein Schiff am Horizont.
2. Freudestrahlend **verkündete** (19) der Minister die Verlobung seiner Tochter.
3. Unsre Fußballmannschaft **setzt sich** aus einer merkwürdigen Kombination von Spielern **zusammen** (20).
4. Im Laufe der letzten Jahre **hat sich** hier wenig Neues **ereignet** (19).
5. Wißt ihr wirklich nicht, was gestern **vorgefallen ist** (20)?
6. **Verteilen** (21) Sie bitte diese Hefte an alle Schüler.
7. Ihr müsst **euch beraten** (20), ehe ihr sein Angebot annehmt.
8. O je, ich habe eine richtige Dummheit **begangen** (20).
9. Wir werden bald beim letzten Abschnitt dieses Textes **anlangen** (20).

**B.** Die Verben in Fettdruck verdeutlichen den Sinn dieser Sätze. Führen Sie die Sätze sinnvoll weiter.

1. Sag dem Diener, daß er jetzt **abräumen** (20) soll, denn . . .
2. Die Blumen **gedeihen** (19) hier nicht. Vielleicht . . .
3. Auf einer Wanderung **stürzte** (20) . . .
4. Wer immer allen Menschen **predigt** (19), . . .
5. Die Häuser **schwankten** (20), weil . . .
6. Botho muß deswegen **betteln** (20), da . . .
7. Weißt du, was mir **fehlt** (20)? Ich . . .
8. Da Roswitha schon seit Wochen viel **hustet** (21), . . .
9. Der Arbeiter in „Neapel sehen" **brachte** sich **um** (19) sein eigenes Glück, indem . . .

**C.** Verbinden Sie ein Adverb aus der ersten Liste mit einem Verb aus der zweiten Liste. Bilden Sie Sätze.

*NOTE: Some adverbs may fit with more than one verb, but you should use a different verb with each one. Do not convert the adverbs to adjectives.*

BEISPIEL:   grob (20); schimpfen:
   *Der Meister* **schimpfte** *sehr* **grob** *über die Dummheit seiner Lehrlinge.*

| | |
|---|---|
| 1. leidlich (20) | a. sich benehmen* |
| 2. schüchtern (20) | b. zuhören |
| 3. (wie) besessen (20) | c. betonen |
| 4. nachdrücklich (20) | d. tanzen |
| 5. aufmerksam (21) | e. mitmachen |
| 6. widerwillig (21) | f. einen Plan ausdenken* |
| 7. geheim (20) | g. anlächeln |
| 8. närrisch (20) | h. schreien* |

**D.** Bilden Sie Verben aus den Substantiven in Fettdruck. Drücken Sie den Inhalt der Sätze mit diesen Verben anders aus.

BEISPIEL:   In seiner **Verkündung** sprach Jesus von dem Reich Gottes.
   *Jesus* **verkündete** *das Reich Gottes.*

1. Sie tat nichts zu ihrer **Verteidigung.**
2. Nach seiner **Rückkehr** aus dem Krieg nahm er sein Studium wieder auf.
3. Durch einen **Umtausch** kam Hans in den Besitz eines neuen Wagens.
4. Wir erfuhren erst gestern von dem **Vorfall.**
5. Der Lehrer erklärte die **Anwendung** verschiedener Ausdrücke.
6. Deutlich vernahm Jürgen das **Gejohle** der Leute im Haus nebenan.

**E.** Geben Sie eine Definition auf deutsch für jedes der folgenden Wörter.

BEISPIEL:    **die Hochzeit:** *Eine Hochzeit ist ein Fest, das man feiert, wenn zwei Menschen heiraten.*

1. das Erdbeben (19)
2. das Eigentum (19)
3. der Zufall (20)
4. der Schauspieler (20)
5. der Studienrat (21)
6. der Anhänger (21)
7. der Wahnsinn (21)
8. das Gedeck (20)
9. der Vorgang (20)
10. das Verfahren (19)
11. der Spott (20)

**F.** Ersetzen Sie die Adverbien in Fettdruck durch andere Adverbien aus der Liste.

1. Er predigte **indes** (19) tauben Ohren.
2. Der Tisch war **überaus** (20) vornehm gedeckt.
3. **Bisweilen** (20) weiß ich nicht, woher ich Geld bekommen soll.
4. **Im übrigen** (19) blieb er bei seiner Aussage.
5. Augenblick bitte! Ich bin **im Nu** (20) fertig.
6. **Im Grunde** (19) ist es uns egal, wo wir heute abend übernachten.

a. sonst
b. oft
c. ab und zu
d. inzwischen
e. sehr schnell
f. dennoch
g. sehr
h. eigentlich

**G.** Erklären Sie, wer oder was das ist.

*NOTE: Try to use a relative pronoun or conjunction in your explanation.*

BEISPIEL:    *taube* (19) Menschen: *Das sind Menschen, die nicht hören können.*

1. ein **trotziger** (20) Mensch
2. eine **grobe** (20) Ausdrucksweise
3. **zornige** (21) Lehrer
4. ihr **ehemaliger** (21) Freund
5. **verjährte** (19) Taten
6. eine **geregelte** (19) Existenz
7. ein **zunehmender** (19) Mond
8. **vorschriftsmäßige** (20) Arbeit

## SOVIEL (UN)SINN AUF EINMAL

der Wahnsinn
der Scharfsinn
der Tiefsinn
der Geruchssinn
der Blödsinn
der Stumpfsinn
der Eigensinn
der Schwachsinn
der Starrsinn
der Leichtsinn
Unsinn
einmal

ANONYM

# 22
# Pinzza ist gestorben
## Ota Filip

*OTA FILIP was born in Ostrava, Czechoslovakia, in 1930. He earned his degree in journalism at the University of Prague through correspondence courses. From 1960 to 1968 he was arrested many times and sentenced to compulsory labor. In 1969 he received a fifteen-month jail sentence for "Unterwühlung von Staat und Gesellschaft" ("the undermining of state and society"). After his release he worked as furniture assembler, truck driver, and construction worker, and was finally expatriated in 1974. He now lives in Munich. Filip, who has written several novels set in his native Czechoslovakia, wrote this story in German. The fact that he is the main character in the text suggests that these events may actually have taken place.*

## ERSTES LESEN—ERSTE EINDRÜCKE (Gruppenarbeit)

1. In Gruppen zu siebent soll jeder *einen* Abschnitt der Geschichte lesen und dabei Notizen aufschreiben. Die anderen in Ihrer Gruppe lesen je einen anderen Teil. Sie haben etwa zwanzig Minuten Zeit.
2. Berichten Sie den anderen in Ihrer Gruppe, was Sie gelesen haben. Zum Berichten haben alle sieben zusammen etwa zwanzig bis dreißig Minuten Zeit.

ZU IHRER INFORMATION: In dieser Geschichte erzählt Genosse *(comrade)* Filip, wie er als Reporter in der Redaktion *(editorial staff )* des Prager Rundfunks *(radio)* durch den Tod von Roberto Pinzza in Schwierigkeiten kam.

### A

Nie im Leben habe ich mich so gelangweilt wie bei den regelmäßigen Redaktionskonferenzen, die wir jeden Samstagvormittag im Prager Rundfunk abhielten.

Ich saß immer am Ende des großen Tisches, neben unserem Regisseur[1],
5 Herrn Brejcha. Wir zwei hatten bei diesen fast verzweifelt angestrengten[2]
Konferenzen eine gewisse Berühmtheit erlangt[3]. Ich, weil ich nach einer
Stunde, als gerade die literarischen Sendungen[4] für die nächste Woche
besprochen wurden, einschlief, und Herr Brejcha (ein leidenschaftlicher[5]
Zeitungsleser, dem ich nie richtig in sein Gesicht schauen konnte, da es
10 fast immer mit bedrucktem[6] Papier zugedeckt war), weil er die ganze
Zeit las und nur, wenn man ihn direkt ansprach, seinen grauen Kopf hob,
überhaupt nicht wußte, worüber gesprochen wurde und den Kollegen
ganz verwirrt[7] eine Überschrift aus seiner Zeitung vorlas oder etwas ganz
Unsinniges[8] vortrug[9], das ihm irgendwann im Kopf hängengeblieben war.
15 Eines Tages im Sommer 1958, ich träumte gerade vom sonnigen
Strand in Karlsbad[10], woher man mich vom Internationalen Filmfestival
zur Konferenz nach Prag gerufen hatte, weckte mich die barsche[11]
Stimme unseres Chefs, des Genossen Levora: „Was sagen Sie dazu, Genosse Brejcha?"
20 Dieser hob erschrocken seinen Kopf, legte die Zeitung zur Seite und
sagte leise: „Roberto Pinzza ist gestorben!"
Unser Chef, ganz außer Fassung geraten[12], schrie: „Wer war denn
dieser Pinzza?"

**B**

„Ach Gott", stöhnte[13] der Regisseur, „das ist nun eine Redaktion für
25 kulturelle Sendungen, und man weiß hier nicht, wer Pinzza war!" Herr
Brejcha wandte sich zu mir und sagte: „Erkläre, bitte, diesen
Ungebildeten[14], wer dieser bedeutende Mann war!" und vertiefte sich
wieder in seine Zeitung. Die ganze Redaktionskonferenz starrte auf mich;
ich verspürte[15] eine große Lust, Herrn Brejcha, den ich sonst sehr mochte,
30 den Hals durchzubeißen, doch von der Hitze[16] überwältigt[17], noch nicht
ganz aus meinem schönen Traum vom Strand bei Karlsbad erwacht,
hörte ich mich auf einmal stottern: „Ja, also Pinzza . . . ein bedeutender
Mann . . . das ist klar! Ich glaube, wir sollten ihm eine halbe Stunde
widmen[18] . . ."
35 „Also gut, Ota", sagte der Chef, „schreib eine halbe Stunde über
Pinzza! Damit ist die Sache erledigt[19] . . ."

**C**

Als die Konferenz zu Ende war, flüsterte ich Herrn Brejcha zu[20]:
„Wer war dieser Pinzza?"
„Du weißt es auch nicht?" erwiderte er und musterte[21] mich mit seinen
40 ironischen Augen.
Nein, ich hatte nicht den Mut[22], Herrn Brejcha zu gestehen[23], daß mir
der Name Roberto Pinzza überhaupt nichts sagte, daß es mir völlig egal

war[24], ob der Mann noch lebte oder schon gestorben war—ich zog mich
in mein Büro zurück und rief die Musiker an: „Also hört mal, Jungs[25]",
45  sagte ich, „Pinzza ist gestorben, ich schreibe eben für Mittwoch eine halbe
Stunde, schickt mir doch bitte ein paar Schallplatten[26] rüber!"
    „Wer ist Pinzza?" fragte der Musikredakteur erschrocken.
    „Mensch", hob ich meine Stimme, „wofür wirst du denn eigentlich
bezahlt? Du kennst nicht einmal[27] Pinzza?!"
50  „Ach ja", kam es verkrampft vom anderen Ende der Leitung[28], „natürlich, Pinzza . . . Geht schon in Ordnung, in einer Stunde hast du die
Schallplatten . . ."

**D**

    Als ich den Hörer[29] aufgelegt hatte, ahnte[30] ich noch nicht, daß sich in
diesem Augenblick im Gebäude des Prager Rundfunks eine Lawine[31] von
55  Telefongesprächen in Bewegung setzte. Aber bereits nach fünf Minuten
bekam ich schon zu spüren[32], was Brejcha und ich mit Pinzza
verursacht[33] hatten. Die Sekretärin der Abteilung[34] für politische Sendungen rief mich an und erklärte scheinbar herzlich: „Lieber Ota, wir wollen
auch des großen Genossen Roberto Pinzza gedenken[35]. Ich habe im Ar-
60  chiv angefragt, und man sagte mir, daß du sein bedeutendes Buch . . ."
    Oh Gott, stöhnte ich innerlich, dieser verdammte Pinzza; doch ich be-
herrschte mich[36] sehr bald und sagte kühl: „Pinzza war ein Sänger!"
    Am anderen Ende hörte ich ein deutliches Klappern; ich wußte, ihr
drohte[37] wieder einmal die Zahnprothese[38] herauszufallen, die sie sich
65  hatte anfertigen[39] lassen, als sie in der Moskauer Redaktion des ČSSR-
Rundfunks arbeitete.
    „Ach ja, natürlich, verzeih, Ota", zischelte[40] sie, „ich habe mich wohl
geirrt . . .!"

**E**

    Im Laufe des Vormittags bekam ich noch etwa zwanzig Anrufe von
70  den verschiedenen Redaktionen. In Gesprächen mit meinen Kollegen entwickelte ich ein ziemlich verworrenes[41] Bild und einen fast undurch-
schaubaren Lebenslauf des „verstorbenen" Roberto Pinzza . . . Als ich
gegen 11 Uhr mein Büro verließ, um Kaffee zu trinken, sah ich auf dem
Flur verzweifelte Sekretärinnen herumlaufen, der Name Pinzza
75  schwirrte[42] in der Luft . . . Gerade, als ich meinen Kaffee schlürfte und
besorgt[43] war, meinen Rückzug[44] möglichst still und unauffällig[45] zu or-
ganisieren, leuchtete das rote Licht über den Lautsprechern auf[46], die in
jedem Raum des Rundfunks angebracht[47] waren. Das bedeutete: Unser
oberster Chef hatte uns etwas mitzuteilen[48]!
80  „Also hört mal alle gut zu!" ertönte die Stimme des Direktors. „Seit
zwei Stunden bekomme ich Anrufe und werde über einen gewissen Roberto Pinzza ausgefragt. Wer hier in diesem Haus noch einmal diesen

Name ausspricht, fliegt[49] sofort! Habt ihr verstanden . . .? Und Sie, Genosse Filip", dröhnte[50] die Stimme über meinen Kopf, „Sie kommen Mitt-
85  woch um zehn Uhr zu mir! Ich weiß, Sie sind jetzt mit der
Berichterstattung[51] aus Karlsbad beschäftigt[52], fahren Sie gefälligst[53] dorthin, aber Mittwoch um zehn sind Sie bei mir! Da können Sie was
erleben[54]!"

### F

Ich ließ meinen Kaffee stehen und schlich mich davon[55].
90  In Karlsbad traf ich am Montag nach einer Filmpremiere meinen Kollegen Jindřich Horák von der Prager Tageszeitung ‚Práce'. Jindřich war
dafür bekannt, daß er keine Fremdsprache verstand, also vollkommen[56]
auf Informationen aus zweiter Hand angewiesen[57] war. Zu mir hatte er
großes Vertrauen[58]; alles, was ich ihm erzählte, gab er seiner Zeitung per
95  Fernschreiber durch. Als wir nach der Premiere eines russischen Films
das Festivalkino verließen, erzählte ich Jindřich kurz den Inhalt, denn
Russisch verstand er auch nicht . . . Er notierte alles sorgfältig, hob seine
unruhigen, immer verzweifelten Augen und sagte: „Ich danke dir, Ota,
aber hast du nicht zufällig[59] eine kleine Story, etwas aus Karlsbad, naja[60],
100  du verstehst schon[61]!"
Und in diesem Augenblick überfiel mich der höllische Gedanke . . .
Nein, ich konnte ihm nicht widerstehen[62] und sagte: „Ich hab was für
dich, Jindřich! Heute ist im Alter von 95 Jahren der berühmte Sänger
Roberto Pinzza gestorben. Berühmt wurde er dadurch, daß er schon im
105  Ersten Weltkrieg im Runkfunk Verdi sang. Er wird am Mittwoch in
Karlsbad beigesetzt[63]."
„Ich danke dir, Ota!" Jindřichs Stimme überschlug sich[64], und er eilte
zum Fernschreiber . . .

### G

Mittwoch fuhr ich ein wenig zitternd mit dem ersten Bus nach Prag.
110  Ich kaufte einige Zeitungen, und als ich kurz vorm Ziel[65] die ‚Práce' auf-
schlug, dachte ich, mich trifft der Schlag[66] . . . Auf Seite drei las ich in
großen Lettern: ROBERTO PINZZA IST GESTORBEN . . .
Punkt zehn betrat ich das Arbeitszimmer des Direktors des Prager
Rundfunks.
115  „Da bist du ja", knurrte er mich an[67] wie ein hungriger Löwe und
seine Augen funkelten[68] bös. „Wie geht es deinem Pinzza!?"
Ich unterdrückte mein Lächeln recht gut, zog, ohne ein Wort zu sagen,
die ‚Prace' aus der Tasche und schlug ihm die Seite drei auf. Er schaute
kurz hinein, seine Gesichtsmuskeln erschlafften[69], er begann zu lesen, und
120  als er wieder aufblickte, sah er um mindestens zehn Jahre älter aus.
„Raus", flüsterte er mit bebenden[70] Lippen, „verschwinde . . . Was

machst du noch hier . . . Für die Abendnachrichten erwarte ich von dir einen ausführlichen[71] Bericht über Pinzzas Beisetzung in Karlsbad . . ."

Heute kann ich's gestehen: Mit Hilfe unserer Tontechniker und allen
125 damals zugänglichen[72] Mitteln erzeugten[73] wir in Karlsbad einen Rundfunkbericht über diese Beisetzung, die gar nicht stattfand[74]; ich würdigte[75] dabei einen Mann, der nie gelebt hatte . . .

# GRÜNDLICHES LESEN

Lesen Sie die ganze Geschichte jetzt genau durch.

## Zum Textverständnis

Erklären Sie, wer das Folgende sagt, und warum er oder sie das sagt.

1. „Erkläre, bitte, diesen Ungebildeten, wer dieser bedeutende Mann war!"
2. „Ach ja, natürlich, verzeih, Ota . . . ich habe mich wohl geirrt."
3. „Ich weiß, Sie sind jetzt mit der Berichterstattung aus Karlsbad beschäftigt, fahren Sie gefälligst dorthin, aber Mittwoch um zehn sind Sie bei mir. Da können Sie was erleben."
4. „Ich danke dir, Ota, aber hast du nicht zufällig eine kleine Story, etwas aus Karlsbad, naja, du verstehst schon!"
5. „Heute ist im Alter von 95 Jahren der berühmte Sänger Roberto Pinzza gestorben. Berühmt wurde er dadurch, daß er schon im Ersten Weltkrieg im Rundfunk Verdi sang."
6. „Raus . . . verschwinde . . . Was machst du noch hier . . . Für die Abendnachrichten erwarte ich von dir einen ausführlichen Bericht über Pinzzas Beisetzung in Karlsbad."

## Wortschatzübungen

1. Erklären Sie, wie und inwiefern jedes der folgenden Substantive mit der Mitteilung von Information zu tun hat.

a. die Redaktion
b. der Regisseur
c. die Sendung
d. der Runkfunk
e. die Berichterstattung
f. die Leitung
g. der Hörer
h. die Letter
i. der Fernschreiber

2. Setzen Sie das passende Verb in der richtigen Form ein.

    a. Hans wollte nicht _____, daß er sich geirrt hatte.       stöhnen
    b. „Ach, dieser Idiot", _____ der Lehrer, als er den Schü-   gestehen*
       leraufsatz korrigierte.                                     zischeln
    c. Hast du mir etwas _____?                    vortragen*
    d. Der Politiker hat seine Rede gut _____.         flüstern
    e. Jene schreckliche Musik _____ mir noch in den Ohren.   dröhnen
    f. „Ich liebe dich", _____ sie ihrem Freund leise ins Ohr.  mitteilen
    g. „Ich hasse ihn", _____ die böse Hexe.         anknurren

# Zum Schreiben (Wählen Sie *eine* Aufgabe.)

1. Erzählen Sie die Geschichte nach (20 bis 25 Sätze). Verwenden Sie dabei kein Hauptverb mehr als einmal.
2. Erfinden Sie einen kurzen Rundfunkbericht, in dem Sie Roberto Pinzza würdigen (20 bis 25 Sätze).
3. Schreiben Sie einen Bericht über eine berühmte Person, die wirklich gelebt hat. Sie sollen Tatsachen und Ereignisse aus dem Leben dieser Person erwähnen, aber Sie sollen nicht sagen, wer diese Person war (20 bis 25 Sätze). Im Unterricht können Sie Ihren Bericht vorlesen. Andere Studenten versuchen, die Identität dieser Person zu erraten.

# Zur Diskussion

1. Diskutieren Sie die Reaktionen der einzelnen Personen auf die Nachricht vom Tode Pinzzas. Warum wollte niemand gestehen, daß er nicht wisse, wer Pinzza sei?
2. Finden Sie die Geschichte glaubhaft? Was bedeutet es, gesellschaftlich-politisch betrachtet, daß am Ende eines Rundfunkberichts eine Person gewürdigt wurde, die nie gelebt hatte? Denken Sie daran, daß im Westen oft behauptet wird, kommunistische Staaten würden Geschichtsfälschung betreiben *(engage in)*.
3. Diskutieren Sie die Rolle der Massenmedien in kommunistischen Staaten und in Ihrem eigenen Land.

---

*Die Welt will betrogen sein.*

---

SEBASTIAN BRANT, 1458–1521

# 23

# Masken
## Max von der Grün

*MAX VON DER GRÜN was born in Bayreuth, Germany, in 1926.
He picked cotton and cut sugar cane in the United States as a
German prisoner of war before becoming a mine worker in the
Ruhr area. The success of his first novels,* Männer in zweifacher
Nacht *(1962) and* Irrlicht und Feuer *(1963), enabled him to give
up mining for a writing career. One of Germany's leading
contemporary authors, he now lives in Dortmund. Von der Grün
writes primarily about working-class people. His considerable
output includes an autobiography, novels, television scripts,
essays, biographical portraits of the working class, literature for
young people, and a number of excellent short stories. "Masken"
was first published in the collection* Fahrtunterbrechung *(1965).
Some other short intermediate-level selections by von der Grün:
"Der Betriebsrat," "Fahrt in den Morgen," "Kinder sind immer
Erben," and the somewhat longer "Stenogramm."*

## ERSTES LESEN—ERSTE EINDRÜCKE

Lesen Sie die mit Linien markierten Teile der Geschichte schnell durch. Sie
gewinnen so einen Überblick. Erklären Sie, warum die Geschichte „Masken"
heißt.

**A**

Sie fielen sich unsanft auf dem Bahnsteig 3a des Kölner Hauptbahn-
hofes in die Arme und riefen gleichzeitig: Du?! Es war ein heißer Juli-
vormittag, und Renate wollte in den D-Zug nach Amsterdam über
Aachen, Erich verließ den Zug, der von Hamburg kam. Menschen dräng-
5 ten sich aus den Wagen auf den Bahnsteig. Menschen vom Bahnsteig in
die Wagen, die beiden aber standen in dem Gewühl[1], spürten weder
Püffe[2] noch Rempeleien[3] und hörten auch nicht, daß Vorübergehende sich
beschwerten[4], weil sie ausgerechnet vor den Treppen standen und viele
dadurch gezwungen[5] waren, um sie herumzugehen. Sie hörten auch
10 nicht, daß der Zug nach Aachen abfahrbereit war, und es störte[6] Renate
nicht, daß er wenige Sekunden später aus der Halle fuhr.

Die beiden standen stumm, jeder forschte[7] im Gesicht des anderen. Endlich nahm der Mann die Frau am Arm und führte sie die Treppen hinunter, durch die Sperre[8], und in einem Lokal in der Nähe des Doms
15 tranken sie Tee.

Nun erzähle, Renate. Wie geht es dir? Mein Gott, als ich dich so plötzlich sah . . . du . . . ich war richtig erschrocken. Es ist so lange her, aber als du auf dem Bahnsteig fast auf mich gefallen bist . . .

Nein, lachte sie, du auf mich.

20 Da war es mir, als hätte ich dich gestern zum letzten Male gesehen, so nah warst du mir. Und dabei ist es so lange her . . .

Ja, sagte sie. Fünfzehn Jahre.

### B

Fünfzehn Jahre? Wie du das so genau weißt. Fünfzehn Jahre, das ist ja eine Ewigkeit. Erzähle, was machst du jetzt? Bist du verheiratet? Hast
25 du Kinder? Wo fährst du hin? . . .

Langsam Erich, langsam, du bist noch genau so ungeduldig wie vor fünfzehn Jahren. Nein, verheiratet bin ich nicht, die Arbeit, weißt du. Wenn man es zu etwas bringen will, weißt du, da hat man eben keine Zeit für Männer.

30 Und was ist das für Arbeit, die dich von den Männern fernhält? Er lachte sie an, sie aber sah aus dem Fenster auf die Tauben[9]. Ich bin jetzt Leiterin eines Textilversandhauses[10] hier in Köln, du kannst dir denken, daß man da von morgens bis abends zu tun hat und . . .

Donnerwetter! rief er und klopfte mehrmals mit der flachen Hand auf
35 den Tisch. Donnerwetter! Ich gratuliere.

Ach, sagte sie und sah ihn an. Sie war rot geworden.

Du hast es ja weit gebracht, Donnerwetter, alle Achtung. Und jetzt? Fährst du in Urlaub?

Ja, vier Wochen nach Holland. Ich habe es nötig, bin ganz durch-
40 gedreht[11]. Und du Erich, was machst du? Erzähle. Du siehst gesund aus.

Schade, dachte er, wenn sie nicht so eine Bombenstellung[12] hätte, ich würde sie jetzt fragen, ob sie mich noch haben will. Aber so? Nein, das geht nicht, sie würde mich auslachen, wie damals.

Ich? sagte er gedehnt[13], und brannte sich eine neue Zigarette an. Ich
45 . . . ich . . . Ach weißt du, ich habe ein bißchen Glück gehabt. Habe hier in Köln zu tun. Habe umgesattelt[14], bin seit vier Jahren Einkaufsleiter[15] einer Hamburger Werft[16], na ja, so was Besonderes ist das nun wieder auch nicht.

### C

Oh, sagte sie und sah ihn starr an und ihr Blick streifte[17] seine großen
50 Hände, aber sie fand keinen Ring. Vor fünfzehn Jahren waren sie nach

einem kleinen Streit[18] auseinandergelaufen, ohne sich bis heute wieder-
zusehen. Er hatte ihr damals nicht genügt, der schmalverdienende und
immer ölverschmierte Schlosser[19]. Er solle es erst zu etwas bringen, hatte
sie ihm damals nachgerufen, vielleicht könne man später wieder darüber
55 sprechen. So gedankenlos jung war sie damals. Ach ja, die Worte waren
im Streit gefallen und trotzdem nicht böse gemeint. Beide aber fanden
danach keine Brücke[20] mehr zueinander. Sie wollten und wollten doch
nicht. Und nun? Nun hatte er es zu etwas gebracht.

Dann haben wir ja beide Glück gehabt, sagte sie, und dachte, daß er
60 immer noch gut aussieht. Gewiß, er war älter geworden, aber das steht
ihm gut. Schade, wenn er nicht so eine Bombenstellung hätte, ich würde
ihn fragen, ja, ich ihn, ob er noch an den dummen Streit von damals
denkt und ob er mich noch haben will. Ja, ich würde ihn fragen. Aber
jetzt?

65 Jetzt habe ich dir einen halben Tag deines Urlaubs gestohlen, sagte er
und wagte[21] nicht, sie anzusehen.

### D

Aber Erich, das ist doch nicht wichtig, ich fahre mit dem Zug um
fünfzehn Uhr. Aber ich, ich halte dich bestimmt[22] auf, du hast gewiß
einen Termin[23] hier.

70 Mach dir keine Sorgen, ich werde vom Hotel abgeholt. Weißt du, meinen Wagen lasse ich immer zu Hause, wenn ich längere Strecken fahren
muß. Bei dem Verkehr heute, da kommt man nur durchgedreht an.

Ja, sagte sie. Ganz recht, das mache ich auch immer so. Sie sah ihm
nun direkt ins Gesicht und fragte: Du bist nicht verheiratet? Oder läßt
75 du Frau und Ring zu Hause? Sie lachte etwas zu laut für dieses
vornehme[24] Lokal.

Weißt du, antwortete er, das hat seine Schwierigkeiten. Die ich haben
will, sind nicht zu haben oder nicht mehr, und die mich haben wollen,
sind nicht der Rede wert. Zeit müßte man eben haben. Zum Suchen,
80 meine ich. Zeit müßte man haben. Jetzt müßte ich ihr sagen, daß ich sie
noch immer liebe, daß es nie eine andere Frau für mich gegeben hat, daß
ich sie all die Jahre nicht vergessen konnte. Wieviel? Fünfzehn Jahre?
Eine lange Zeit. Mein Gott, welch eine lange Zeit. Und jetzt? Ich kann
sie doch nicht mehr fragen, vorbei, jetzt, wo sie so eine Stellung hat. Nun
85 ist es zu spät, sie würde mich auslachen, ich kenne ihr Lachen, ich habe
es im Ohr gehabt, all die Jahre. Fünfzehn? Kaum zu glauben.

Wem sagst du das? Sie lächelte.

Entweder die Arbeit oder das andere, erwiderte er.

Jetzt müßte ich ihm eigentlich sagen, daß er der einzige Mann ist, dem
90 ich blind folgen würde, wenn er mich darum bäte, daß ich jeden Mann,
der mir begegnete, sofort mit ihm verglichen habe. Ich sollte ihm das

sagen. Aber jetzt? Jetzt hat er eine Bombenstellung, und er würde mich nur auslachen, nicht laut, er würde sagen, daß . . . ach . . . es ist alles so sinnlos geworden.

### E

95 Sie aßen in demselben Lokal zu Mittag und tranken anschließend[25] jeder zwei Cognac. Sie erzählten sich Geschichten aus ihren Kindertagen und später aus ihren Schultagen. Dann sprachen sie über ihr Berufsleben, und sie bekamen Respekt voreinander, als sie erfuhren, wie schwer es der andere gehabt hatte bei seinem Aufstieg. Jaja, sagte sie; genau wie bei
100 mir, sagte er.

Aber jetzt haben wir es geschafft[26], sagte er laut und rauchte hastig.

Ja, nickte sie. Jetzt haben wir es geschafft. Hastig trank sie ihr Glas leer.

Sie hat schon ein paar Krähenfüßchen[27], dachte er. Aber die stehen ihr
105 nicht einmal[28] schlecht.

Noch einmal bestellte er zwei Schalen[29] Cognac und sie lachten viel und laut.

Er kann immer noch herrlich lachen, genau wie früher, als er alle Menschen einfing[30] mit seiner ansteckenden[31] Heiterkeit. Um seinen
110 Mund sind zwei steile[32] Falten[33], trotzdem sieht er wie ein Junge aus, er wird immer wie ein Junge aussehen, und die zwei Falten stehen ihm nicht einmal schlecht. Vielleicht ist er jetzt ein richtiger Mann, aber nein, er wird immer ein Junge bleiben.

Kurz vor drei brachte er sie zum Bahnhof.
115 Ich brauche den Amsterdamer Zug nicht zu nehmen, sagte sie. Ich fahre bis Aachen und steige dort um. Ich wollte sowieso[34] schon lange einmal das Rathaus besichtigen.

### F

Wieder standen sie auf dem Bahnsteig und sahen aneinander vorbei. Mit leeren Worten versuchten sie die Augen des andern einzufangen, und
120 wenn sich dann doch ihre Blicke trafen, erschraken sie und musterten[35] die Bögen der Halle.

Wenn Sie jetzt ein Wort sagen würde, dachte er, dann . . .

Ich muß jetzt einsteigen, sagte sie. Es war schön, dich wieder einmal zu sehen. Und dann so unverhofft . . .
125 Ja, das war es. Er half ihr beim Einsteigen und fragte nach ihrem Gepäck.

Als Reisegepäck aufgegeben.

Natürlich, das ist bequemer, sagte er.

Wenn er jetzt ein Wort sagen würde, dachte sie, ich stiege sofort
130 wieder aus, sofort.

Sie reichte ihm aus einem Abteil erster Klasse die Hand. Auf Wieder-
sehen, Erich . . . und weiterhin . . . viel Glück.

Wie schön sie immer noch ist. Warum nur sagt sie kein Wort. Danke,
Renate. Hoffentlich hast du schönes Wetter.

135    Ach, das ist nicht so wichtig, Hauptsache ist das Faulenzen[36], das kann
man auch bei Regen.

Der Zug ruckte an[37]. Sie winkten nicht, sie sahen sich nur in die Augen, so lange dies möglich war.

### G

Als der Zug aus der Halle gefahren war, ging Renate in einen Wagen
140    zweiter Klasse und setzte sich dort an ein Fenster. Sie weinte hinter einer
ausgebreiteten Illustrierten.

Wie dumm von mir, ich hätte ihm sagen sollen, daß ich immer noch
die kleine Verkäuferin bin. Ja, in einem anderen Laden, mit zweihundert
Mark mehr als früher, aber ich verkaufe immer noch Herrenoberhemden,
145    wie früher, und Socken und Unterwäsche[38]. Alles für den Herrn. Ich
hätte ihm das sagen sollen. Aber dann hätte er mich ausgelacht, jetzt, wo
er ein Herr geworden ist. Nein, das ging doch nicht. Aber ich hätte wenigstens nach seiner Adresse fragen sollen. Wie dumm von mir, ich war
aufgeregt wie ein kleines Mädchen und ich habe gelogen, wie ein kleines
150    Mädchen, das imponieren[39] will. Wie dumm von mir.

### H

Erich verließ den Bahnhof und fuhr mit der Straßenbahn nach Ost-
heim auf eine Großbaustelle[40]. Dort meldete er sich beim Bauführer[41].

Ich bin der neue Kranführer.

Na, sind Sie endlich da? Mensch, wir haben schon gestern auf Sie
155    gewartet. Also dann[42], der Polier[43] zeigt Ihnen Ihre Bude[44], dort drüben
in den Baracken. Komfortabel ist es nicht, aber warmes Wasser haben
wir trotzdem. Also dann, morgen früh, pünktlich sieben Uhr.

Ein Schnellzug fuhr in Richtung Deutz. Ob der auch nach Aachen
fährt? Ich hätte ihr sagen sollen, daß ich jetzt Kranführer bin. Ach,
160    Blödsinn[45], sie hätte mich nur ausgelacht, sie kann so verletzend[46] lachen.
Nein, das ging nicht, jetzt, wo sie eine Dame geworden ist und eine
Bombenstellung hat.

# GRÜNDLICHES LESEN

Lesen Sie die ganze Geschichte jetzt genau durch.

# Zum Textverständnis (schriftlich oder mündlich)

Fassen Sie jeden Teil der Geschichte in drei bis vier Sätzen zusammen. Deuten Sie die Lügen der beiden Menschen durch den Gebrauch des Konjunktivs an.

BEISPIEL:    *Er erzählte ihr, daß er jetzt Einkaufsleiter bei einer Hamburger Werft* **sei.**

# Wortschatzübungen

1. Drücken Sie die Sätze anders aus.

   a. Ich bin jetzt ganz durchgedreht.
   b. Sie streifte ihn mit einem Blick.
   c. Wir wollen nichts als faulenzen.
   d. Der Kaufmann hat morgen einen wichtigen Termin.
   e. Der Zug ruckte an.
   f. Ich bin jetzt zum Arbeiten gezwungen.

2. Was macht man in diesen Berufen? Ordnen Sie diese Berufe nach ihrem gesellschaftlichen Status.

   a. Einkaufsleiter          d. Schlosser
   b. Polier                  e. Ladenverkäuferin
   c. Bauführer               f. Kranführer

# Zum Schreiben (Wählen Sie *eine* Aufgabe.)

1. Das Ende der Geschichte gefällt Ihnen nicht. Schreiben Sie eine Fortsetzung dazu.
2. Geld und Beruf spielen wohl in jeder Ehe eine wichtige Rolle. Äußern Sie sich in einem Aufsatz dazu (15 bis 18 Sätze).
3. Sie haben von einem Brieffreund oder einer Brieffreundin einen Brief mit Foto erhalten. Das Foto sieht ganz toll aus, und außerdem hat diese Person im Brief über sich recht positiv berichtet. Guter Beruf, viele Interessen, nicht ganz ohne Geld usw. Sie möchten diese Person unbedingt *(absolutely)* besser kennenlernen. Schreiben Sie jetzt den Antwortbrief, in dem Sie sich auch von der besten Seite zeigen (18 bis 20 Sätze).

*NOTE: If you leave your name out, your instructor or someone else can read your letter to the class and let the class try to guess who wrote it.*

# Zur Diskussion

1. Suchen Sie Fakten im Text, die zeigen, aus welcher Sozialgruppe Renate und Erich stammen.
2. Suchen Sie Ähnlichkeiten im Denken und in der Sprache der beiden Menschen. Was will der Autor durch solche Ähnlichkeiten zum Ausdruck bringen?
3. Erklären Sie, warum Erich und Renate einander belügen.
4. Diskutieren Sie, ob Erich und Renate miteinander hätten glücklich sein können, wenn sie einander die Wahrheit gesagt hätten. Was spricht dafür? Was spricht dagegen?
5. Viele Deutsche suchen sich einen Partner fürs Leben durch Anzeigen in der Zeitung. Schreiben Sie eine kurze Anzeige entweder für Erich oder für Renate.

---

*Die Maske fällt, es bleibt der Mensch.*
*Und alles Heldentum entweicht* (vanishes).

---

JEAN JACQUES ROUSSEAU, 1712–1778

# 24
# Ein Mensch mit Namen Ziegler
## Hermann Hesse

*HERMANN HESSE was born in 1877 in Calw in southwest
Germany and died in Switzerland in 1962. He was a
neoromanticist whose novels blend fantasy, fairy tale, dream, and
music with visionary experiences and Eastern mysticism. Even
though he received the Nobel Prize for Literature in 1946, his
novels might have disappeared into permanent obscurity but for
their rediscovery by American hippies of the 1960s, who found
in Hesse's utopian visions a life philosophy akin to their own.
Since then his works have retained their popularity in both
America and Europe. Taken from the collection* Fabulierbuch
*(1911), "Ein Mensch mit Namen Ziegler" depicts the intrusion of
the unexplainable (romanticism) into the comfortable and neatly
regulated world of a modern man who reveres the almighty
power of science (rational thought and technology) to the
exclusion of any meaningful spiritual values.*

## ERSTE EINDRÜCKE:
## MITLESEN—MITTEILEN

Bilden Sie drei Gruppen. Jede Gruppe liest einen Teil der Erzählung und stellt
ein Erzählschema zusammen. Dann berichtet jede Gruppe über ihren Teil des
Textes (etwa eine Unterrichtsstunde).

### A

   Einst wohnte in der Brauergasse[1] ein junger Herr mit Namen Ziegler.
Er gehörte zu denen, die uns jeden Tag und immer wieder auf der Straße
begegnen und deren Gesicht wir uns nie recht merken können, weil sie
alle miteinander dasselbe Gesicht haben: ein Kollektivgesicht.

5   Ziegler war alles und tat alles, was solche Leute immer sind und tun.
Er war nicht unbegabt[2], aber auch nicht begabt, er liebte Geld und Ver-
gnügen, zog sich gern hübsch an und war ebenso feige[3] wie die meisten
Menschen: sein Leben und Tun wurde weniger durch Triebe[4] und

Bestrebungen[5] regiert als durch Verbote, durch die Furcht vor Strafen[6].
10 Dabei hatte er manche honette Züge[7] und war überhaupt alles in allem
ein erfreulich normaler Mensch, dem seine eigene Person sehr lieb und
wichtig war. Er hielt sich, wie jeder Mensch, für eine Persönlichkeit, während er nur ein Exemplar[8] war, und sah in sich, in seinem Schicksal[9] den
Mittelpunkt der Welt, wie jeder Mensch es tut. Zweifel lagen ihm fern,
15 und wenn Tatsachen seiner Weltanschauung widersprachen, schloß er
mißbilligend[10] die Augen.

Als moderner Mensch hatte er außer vor dem Geld noch vor einer zweite Macht unbegrenzte Hochachtung: vor der Wissenschaft[11]. Er hätte nicht zu sagen gewußt, was eigentlich Wissenschaft sei, er dachte
20 dabei an etwas wie Statistik und auch ein wenig an Bakteriologie, und es war ihm wohl bekannt, wieviel Geld und Ehre der Staat für die Wissenschaft übrig habe. Besonders respektierte er die Krebsforschung[12], denn sein Vater war an Krebs gestorben, und Ziegler nahm an[13], die inzwischen so hoch entwickelte Wissenschaft werde nicht zulassen[14], daß
25 ihm einst dasselbe geschähe.

Äußerlich zeichnete sich Ziegler durch das Bestreben[15] aus[16], sich etwas über‹ seine Mittel zu kleiden, stets[17] im Einklang[18] mit der Mode des Jahres. Denn die Moden des Quartals und des Monats, welche seine Mittel allzu sehr überstiegen hätten, verachtete er als dumme Afferei[19]. Er hielt
30 viel ·auf[20] Charakter und trug keine Scheu, unter seinesgleichen und an sichern Orten über Vorgesetzte[21] und Regierungen zu schimpfen. Ich verweile wohl zu lange bei dieser Schilderung[22]. Aber Ziegler war wirklich ein reizender[23] junger Mensch, und wir haben viel an ihm verloren. Denn er fand ein frühes und seltsames Ende, allen seinen Plänen und
35 berechtigten[24] Hoffnungen zuwider[25].

˙Bald nachdem er in unsre Stadt gekommen war, beschloß er einst, sich einen vergnügten Sonntag zu machen. Er hatte noch keinen rechten Anschluß gefunden[26] und war aus Unentschiedenheit noch keinem Verein beigetreten[27]. Vielleicht war dies sein Unglück[28]. Es ist nicht gut, daß der
40 Mensch allein sei.

So war er darauf angewiesen[29], sich um die Sehenswürdigkeiten der Stadt zu kümmern[30], die er denn gewissenhaft[31] erfragte. Und nach reiflicher Überlegung entschied er sich für das historische Museum und den zoologischen Garten. Das Museum war an Sonntagvormitta-
45 gen unentgeltlich[32], der Zoologische nachmittags zu ermäßigten[33] Preisen zu besichtigen.

**B**

In seinem neuen Straßenanzug mit Tuchknöpfen[34], den er sehr liebte, ging Ziegler am Sonntag ins historische Museum. Er nahm seinen dünnen, eleganten Spazierstock mit, einen vierkantigen[35], rotlakierten Stock,
50 der ihm Haltung[36] und Glanz verlieh, der ihm aber zu seinem tiefsten Mißvergnügen vor dem Eintritt in die Säle[37] vom Türsteher abgenommen wurde.

In den hohen Räumen war vielerlei zu sehen, und der fromme[38] Besucher pries[39] im Herzen die allmächtige Wissenschaft, die auch hier ihre
55 verdienstvolle[40] Zuverlässigkeit[41] erwies[42], wie Ziegler aus den sorgfältigen Aufschriften an den Schaukästen schloß[43]. Alter Kram[44], wie rostige Torschlüssel, zerbrochene grünspanige[45] Halsketten und dergleichen, gewann

durch diese Aufschriften ein erstaunliches Interesse. Es war wunderbar, um was alles diese Wissenschaft sich kümmerte, wie sie alles
60 beherrschte[46], alles zu bezeichnen[47] wußte—o nein, gewiß würde sie schon bald den Krebs abschaffen[48] und vielleicht das Sterben überhaupt.

Im zweiten Saale fand er einen Glasschrank, dessen Scheibe[49] so vorzüglich[50] spiegelte, daß er in einer stillen Minute seinen Anzug, Frisur und Kragen, Hosenfalte und Krawattensitz kontrollieren[51] konnte. Froh
65 aufatmend[52] schritt er weiter und würdigte[53] einige Erzeugnisse[54] alter Holzschnitzer[55] seiner Aufmerksamkeit. Tüchtige[56] Kerle[57], wenn auch reichlich naiv, dachte er wohlwollend. Und auch eine alte Standuhr[58] mit elfenbeinernen[59], beim Stundenschlag Menuett tanzenden Figürchen betrachtete und billigte[60] er geduldig. Dann begann die Sache ihn etwas zu
70 langweilen, er gähnte[61] und zog häufig seine Taschenuhr, die er wohl zeigen dürfte, sie war schwer golden und ein Erbstück[62] von seinem Vater.

Es blieb ihm, wie er bedauernd sah, noch viel Zeit bis zum Mittagessen übrig, und so trat er in einen andern Raum, der seine Neugierde wieder
75 zu fesseln[63] vermochte. Er enthielt Gegenstände[64] des mittelalterlichen Aberglaubens[65], Zauberbücher[66], Amulette, Hexenstaat[67] und in einer Ecke eine ganze alchimistische Werkstatt mit Esse[68], Mörsern[69], bauchigen[70] Gläsern, dürren[71] Schweinsblasen[72], Blasbälgen[73] und so weiter. Diese Ecke war durch ein wollenes Seil[74] abgetrennt, eine Tafel verbot
80 bot das Berühren der Gegenstände. Man liest ja aber solche Tafeln nie sehr genau, und Ziegler war ganz allein im Raum.

So streckte er unbedenklich[75] den Arm über das Seil hinweg und betastete[76] einige der komischen Sachen. Von diesem Mittelalter und seinem drolligen Aberglauben hatte er schon gehört und gelesen; es war ihm
85 unbegreiflich, wie Leute sich damals mit so kindischem Zeug[77] befassen[78] konnten, und daß man den ganzen Hexenschwindel und all das Zeug nicht einfach verbot. Hingegen[79] die Alchimie mochte immerhin entschuldigt werden können, da aus ihr die so nützliche Chemie hervorgegangen war. Mein Gott, wenn man so daran dachte, daß diese Goldmachertiegel[80]
90 und all der dumme Zauberkram vielleicht doch notwendig gewesen waren, weil es sonst heute kein Aspirin und keine Gasbomben gäbe!

Achtlos nahm er ein kleines dunkles Kügelchen, etwas wie eine Arzneipille, in die Hand, ein vertrocknetes Ding ohne Gewicht[81], drehte es zwischen den Fingern und wollte es eben wieder hinlegen, als er Schritte
95 hinter sich hörte. Er wandte sich um, ein Besucher war eingetreten. Es genierte[82] Ziegler, daß er das Kügelchen in der Hand hatte, denn er hatte die Verbotstafel natürlich doch gelesen. Darum[83] schloß er die Hand, steckte sie in die Tasche und ging hinaus.

Erst auf der Straße fiel ihm die Pille wieder ein. Er zog sie heraus und
100 dachte sie wegzuwerfen, vorher aber führte er sie an die Nase und roch

daran. Das Ding hatte einen schwachen, harzartigen[84] Geruch, der ihm Spaß machte, so daß er das Kügelchen wieder einsteckte.

Er ging nun ins Restaurant, bestellte sich Essen, schnüffelte in einigen Zeitungen, fingerte an seiner Krawatte und warf den Gästen teils
105 hochmütige[85] Blicke zu, je nachdem[86] sie gekleidet waren. Als aber das Essen eine Weile auf sich warten ließ, zog Herr Ziegler seine aus Versehen[87] gestohlene Alchimistenpille hervor und roch an ihr. Dann kratzte[88] er sie mit dem Zeigefingernagel, und endlich folgte er naiv einem kindlichen Gelüste und führte das Ding zum Mund; es löste sich im
110 Mund rasch auf, ohne unangenehm zu schmecken, so daß er es mit einem Schluck Bier hinabspülte[89]. Gleich darauf kam auch sein Essen.

### C

Um zwei Uhr sprang der junge Mann vom Straßenbahnwagen, betrat den Vorhof des zoologischen Gartens und nahm eine Sonntagskarte.

Freundlich lächelnd ging er ins Affenhaus und faßte vor dem großen
115 Käfig[90] der Schimpansen Stand[91]. Der große Affe blinzelte ihn an[92], nickte ihm gutmütig[93] zu[94] und sprach mit tiefer Stimme die Worte: „Wie geht's, Bruderherz?"

Angewidert[95] und wunderlich erschrocken wandte sich der Besucher schnell hinweg und hörte im Fortgehen den Affen hinter sich her schimp-
120 fen: „Auch noch stolz ist der Kerl! Plattfuß, dummer!"

Rasch trat Ziegler zu den Meerkatzen[96] hinüber. Die tanzten ausgelassen[97] und schrien: „Gib Zucker her, Kamerad!" und als er keinen Zucker hatte, wurden sie bös, ahmten ihn nach[98], nannten ihn Hungerleider[99] und bleckten die Zähne[100] gegen ihn. Das ertrug[101] er
125 nicht; bestürzt[102] und verwirrt floh er hinaus und lenkte[103] seine Schritte zu den Hirschen[104] und Rehen[105], von denen er ein hübscheres Betragen erwartete.

Ein großer herrlicher Elch stand nahe beim Gitter[106] und blickte den Besucher an. Da erschrak Ziegler bis ins Herz. Denn seit er die alte Zau-
130 berpille geschluckt hatte, verstand er die Sprache der Tiere. Und der Elch sprach mit seinen Augen, zwei großen braunen Augen. Sein stiller Blick redete Hoheit, Ergebung[107] und Trauer, und gegen den Besucher drückte er eine überlegen[108] ernste Verachtung aus, eine furchtbare Verachtung. Für diesen stillen, majestätischen Blick, so las Ziegler, war er samt[109] Hut
135 und Stock, Uhr und Sonntagsanzug nichts als ein Geschmeiß[110], ein lächerliches[111] und widerliches[112] Vieh[113].

Vom Elch entfloh Ziegler zum Steinbock[114], von da zu den Gemsen[115], zum Lama, zum Gnu, zu den Wildsäuen und Bären. Insultiert wurde er von diesen allen nicht, aber er wurde von allen verachtet. Er hörte ihnen
140 zu und erfuhr aus ihren Gesprächen, wie sie über die Menschen dachten. Es war schrecklich, wie sie über sie dachten. Namentlich wunderten sie

sich darüber, daß ausgerechnet diese häßlichen, stinkenden, würdelosen[116] Zweibeiner in ihren geckenhaften[117] Verkleidungen[118] frei umherlaufen durften.

145    Er hörte einen Puma mit seinem Jungen reden, ein Gespräch voll Würde und sachlicher[119] Weisheit, wie man es unter Menschen selten hört. Er hörte einen schönen Panther sich kurz und gemessen[120] in aristokratischen Ausdrücken über das Pack der Sonntagsbesucher äußern[121]. Er sah dem blonden Löwen ins Auge und erfuhr, wie weit und wunder-
150    bar die wilde Welt ist, wo es keine Käfige und keine Menschen gibt. Er sah einen Turmfalken trüb und stolz in erstarrter[122] Schwermut[123] auf dem toten Ast[124] sitzen und sah die Häher[125] ihre Gefangenschaft mit Anstand[126], Achselzucken[127] und Humor ertragen.

Benommen[128] und aus allen seinen Denkgewohnheiten gerissen,
155    wandte sich Ziegler in seiner Verzweiflung den Menschen wieder zu. Er suchte ein Auge, das seine Not[129] und Angst verstünde, er lauschte[130] auf Gespräche, um irgend etwas Tröstliches[131], Verständliches, Wohltuendes zu hören, er beachtete die Gebärden[132] der vielen Gäste, um auch bei ihnen irgendwo Würde, Natur, Adel, stille Überlegenheit zu finden.

160    Aber er wurde enttäuscht[133]. Er hörte die Stimmen und Worte, sah die Bewegungen, Gebärden und Blicke, und da er jetzt alles wie durch ein Tierauge sah, fand er nichts als eine entartete[134], sich verstellende[135], lügende, unschöne Gesellschaft tierähnlicher Wesen, die von allen Tierarten ein geckenhaftes Gemisch zu sein schienen.

165    Verzweifelt irrte Ziegler umher, sich seiner selbst unbändig[136] schämend. Das vierkantige Stöcklein hatte er längst ins Gebüsch geworfen, die Handschuhe hinterdrein. Aber als er jetzt seinen Hut von sich warf, die Stiefel[137] auszog, die Krawatte abriß, und schluchzend[138] sich an das Gitter des Elchstalls drückte, ward er unter großem Aufsehen[139] festge-
170    nommen und in ein Irrenhaus gebracht.

# GRÜNDLICHES LESEN

Lesen Sie die ganze Erzählung jetzt genau durch.

# Zum Textverständnis (schriftlich)

1. Stellen Sie eine möglichst lange Reihe von Aussagen über den Charakter Zieglers zusammen. Wie sah er aus? Wie benahm er sich? Wie dachte er? usw.

**BEISPIELE:**    *Ziegler respektierte die Wissenschaft.*
*Er zog sich modisch an.*
*Er tat fast nie etwas, was verboten war.*

2. Erzählen Sie, was er von den mittelalterlichen Gegenständen hielt, die er sich im Museum ansah.
3. Nennen Sie menschliche Eigenschaften *(characteristics)*, die den Tieren so mißfielen. Welche Eigenschaften hatten die Tiere?

# Wortschatzübungen

1. **Mündlich:** Lesen Sie ein Wort aus der Liste Ihrem Partner vor. Er/Sie soll mit dem Wort eine Aussage über die Geschichte machen oder das Wort im Kontext erklären, in dem es verwendet wird. Dann liest Ihr Partner Ihnen ein Wort vor, und Sie erklären die Bedeutung im Zusammenhang des Textes.

*NOTE: You can make this a brainstorming activity by trying to recall additional nouns from the story.*

a. das Exemplar
b. die Wissenschaft
c. der Verein
d. das Seil
e. der Käfig
f. der Plattfuß

g. das Verbot
h. der Krebs
i. alter Kram
j. das Gitter
k. der Vorgesetzte
l. das Irrenhaus

2. Drücken Sie die Sätze anders aus. Achten Sie dabei besonders auf die Teile in Fettdruck.

**BEISPIEL:**    Die Meerkatzen **ahmten ihn nach.**
*Sie taten genau das, was er tat.*

a. Er **nahm an,** die Wissenschaft werde auch ihn retten.
b. Er **hielt viel auf** Charakter.
c. Damals **befaßten sich** die Leute mit kindischem Zeug.
d. Jener Aberglaube **war ihm unbegreiflich.**
e. Das Essen **ließ auf sich warten.**
f. Einige der Gegenstände im Museum **fanden seine Mißbilligung.**
g. Er kleidete sich **im Einklang mit** der Mode.
h. Bestürzt **lenkte er seine Schritte** zu den Hirschen.
i. Andere Dinge **fesselten seine Neugierde.**
j. In den Räumen **war vielerlei zu besichtigen.**
k. Zweifel **lagen ihm fern.**
l. Gewisse Tatsachen **widersprachen seiner Weltanschauung.**

3. Machen Sie eine Liste aller Tiere, die Ziegler im Tiergarten sieht. Beschreiben Sie jedes der Tiere in ein paar Sätzen. Wie heißen diese Tiere auf englisch?

## Zum Schreiben (Wählen Sie *eine* Aufgabe.)

1. Fassen Sie die *Handlung* der Geschichte zusammen (20 bis 25 Sätze). Benutzen Sie dabei mindestens zehn glossierte Verben aus der Geschichte.
2. Schreiben Sie über die *Bedeutung* der Geschichte (20 bis 25 Sätze). Erklären Sie, was Hesse durch das Phänomen Ziegler und durch das ungewöhnliche Geschehen zum Ausdruck bringen will.
3. Schreiben Sie einen Aufsatz über die Aufgaben und die Gefahren der Wissenschaft in unserem Zeitalter *(era)*. Erläutern *(illustrate)* Sie Ihre Argumente mit Beispielen aus *einer* Wissenschaft (20 bis 25 Sätze).

## Zur Diskussion

1. Beschreiben Sie Ziegler als Beispiel des modernen Menschen. Wie lebt er? Was für Dinge schätzt er am meisten? Welche Dinge verachtet er? Welche Dinge spielen in seinem Leben keine Rolle?
2. Diskutieren Sie die symbolische Bedeutung von Kleidung in dieser Erzählung.
3. Besprechen Sie das Für und Wider der modernen wissenschaftlichen Forschung in unserem Zeitalter. Achten Sie dabei auf die Stelle im Text: „weil es sonst heute kein Aspirin und keine Gasbomben gäbe."
4. Inwiefern kann man diese Erzählung als Märchen bezeichnen? Denken Sie dabei auch an das „Märchen vom kleinen Herrn Moritz" (11).
5. Sind Sie ein „Original" oder ein „Exemplar"? Begründen Sie Ihre Antwort.
6. Wir leben heutzutage in einem technischen Zeitalter *(era)* großer wissenschaftlicher Entdeckungen und Leistungen *(accomplishments)* und großen Fortschritts *(progress)*. Diskutieren Sie, inwiefern es in einer solchen Gesellschaft für das Übernatürliche oder das Wunderbare noch Platz gibt. Glauben Sie an übernatürliche Phänomene? Lehnen Sie solche Phänomene grundsätzlich *(on principle)* ab?

---

*Ethisch ist der Mensch nur, wenn ihm das Leben, auch das des Tieres, heilig ist.*

---

ALBERT SCHWEITZER, 1875–1965

# Zur Wiederholung 8

## TEXTE 22-24

**A.** Drücken Sie die folgenden Stellen anders aus. Achten Sie dabei besonders auf die Wörter in Fettdruck.

1. Durch seine Künste **erlangte** der Zauberer **eine gewisse Berühmtheit** (22).
2. Auf ihre Anzeige **erhielt** die Frau **eine Lawine** (22) **von Anfragen.**
3. Morgen habe ich zwei wichtige **Termine** (23).
4. Auf seinem Urlaub wollte der Chef nur in der Sonne sitzen und **faulenzen** (23).
5. Wir **sind** leider **darauf angewiesen** (24), ohne die Hilfe des Touristenbüros ein Zimmer zu suchen.
6. Fritz **ahmt** gern seine Mitschüler **nach** (24).
7. Gestern hat der Redakteur etwas Tolles **erlebt** (22).
8. Der Zug **ruckte an** (23).
9. Herr Neubinger studiert nicht mehr Medizin. Er **ist** auf die Elektrotechnik **umgesattelt** (23).
10. Er **lenkte seine Schritte** (24) zu den Hirschen.

**B.** Ergänzen Sie die Sätze mit Adjektiven aus der Liste.

**BEISPIEL:**  Der Soldat hatte Angst und kämpfte deshalb nicht.
*Er war **feige.***

1. Besuchern ist der Eintritt in diese Säle verboten. Diese Säle sind nicht . . .
2. In seinem Bericht standen alle Einzelheiten über seine Forschungspläne. Er berichtete . . .
3. Wenn er erst einmal anfängt zu lachen, dann lachen alle. Sein Lachen ist . . .

a. zufällig (22)
b. ausführlich (22)
c. reizend (24)
d. ansteckend (23)
e. widerlich (24)
f. ausgelassen (24)

4. So gekleidet können wir nicht in dieses Restaurant hinein. Es ist sehr . . .
5. Wegen seiner Arbeitsverpflichtungen konnte
der Kollege nicht mitkommen. Der Kollege
war . . .
6. Wenn Menschen sich so verhalten, macht
mich das fast krank. Ein solches Benehmen
finde ich . . .
7. Sie war hier, aber niemand hat etwas Un-
gewöhnliches an ihr gemerkt. Sie benahm
sich . . .
8. Ein solches Essen hatte er selten bekommen.
Das Essen war . . .

g. unauffällig (22)
h. vorzüglich (22)
i. beschäftigt (22)
j. vornehm (23)
k. zugänglich (22)

---

**C.** Beantworten Sie die folgenden Fragen.

BEISPIEL:    Wann ist man **ein Hungerleider** (24)?
*Man ist ein Hungerleider, wenn man nicht viel Geld usw. zum Leben
hat oder so tut, als hätte man nicht genug.*

1. Wozu trägt man **eine Verkleidung** (24)?
2. Wann **geraten Sie außer Fassung** (22)?
3. Was wäre für Sie **eine Bombenstellung** (23)?
4. Welche **Schallplatten** (22) gefallen Ihnen zur Zeit am besten?
5. Wie heißen Ihre Lieblings**sendungen** (22)?
6. In welcher **Wissenschaft** (24) hat man Ihrer Meinung nach das
schwierigste Studium?
7. Wozu braucht man einen **Käfig** (24)?
8. Was für Arbeit macht man auf einer **Werft** (23)?
9. Welche **Züge** (24) mögen Sie am meisten an einem Menschen?
10. Wodurch **zeichnet sich** Ihr bester Freund **aus** (24)?

---

**D.** Machen Sie mit den folgenden Verben Aussagen, die mit den
Geschichten nichts zu tun haben.

1. widmen (22)
2. verursachen (22)
3. kratzen (24)
4. ahnen (22)
5. stattfinden* (22)

6. wagen (23)
7. schaffen (23)
8. abschaffen (24)
9. lauschen (24)
10. enttäuschen (24)

**E.** Ersetzen Sie die Wörter in Fettdruck durch Synonyme.

**NOTE:** *This is a word-substitution exercise. Do not recast the sentences.*

BEISPIEL:    Er war ein **leidenschaftlicher** Zeitungsleser.
              *Er war ein begeisterter Zeitungsleser.*

1. Wilhelmine ließ sich eine neue **Zahnprothese** (22) **anfertigen** (22).
2. Der Greis war wütend und sprach mit **bebender** (22) Stimme.
3. Ich muß **gestehen** (22), daß ich die Aufgabe vergessen habe.
4. Es ist strengstens verboten, die **Gegenstände** (24) in diesem Raum zu betasten.
5. Das **stört** (23) mich, wenn er über alles schimpft.
6. Sie kleidet sich **stets** (24) **im Einklang mit** (24) der neuesten Mode.
7. Über die Gastarbeiterprobleme wurde **sachlich** (24) berichtet.
8. Das Wohl seiner Mitmenschen **war ihm egal** (22).
9. In dieser Fabrik werden viele verschiedene Waren **erzeugt** (22).

**F.** UND ZU GUTER LETZT! Schreiben Sie einen neuen Titel für jede Geschichte in diesem Buch, die Sie gelesen haben. Lesen Sie Ihre Titel in der Unterrichtsstunde vor.

*ENDE GUT, ALLES GUT!*

# 1

[1] **blättern**   page, leaf
[2] **jmdn. vorstellen**   introduce s.o.; **jmdn. bekannt machen**
[3] **herüberschauen**   look over toward
[4] **sich vorstellen** (dat.)   imagine
[5] **hassen**   hate
[6] **reichen**   suffice; **genug sein**
[7] **bedauern**   regret
[8] **Lungenzüge machen**   inhale; **Zigarettenrauch einatmen**
[9] das **Spielzeug, -e**   toy
[10] **ausweichend**   evasive
[11] **besetzt**   occupied
[12] **ungefährlich**   not dangerous; **harmlos**
[13] **mittlerweile**   meanwhile; **inzwischen**
[14] **sich entscheiden***   decide (between options)
[15] **regelmäßig**   regularly; **gewöhnlich**
[16] **anstrengend**   strenuous; **ermüdend**
[17] **beobachten**   observe; **eine Zeitlang anschauen**
[18] **spüren**   sense, feel; **fühlen**
[19] die **Hauptsache, -n**   main thing
[20] **pünktlich**   punctual; **rechtzeitig**
[21] **sich verlieben**   fall in love
[22] die **Bedienung**   waiter; service
[23] die **Theke, -n**   counter
[24] **langweilig**   boring; **uninteressant**

# 2

[1] der **Bettbezug, ⁻e**   bed linen
[2] **gegenubersitzen***   sit facing
[3] **aussehen***   look like, appear
[4] **annähen**   sew on
[5] **überhaupt nicht**   not at all; **gar nicht**
[6] **um . . . willen** (gen.)   for . . . sake
[7] **die sind ja . . .**   (particle of emphasis, exclamation, or surprise, depending on intonation) why, they are . . .
[8] **vollkommen**   completely; **ganz, völlig**
[9] **anordnen**   arrange, put in a particular order
[10] **gähnen**   gape; **sich weit/tief öffnen**
[11] **geradezu**   downright; **durchaus**
[12] der **Abgrund, ⁻e**   abyss; **große Tiefe**
[13] **unergründlich**   unfathomable
[14] **greifen* (nach)**   reach for, grab
[15] **tupfen**   dab (one's face), to touch and wipe lightly
[16] die **Stirn, -en**   forehead
[17] **kommt sich vor**   seems
[18] die **Haut, ⁻e**   skin
[19] **neuartig**   new kind of, new-fashioned
[20] **jmdm. einfallen***   occur to s.o.; **jmdm. in den Sinn kommen***
[21] **wer denn**   (**denn** indicates in questions a perplexity conveyed in English by a rising intonation pattern) who?
[22] **na, denn nicht**   OK, let's not (i.e., talk about Picasso)
[23] **seufzen**   sigh
[24] der **Übergang, ⁻e**   transition
[25] **wohl**   (expresses probability) I suppose
[26] **mal** (coll.) = **einmal**   once
[27] **na ja**   oh well!
[28] **gleich so: immer so, von Anfang an so**
[29] **geduldig**   patient
[30] **Donnerwetter!**   (exclamation of surprise) I'll be darned!
[31] **dabei**   yet, for all that
[32] **ausgesprochen**   pronounced; **besonders**
[33] **flüstern**   whisper
[34] **gerade**   precisely, particularly
[35] **sehen Sie nur**   just look
[36] **entsetzlich**   awfully, terribly
[37] **innig**   fervent, intense
[38] **glühen**   glow; **leuchten**
[39] **durchaus**   thoroughly, absolutely; **ganz und gar**
[40] **jmdm. entfahren***   slip out
[41] **gütig**   kindly
[42] **eben doch**   but you see
[43] **noch mal** (coll.) = **noch einmal**   once more, once again
[44] **ach was**   nonsense; ah, come on!
[45] die **Zumutung, -en**   unreasonable demand or expectation
[46] **dabei**   while so doing
[47] **erleichtert**   relieved
[48] **jedenfalls**   in any case; **auf jeden Fall**
[49] **riechen***   smell

# 3

1 der **Zaun, ⁻e**   fence
2 **plaudern**   chat
3 **gegenseitig**   mutual, each to the other
4 der **Witz, ⁻e**   joke
5 **schallen**   make a loud sound, ring; **laut tönen**
6 **stricken**   knit
7 **herrlich**   splendid, magnificent; **sehr schön, wunderbar**
8 **entlegen**   distant, removed; **abseits liegend, fern**
9 der **Winkel, -**   corner
10 **sich verdrücken**   sneak off, slink away
11 **verbotenerweise**   although forbidden
12 **ab und zu**   now and then; **dann und wann**
13 **verschlafen**   sleepy, drowsy; **nicht ausgeschlafen; schläfrig**
14 die **Entfernung, -en**   distance
15 **hocken**   squat
16 **im Begriff (sein)**   be about to do; **gerade tun wollen**
17 **summen**   hum, buzz
18 der **Schmetterling, -e**   butterfly
19 **rauschen**   make a rushing sound, rustle (**Wasser rauscht, Blätter rauschen**)
20 die **Verschnaufpause, -n**   breather, break
21 der **Alltagstrott**   daily routine, everyday humdrum
22 **einschlagen***   hit, strike
23 **schaffen***   create
24 **ewig**   eternal
25 der **Friede (-ns), -en**; der **Frieden (-s), -**   peace

# 4

1 der **Korb, ⁻e**   basket
2 **zurechtmachen**   prepare; **fertigmachen, vorbereiten**
3 **dringend**   urgent
4 die **Verabredung, -en**   appointment
5 **gar nicht**   not at all; **überhaupt nicht**
6 **knurren**   grumble
7 **sausen**   whiz, zoom
8 **rasen**   speed, race
9 die **Tafel, -n**   sign; **das Schild, -er**
10 der **Rand, ⁻er**   edge
11 der **Schatten, -**   shadow
12 **winken**   wave
13 **gerade**   exactly
14 **beglücken**   thrill, make happy
15 **ungelegen**   inopportune
16 **jmdm. einfallen***   occur to s.o., come to mind
17 die **Rohkost**   uncooked vegetarian food (fruits, vegetables, grains, nuts, etc.)
18 **abnehmen***   reduce, lose weight
19 **das Zeug**   stuff; **die Sachen**
20 **fort**   away; **weg**
21 die **Versuchung, -en**   temptation
22 **glänzen**   shine, glitter
23 **damit** *(conj.)*   so that, in order to
24 die **Kontaktgläser** *(uncommon)* = **Kontaktlinsen** *(pl.)*
25 die **Erfindung, -en**   invention
26 das **Gebiß, -(ss)e**   dentures
27 der **Winkel, -**   corner
28 die **Normaluhr, -en**   public clock *(found in squares and on street corners)*
29 **grollen**   grumble
30 **sich herumtreiben***   gad about; **ohne Ziel umhergehen*, bummeln**
31 **überhaupt nicht**   not at all; **gar nicht**
32 **keine einzige Begegnung?**   didn't meet anybody at all?
33 **ein kräftiger Schluck**   a big gulp *or* swallow
34 **i wo = ach was!**   oh, come on!
35 **beinahe**   almost, nearly; **fast**
36 die **Geschwindigkeit, -en**   speed, velocity

# 5

1 **von weitem**   from afar; **von weit weg**
2 **auf jmdn. zukommen***   come toward s.o.
3 **auffallen***   be noticeable, be conspicuous
4 **wie er ging, daran sah man**   they could tell by how he walked
5 die **Bank, ̈e**   bench
6 **der Reihe nach**   one after the other
7 **übrigbleiben***   be left, remain
8 **vor sich hin**   in front of oneself
9 **abtupfen**   wipe *or* dab off
10 der **Lack, -e**   enamel paint; die **Farbe**
11 das **Blech, -e**   tin
12 **feststehen***   be certain, be for sure
13 **auch wenn (*or* wenn auch)**   even if, even though
14 **vorsichtig**   careful
15 der **Rand, ̈er**   edge, border
16 **leise**   soft; low-voiced
17 **freudig**   joyous, happy; **froh**
18 **doch**   but, however
19 **aufgeregt**   excited
20 **fortfahren***   continue (to do s.th.)
21 **ja**   indeed; of course
22 **überhaupt nicht**   not at all; **gar nicht**
23 **denken Sie mal!**   just think!
24 **ausgerechnet**   precisely; of all times
25 der **Druck**   pressure
26 **schütteln**   shake
27 **überlegen** (*adj.*)   with a superior air
28 **sich irren**   err, be mistaken
29 der **Witz, -e**   joke
30 **gerade** (*adv.*)   just, at that very moment
31 **jmdm. zunicken**   nod to s.o.
32 **und dabei . . .**   and moreover
33 **gekachelt**   tiled
34 **jmdm. zusehen***   watch, look at s.o.
35 **dabei**   while doing so
36 **scheuern**   scrape, rub
37 **satt**   full, satiated
38 **selbstverständlich**   taken for granted, as it should be
39 **aufhören**   cease, stop (doing)
40 **doch**   after all; of course
41 der **Atemzug, ̈e**   breath of air
42 **verlegen**   embarrassed
43 **anlächeln**   smile at
44 **auch mit weg**   gone like the others (i.e., dead)
45 **sich vorstellen** (*dat.*)   imagine
46 **immerzu**   continually; **dauernd**

# 6

1 die **Grünanlage, -n:** der **Park, -s** *or* -e
2 **lutschen**   suck
3 **rutschen**   slip, slide
4 der **Stiel, -e**   stick
5 **heftig**   hard, with intensity
6 **erstaunt**   amazed; **mit Verwunderung**
7 **doch**   (*particle stressing that it is obvious*)
8 **eben**   just, just now
9 der **Trottel, -**   dimwit, nincompoop
10 **schließlich**   after all; **doch**
11 **trösten**   console
12 **halten* für**   regard as, consider to be
13 der **Habenichts, -e**   have-not; **einer, der nichts hat**
14 **zusammenfalten**   fold up
15 **sich aufregen**   get excited, become upset
16 **meinetwegen**   for all I care, as far as I'm concerned; **von mir aus**
17 **überhaupt**   (*here*) absolutely
18 **jmdn. festnageln**   pin s.o. down
19 **verachten**   despise
20 **bloß**   simply; **nur, einfach**
21 der **Duckmäuser, -**   coward, pussyfoot
22 **öfter**   frequently; more often
23 **hauen** (*past part.* **gehauen**)   thrash; **schlagen***
24 **hinterher**   after *or* behind s.o.; **jmdm. nach**
25 der **Ärmel, -**   sleeve
26 **festhalten***   keep a firm grip
27 **weich**   soft; weak; gentle
28 **jmdm. etwas abschlagen***   refuse s.o. s.th.
29 **darauf sie**   then she said
30 **sich seiner Haut wehren**   defend o.s. vigorously *or* tenaciously
31 **sich gefallen lassen*** (*dat.*)   put up with
32 **nötig haben**   need; **brauchen**
33 **spucken**   spit
34 **sich durchsetzen**   successfully assert o.s., get one's way
35 **Was willst du denn mal werden?**   Then just what do you want to become?
36 der **Neger, -**   Negro (*In Germany a* **Neger** *is an exotic, primitive, or unusual person.*)
37 **ungezogen**   rude, ill-bred, impudent; **frech**

# 7

1 die **Füllfeder, -n**  fountain pen
2 die **Wellenlinie, -n**  wavy line
3 der **Bogen -** or **-̈: ein Blatt Papier**
4 **falten**  fold
5 **sorgfältig**  carefully; **genau**
6 **innehalten***  pause, stop (doing s.th.)
7 **schrauben**  screw; twist
8 **betrachten**  observe
9 die **Papeterie, -n** *(French)*  stationery store; das
   **Schreibwarengeschäft, -e**
10 **erneut**  anew; **wieder**
11 **großzügig**  in large letters
12 **räumen**  clear away, clean up
13 **überfliegen***  skim, glance over
14 das **Inserat, -e**  advertisement, ad insert (in
   newspaper)
15 **irgend etwas**  something or other
16 **zerreißen***  tear up, tear to pieces *or* shreds
17 der **Zettel, -**  note; slip of paper
18 die **Vorstellung, -en**  showing
19 die **Probe, -n**  rehearsal
20 **zu all dem**  accompanying all this (there was)
21 **abdrehen**  turn off
22 die **Mitteilung, -en**  message; die **Nachricht, -en**
23 **erschrecken***  be frightened; be startled; **plötzlich
   Angst bekommen***
24 **dennoch**  nevertheless, yet; **trotzdem**
25 der **Kasten, -̈**  chest, case
26 der **„Löwen"** *(der Name eines Gasthauses)*
27 **verzweifeln**  despair; **alle Hoffnung aufgeben***
28 **sich mit etwas abfinden***  come to accept *or* resign
   o.s. to s.th.
29 **streichen***  *(here)* push hair out of one's face *or*
   eyes
30 die **Schläfe, -n**  temple
31 **aufknöpfen**  unbutton
32 **überlegen**  reflect on, ponder
33 die **Gebrauchsanweisung, -en**  direction *or*
   instruction for use
34 **vergleichen***  compare

# 8

1 **um**  for
2 **klopfen**  knock
3 die **Pritsche, -n**  plank bed
4 die **Mauer, -n**  stone *or* cement wall
5 der **Posten, -**  sentry
6 das **Guckloch, -̈er**  peephole
7 **gleichmäßig**  even; **im gleichen Tempo**
8 **erwidern**  reply; **antworten**
9 **unregelmäßig: ungleichmäßig**
10 **abwischen**  wipe off
11 die **Verzweiflung**  despair; **völlige
   Hoffnungslosigkeit**
12 **bezwingen***  overcome, subdue; **überwinden***
13 das **Zeichen, -**  sign, signal
14 die **Ratlosigkeit**  perplexity, helplessness
15 **einnehmen***  occupy, take up
16 **begreifen***  comprehend; **verstehen***
17 **unbedingt**  absolutely; **auf jeden Fall**
18 **sich mit jmdm. verständigen**  to make o.s.
   understood to s.o.; **mit jmdm. so sprechen,
   daß jeder den anderen versteht**
19 **jedoch**  however
20 **entscheidend**  decisive, deciding
21 **starr**  rigid; **steif**
22 das **(Ge)hirn, -e**  brain
23 der **Verstand**  reason, intelligence
24 **überwinden***  overcome; **besiegen**
25 **naß**  wet; **feucht**
26 **überwältigen**  overwhelm
27 **sich melden**  announce one's presence; report
28 **entsetzlich**  horrible; **schrecklich**
29 **frösteln**  shiver from the chill; **frieren***
30 das **Schicksal, -e**  destiny, fate
31 **vorliegen***  to be submitted (testimony, evidence)
32 das **Todesurteil, -e**  death sentence
33 **wahrnehmbar**  audible; **hörbar**
34 die **Rettung**  rescue, deliverance: die **Befreiung**
35 **bestehen***: **existieren, sein**
36 **unsichtbar**  invisible
37 **winzig**  tiny; **sehr klein**
38 das **Gericht, -e**  court of law
39 die **Ewigkeit**  eternity
40 die **Spitze, -n**  tip, point
41 **ständig**  constantly; **dauernd**
42 **zurückkehren: zurückkommen***
43 der **Flur, -e: der Korridor, -e**
44 **zu drei Mann**  in groups of three; **zu dritt**
45 **eilen**  hurry, hasten
46 **heimlich**  secretly; **ohne aufzufallen**
47 die **Klappe, -n**  flap, lid, hatch
48 **erstaunt**  amazed, astonished
49 **bleich**  pale; **ohne Farbe**
50 **fesseln**  fetter, chain, bind
51 **einschließen***  lock up

# 9

1 die **Bretterwand, ⁻e** board fence; der **Holzzaun, ⁻e**
2 **entfernen** remove, take away; **wegnehmen***
3 der **Blickkreis** field of vision
4 **hassen** hate
5 **beschleunigen** accelerate, speed up; **etwas schneller gehen lassen***
6 die **Hetze nach** chase for, pursuit of
7 der **Akkord, -e** wage *(based on work done rather than number of hours worked);* die **Akkordprämie, -n** bonus *(based on amount of work done)*
8 der **Wohlstand** prosperity; **hoher Lebensstandard**
9 **es zu etwas bringen*** succeed in attaining *or* gaining s.th.
10 **zucken** convulse, twitch
11 **erwähnen** mention; **von etwas sprechen***
12 **sich schonen** take it easy, look after o.s.
13 **verlogen** deceitful, not truthful
14 die **Rücksicht** consideration, regard
15 der **Greis, -e** old man
16 die **Hinterseite, -n** drawback; die **Kehrseite, -n**
17 der **Abschluß, ⁻(ss)e** *(here)* edge, border; das **Ende, -n**
18 **beizen** stain wood
19 **in Blust** *(dialect)* in blossom; **in Blüte**
20 die **Geduld** patience
21 **das kommt schon wieder** you'll get better all right
22 **es ist ein Elend** it's so miserable
23 **langweilig** boring
24 **damit** so that; **so daß, um . . . zu**
25 **erschrecken*** be startled; be frightened
26 **lösen** loosen; detach
27 die **Lücke, -n** gap
28 **sich beklagen** complain; **lamentieren, sich beschweren**
29 **ablenken** distract, divert one's attention
30 **zärtlich** tender; affectionate
31 der **Schlot, -e** smokestack; der **Fabrikschornstein, -e**
32 **jmdm. befehlen*** give orders to *or* command s.o.
33 **gesamt** entire; **ganz**
34 das **Fabrikareal, -e** factory area
35 **entspannen** relax
36 der **(Gesichts)zug, ⁻e** facial feature

# 10

1 **berühmt** famous; **vielen Menschen bekannt**
2 die **Kugel, -n** sphere
3 das **Haarwuchsmittel, -** hair-growing tonic
4 **höchste Zeit** high time, about time
5 **doch** *(common intensifier with imperatives)*
6 **irgendein-** some or other
7 **neuartig** new kind of, new-fashioned
8 **vorschlagen*** suggest
9 **unterbrechen*** interrupt; **jmdm. in die Rede fallen***
10 **jmdm. etwas abnehmen*** relieve s.o. of s.th.
11 **großartig** splendid, great; **wunderbar**
12 **höchstbestens** *(uncommon)* **sehr gut!**
13 **genial** very creative, ingenious
14 **damit** *(adv.)* with that, therewith
15 die **Werkstatt, ⁻en** workshop
16 **vorführen** demonstrate, show; **zeigen, wie etwas funktioniert**
17 der **Bogen, -** *or* ⁻: **ein Blatt Papier**
18 **einspannen** *(here)* insert a piece of typing paper
19 **neugierig** curious
20 **albern** silly; **dumm, lächerlich**
21 **hochmütig** haughty; **zu stolz**
22 **verärgert** angered; **voller Ärger, böse**
23 **feststellen** ascertain, determine
24 **nachdenken*** ponder; **überlegen**
25 der **Trottel, -** simpleton, nincompoop; der **Schwachkopf, ⁻e**
26 **frech** insolent, cheeky
27 **ordentlich** really; **sehr, wirklich**
28 **kauen** chew
29 **gemeinsam** jointly, together
30 **daraus folgt** from this it follows
31 **ausgesprochen** pronounced; **sehr, besonders**
32 **ausspucken** spit out
33 der **Spazierstock, ⁻e** walking cane
34 die **Brille, -n: die Augengläser**
35 der **Scheibenwischer, -** windshield wiper
36 die **Kiste, -n** box, crate
37 die **Gardine, -n** curtain, drape; der **Vorhang, ⁻e**
38 **wehen** blow; blow in the breeze
39 **auf Knopfdruck** when a button is pressed; **wenn man den Knopf drückt**
40 **zuknöpfen** button up
41 der **Pantoffel, -n** slipper
42 die **Heizung, -en** heating
43 **unverwüstlich** indestructible; **nicht kaputt zu machen**
44 das **Rauchzeichen, -** smoke signal
45 **sich stoßen* (an)** hit, bump (against)
46 der **Kragen, -** collar
47 **(sich) hochklappen** flip up
48 der **Wanderstiefel, -** hiking boot
49 die **Wanderdüne, -n** shifting sand dune

# 11

1 die **Glatze, -n**   bald head
2 **kriegen** (coll.)   get; **bekommen\*, erhalten\***
3 **dazu**   besides; **auch, außerdem**
4 der **Regenschirmstock, ⁼e**   umbrella cane
5 **allmählich**   gradually; **nach und nach**
6 **schimpfen**   express anger, curse; **fluchen**
7 **glatt**   slippery
8 **ausrutschen**   slip, lose one's traction or footing
9 der **Verkaufsladen, ⁼**   stand, booth
10 die **Müllabfuhr, -en**   garbage pickup
11 **alle** (coll.)   at an end; over
12 **bellen**   bark
13 **vor Wut**   with rage; **stark verärgert**
14 **zittern**   tremble, shake
15 **mit den Zähnen klappern**   one's teeth chatter
16 das **Maiglöckchen, -**   lily of the valley; die **Nelke, -n**   carnation; der **Löwenzahn**   dandelion(s); die **Margerite, -n**   daisy
17 **dabei**   yet; **dennoch**
18 **längst**   long since; **schon lange**
19 **so was** (coll.) = **so etwas**   such a thing
20 **doch!**   (contradicts negative statement) yes, there is!
21 das **Schaufenster, -**   display window
22 **bunt: vielfarbig**
23 **vielerlei Art**   (of) many different varieties
24 **sich bücken**   stoop, bend over
25 **langen (nach)**   reach (for); **greifen\* nach**
26 **nachwachsen\***   grow back (in)
27 **es kribbelte**   there was a tingling feeling
28 **streicheln**   caress, stroke softly; **liebkosen**
29 **sich wundern**   be amazed; **erstaunt sein**
30 **erwischen**   catch, get a hold of
31 **auf einmal**   all of a sudden; **plötzlich**
32 **tätig**   active, employed
33 **sich drängeln**   push, jostle; **sich vorschieben\***
34 **zeigen Sie doch**   come on, show
35 der **Personalausweis, -e**   personal identification
36 **verzweifelt**   in despair
37 **je mehr . . . um so mehr**   the more . . . the more
38 **verschwinden\***   disappear
39 **vor Verlegenheit**   with embarrassment
40 das **Futter, -**   lining
41 **zusammenschrumpfen**   shrivel up, shrink
42 **siehe da**   lo and behold!
43 **abgegriffen**   worn (out) from being handled
44 die **Gummihülle, -n**   rubber holder
45 **streichen\***   rub gently, stroke; **streicheln**
46 **kahl**   bald; **ohne Haare**
47 **na**   well, all right, what did I tell you
48 **wohl**   (expresses probability) I daresay, indeed
49 **wie?**   right?, do you?
50 **einstecken**   put away; **in die Tasche stecken**

# 12

1 der **Gymnasiast, -(en), -en: Schüler in einem Gymnasium** (The **Gymnasium** is a German secondary school that prepares students for the **Abitur,** the certificate needed to enter a university.)
2 der **Standplatz, ⁼e**   bus or taxi stand; die **Haltestelle, -n**
3 die **Nachricht, -en**   news; die **Meldung, -en**
4 **fahrplanmäßig**   according to schedule; **wie es im Fahrplan steht**
5 **abgegangen: abgefahren**
6 der **Graben, ⁼**   ditch
7 **stürzen**   plunge
8 **sämtliche: alle**
9 der **Insasse, -n**   occupant; der **Passagier, -e;** der **Fahrgast, ⁼e**
10 **verletzen**   injure
11 die **Ohnmacht, -en**   faint, unconsciousness
12 **immerzu**   continuously; **dauernd**
13 **nie und nimmer**   never at any time
14 **büßen (für)**   pay for, suffer for
15 der **Götze, -(n), -n**   idol, false deity
16 **überhaupt**   in general
17 **schütteln**   shake
18 **bedeutsam**   meaningful
19 **selig**   deceased; **verstorben**
20 **mütterlicherseits**   on the mother's side, maternal
21 **kürzlich**   recently; **vor kurzem, neulich**
22 **sündigen**   sin; **eine Sünde begehen\***
23 **bestrafen**   punish
24 das **Mädchen für alles:** die **Hausangestellte, -n**
25 der **Kohlenmann:** der Mann, der die Kohle bringt
26 **na: nun**
27 **jmdm. begegnen**   run across s.o., meet up with s.o.
28 **hernach**   after this; **danach**
29 die **Portiersleute**   building caretakers
30 der **Fall, ⁼e**   case; instance
31 **gnädige Frau** (very polite and antiquated form of address) madam
32 der **Fetzen, -**   rag; **schäbiges Kleidungsstück**
33 der **Konditor, -en**   confectioner, baker of fancy pastry
34 **sich** or **jmdm. Vorwürfe machen**   reproach oneself or s.o.
35 der **Tritt, -e**   kick
36 die **Wut**   rage, anger; **starker Ärger**
37 **vergnügt**   delighted; **sehr zufrieden**
38 **vorschwindeln**   make up stories, lie
39 **nebenan**   next door
40 die **Landpartie, -n**   country outing; der **Ausflug aufs Land**
41 **zufriedenstellen**   satisfy
42 der **Verlauf**   course
43 **hemmungslos**   unrestrained
44 die **Rührung**   emotion; **innere Bewegung**
45 die **Ohrfeige, -n**   slap in the face, box on the ear
46 **stumm**   mute; **schweigend**

# 13

1 der **Spitzbart, ⸚e**   pointed beard, goatee
2 **jmdm. zuwinken**   beckon, motion to s.o.
3 **sogleich: sofort**
4 **das heißt**   that is (to say)
5 **wütend**   furious
6 die **Stimmung, -en**   mood
7 die **Fliege, -n**   fly
8 **ärgern**   irritate, annoy
9 das **Geschirr**   dishes
10 **für gewöhnlich**   usually; **gewöhnlich**
11 **aufregend**   exciting; upsetting
12 **jmdm. begegnen**   encounter, meet up with s.o.
13 **keine Ahnung: keine Idee**
14 **komisch**   strange, odd
15 **anstellen**   *(here)* cause (mischief, something bad, etc.)
16 **sie fragte bloß so**   she simply asked
17 **sähe**   *(Subjunctive II is used interchangeably with subjunctive I for indirect discourse here and in subsequent sentences.)*
18 **glänzend**   splendid; **sehr schön**
19 **sei eben doch**   was of course just
20 **schlimm**   bad, serious; **böse, übel**
21 **bestätigen**   confirm
22 **bis dahin**   until then
23 *die* **Unterhaltung, -en**   conversation
24 **deswegen**   *(Anticipates and emphasizes the meaning of* weil *in the following clause.)*
25 **glatt**   smooth
26 **na**   well; all right; what did I tell you
27 **irgend**   some or other
28 **verwechseln**   mistake for s.o. *or* s.th. else
29 **sich (von etwas) nicht abbringen lassen***   not be dissuaded (from s.th.)
30 **zugeben***   admit
31 **verleugnen**   deny
32 **jedenfalls**   in any event
33 **infam**   shameless; **unverschämt**
34 **etwas abstreiten***   dispute, deny s.th.
35 **wissen wolle**   thought she knew
36 **auf jeden Fall: jedenfalls**
37 **albern**   silly, foolish
38 **zittern**   tremble, shake
39 das **Glied, -er**   limb
40 **sich vorsehen***   *(acc.)*   look out, be cautious
41 **reizen**   irritate, provoke; **ärgern**
42 das **Kassenbuch, ⸚er**   ledger
43 **rechnen**   do figures, calculate
44 **abwesend**   absent-minded(ly)
45 **schielen**   look out of the corner of one's eye
46 **jmdm. vertrauen**   trust s.o.
47 **sich räuspern**   clear one's throat
48 **ehrlich**   honest
49 **bestimmt**   for sure; **sicher**
50 **begreifen***   comprehend; **verstehen***
51 **merkwürdigerweise**   strange to say, remarkably
52 die **Macht, ⸚e**   power

# 14

1 **schaukeln**   rock, swing
2 die **Welle, -n**   wave
3 **pflügen**   plow
4 **bestehen* aus**   consist of
5 der **Bogen, -** *or* ⸚   arch
6 der **Pfeiler, -**   pillar
7 der **Pfahl, ⸚e**   post, piling
8 der **Reichtum**   abundance; richness
9 **sich sattsehen* an** *(dat.)*   get one's fill; **genug sehen* von**
10 **immerfort**   continually; **ununterbrochen**
11 der **Baedeker**   *(German guidebook)*
12 **streng**   stern, severe, strict
13 **jmdn. einen Dreck interessieren** *(coll.)*   not interest s.o. a damn
14 **strahlend**   radiant
15 das **Atelier, -s**   art studio
16 **aufhören**   cease; **etwas nicht mehr tun***
17 **überhaupt**   generally; **im großen und ganzen**
18 **eifersüchtig**   jealous
19 **sich mit jmdm. unterhalten***   converse with s.o.; **mit jmdm. ein Gespräch führen**
20 **schüren**   stoke, stir up
21 **sich** *or* **jmdn. ersäufen**   drown o.s. *or* s.o.
22 **augenblicklich: sofort, jetzt**
23 **beweisen***   prove, demonstrate
24 **seicht**   shallow; **untief**
25 **nicht einmal**   not even
26 **aufmerksam**   attentive; **wach; höflich**
27 **vereinbaren**   agree on; **abmachen**
28 **ablehnen**   decline; **nicht annehmen***
29 **zurückweisen*: ablehnen**
30 **dessen:**   his (i.e., the young man's)
31 **Osteria**   *(Italian)*   (die) **Gaststätte, -n**
32 **auf einmal**   all at once; **plötzlich**
33 **gewohnt**   customary, accustomed; **üblich**
34 der **Glockenturm, ⸚e**   bell tower
35 das **Deckengemälde, -**   ceiling fresco
36 **schmücken: dekorieren**
37 der **Einwurf, ⸚e**   interjection *(of remark)*
38 der **Scheinwerfer, -**   floodlight
39 **anstrahlen**   illuminate, shine light on
40 **betrachten**   observe; **anschauen**
41 **vermeiden***   avoid
42 **jmdm. entfallen***   *(here)* slip out
43 **schlagfertig**   quick with a repartee
44 **moglie**   *(Italian)*   (die) **Ehefrau, -en**
45 **gräßlich**   horrible; **schrecklich**
46 **jmdn. nichts angehen***   not concern s.o., not be s.o.'s business

# 15

1 der **Hafen, ⸗** harbor
2 der **Wellenkamm, ⸗e** whitecap
3 die **Mütze, -n** cap
4 **spröde** rough, rasping, brittle
5 **feindselig** hostile
6 das **Geräusch, -e** noise
7 **sich aufrichten** sit up, raise o.s.
8 die **Schachtel, -n** pack; little box
9 **eifrig** zealous
10 das **Feuerzeug, -e** cigarette lighter
11 **eilfertig** eager to serve, hasty
12 die **Höflichkeit, -en** politeness, courtesy
13 **nachweisbar** demonstrable
14 **flink** nimble, quick
15 **reizen** irritate, provoke
16 die **Verlegenheit, -en** embarrassment, awkward
   situation
17 **entstehen\*** arise
18 **mächtig** having command of (e.g., *languages*)
19 **günstig** favorable
20 **nicken** nod
21 **gewiß** for sure, certainly
22 **nagen** gnaw
23 die **Trauer** sadness
24 **verpassen** miss, fail to take (the opportunity)
25 die **Gelegenheit, -en** opportunity
26 **großartig** splendid
27 **sich recken** stretch one's limbs; **sich strecken**
28 **sprengen** cause to burst, explode
29 **drohen** threaten
30 **knapp** terse, succinct; **kurz**
31 der **Hummer, -** lobster
32 **auftauen** thaw; **wärmer, freundlicher werden\***
33 **dessen: sein** (i.e., the tourist's)
34 **besorgt** worried, anxious; **ängstlich**
35 **zwar** to be sure; **allerdings, freilich**
36 **unangebracht** out of place; **nicht passend**
37 **rührend** touching, stirring
38 die **Kümmernis, -se** worry, concern; grief
39 die **Seele, -n** soul, spirit
40 **Nachdruck verleihen\*** lend emphasis to
41 die **Angelegenheit, -en** affair, matter; die
   **Sache, -n**
42 **fortfahren\* (zu tun)** continue (doing)
43 die **Begeisterung: der Enthusiasmus**
44 **jmdm. die Stimme (Sprache) verschlagen\*** render
   s.o. speechless
45 die **Räucherei, -en** smoking plant
46 der **Hubschrauber, -: der Helikopter, -**
47 **ausmachen** find; **erkennen\*, finden\***
48 **per Funk** by radio contact
49 die **Anweisung, -en** instruction
50 die **Lachsrechte** (pl.) salmon-fishing rights
51 **erwerben\*** acquire; **erkaufen**
52 **betrübt** sad, gloomy; **traurig**
53 **verlustig** no longer in possession of
54 **friedlich** peaceful

55 die **Flut, -en** incoming tide
56 **munter** lively; cheerful; **gesund und lebendig**
57 die **Erregung** excitement, emotion
58 **sich verschlucken** swallow the wrong way
59 **stören** disturb
60 **tatsächlich** actually; **wirklich**
61 **solcherlei** in such a fashion; **auf solche Art und
   Weise**
62 **nachdenklich** pensive
63 **von dannen** (stilted): **von dort weg**
64 die **Spur, -en** trace
65 das **Mitleid** sympathy, pity
66 der **Neid** envy

# 16

1 der **Haifisch, -e**   shark
2 die **Wirtin, -nen**   hostess; die **Gastgeberin, -nen**
3 **gewaltig**   huge, mighty
4 der **Kasten, :**   case, chest
5 **allerhand**   all kinds of; **allerlei**
6 die **Nahrung**   food, nourishment; **Speise und Trank**
7 das **Tierzeug**   animals, animal life
8 **(dafür) sorgen**   see to it; take care (that)
9 **überhaupt**   generally; **im großen und ganzen**
10 **Maßnahmen treffen***   take measures
11 die **Flosse, -n**   fin
12 **verletzen**   injure, damage; **beschädigen, verwunden**
13 **sogleich: sofort**
14 der **Verband, :e**   bandage
15 **trübsinnig**   gloomy, sad; **traurig**
16 **ab und zu**   now and then; **dann und wann**
17 der **Rachen, -**   jaws (of beasts)
18 die **Ausbildung**   training; die **Schulung**
19 **sich aufopfern**   sacrifice o.s.
20 **vor allem**   above all; **vor allen Dingen**
21 die **Zukunft**   future
22 **jmdm. (etwas) beibringen***   teach s.o. s.th.; **jmdn. (etwas) lehren**
23 der **Gehorsam**   obedience
24 **niedrig**   base; low(ly), inferior
25 die **Neigung, -en**   inclination, proclivity
26 **sich vor etwas hüten** (dat.)   be on guard against s.th., watch out for s.th.
27 **melden**   report; **berichten, mitteilen**
28 **verraten***   reveal; betray
29 **fremd**   foreign
30 **erobern**   conquer; **besiegen**
31 **riesig**   gigantic; **sehr groß, gewaltig**
32 **bestehen*: existieren**
33 **verkünden**   proclaim; **bekanntgeben***
34 **stumm**   silent, mute
35 **daher**   for this or that reason; **deswegen, deshalb**
36 der **Orden, -**   decoration, medal
37 der **Seetang**   seaweed
38 **anheften**   pin on, affix
39 der **Held, (-en), -en**   hero
40 **verleihen***   confer, award
41 die **Kunst, :e**   art
42 **prächtig**   splendid; **sehr schön, herrlich**
43 der **Lustgarten, ::** **hübscher Garten zum Spazierengehen**
44 **es sich . . . tummeln läßt**   they can frolic
45 **darstellen**   depict, portray
46 **heldenmütig**   heroic
47 **begeistert: voller Enthusiasmus**
48 der **Klang, :e**   sound, ring; der **Ton, :e**
49 die **Kapelle, -n**   band; **Gruppe von Musikern**
50 der **Bauch, :e**   belly
51 **übrigens**   incidentally; **nebenbei bemerkt**
52 **aufhören**   cease, stop
53 das **Amt, :er**   office, official position
54 der **Brocken, -**   morsel; **kleines abgebrochenes Stück**

# 17

1 die **Anschaffung, -en**   purchase; der **Kauf, :e**
2 **gewöhnlichen Aussehens** (gen.)   of ordinary appearance
3 **vertraulich**   confidential, low (voice)
4 **am Platz(e)**   in order, called for
5 **sich nach etwas erkundigen**   inquire about s.th.; **nach etwas fragen**
6 **den Anschein erwecken**   create the impression
7 die **Katz(e) im Sack kaufen**   buy a pig in a poke; **etwas kaufen, ohne es vorher gesehen zu haben**
8 **bereitwillig**   willing
9 die **Auskunft, :e: die Information, -en**
10 die **Ansicht, -en**   view; das **Bild, -er**
11 **darstellen**   depict, portray
12 **sich über etwas einigen**   agree on s.th.
13 **unter Rücksichtnahme auf** (bureaucratic expression)   with due regard to, in due consideration of
14 die **Tatsache, -n**   fact; das **Faktum;** (pl.) **Fakta** or **Fakten**
15 **es handelt sich um**   it is a question or matter of
16 **aus etwas entnehmen***   deduce or infer from s.th.
17 die **Lieferung, -en**   delivery
18 **anrüchig**   shady, disreputable
19 **einer Sache zugrunde liegen*** (dat.)   be at the bottom of s.th., underlie s.th.
20 **nun einmal**   just
21 **zusammenbrechen***   collapse; **zusammenfallen***
22 **ohnehin**   anyway, as it is; **sowieso**
23 **angemessen**   appropriate; **passend**
24 das **Fahrzeug, -e**   vehicle; **eine Maschine zum Fahren**
25 der **Fesselballon, -s** or **-e**   tethered hot-air balloon
26 **unterbringen***   lodge, put up, store
27 **platzen**   burst, pop; **bersten***
28 das **Gerät, -e**   tool, apparatus; das **Werkzeug, -e,** der **Apparat, -e**
29 **bald darauf: kurz danach**
30 **jeglich-: jed-**
31 die **Äußerung, -en**   expression, utterance, remark; die **Aussage, -n**
32 **einer Sache abhold sein** (dat.)   be averse to s.th.; **stark gegen eine Sache sein**
33 **gelten lassen***   let pass, not dispute
34 **erstaunen**   astonish, amaze
35 **unausstehlich**   insufferable, intolerable; **unerträglich**
36 der **Duft, :e**   fragrance; **angenehmer Geruch**
37 **welken**   wilt, wither; **verblühen**
38 **fürs erste**   for the present
39 **steckte ich es auf** (coll.)   I gave it up
40 **einschenken**   pour (a beverage)
41 die **Seife, -n**   soap
42 die **Empfindung, -en**   feeling; das **Gefühl, -e**
43 das **Etikett, -e** or **-s**   label
44 die **Weltausstellung, -en**   world's fair

45 erhalten* receive; bekommen*
46 daher for this or that reason; deshalb, deswegen
47 beschließen* decide (to do); sich entschließen*
48 nippen sip
49 vor kurzem recently; kürzlich, vor kurzer Zeit
50 zaghaft timid, hesitant; zögernd
51 neulich: vor kurzem, kürzlich
52 ein freudiges Ereignis a joyful event (d.h., die
   Geburt eines Kindes)
53 der Zwilling, -e twin
54 übrigens incidentally
55 die Gelegenheit, -en opportunity, occasion
56 die Versuchung, -en temptation
57 widerstehen* (dat.) resist
58 zur Kenntnis nehmen* (bureaucratic or legal
   expression) take note of
59 offensichtlich obvious, apparent; offenbar
60 einsilbig taciturn, monosyllabic; wortkarg
61 sich verabschieden take leave, say goodbye
62 die Meldung, -en report; die Nachricht, -en
63 abhanden kommen* get lost, be mislaid
64 der Rangierbahnhof, ˙-e shunting yard
65 das Opfer, - victim
66 unlauter dishonest, shady; unehrlich
67 sich mit jmdm. in etwas einlassen* have dealings
   in s.th. with s.o., get involved with s.o.; mit
   jmdm. etwas zu tun haben
68 außerdem besides, moreover

# 18
1 merkwürdig remarkable
2 sich zutragen* take place; geschehen*
3 vom Anseh(e)n by sight
4 sich einstellen (here) come to mind
5 gar: sogar
6 der Bezirk, -e district
7 der Redakteur, -e editor
8 beliebt popular
9 freimütig frank, candid
10 die Art, -en way, manner
11 aufrichtig honest, sincere, upright
12 die Höflichkeit, -en courtesy, politeness
13 die Anteilnahme interest, concern
14 jmdm. nahestehen* be close to s.o.
15 vollends completely; völlig, vollkommen
16 fortdauern last, endure
17 ständig constant
18 einfangen* capture
19 eigenartig peculiar, strange
20 die Abteilung, -en department, division
21 erfahren* come to find out, discover, learn
22 beschließen* resolve (to do); sich entschließen*
23 die Angelegenheit, -en affair, matter
24 etwas nachgehen* (dat.) pursue (a matter), inqui
   into
25 das Spottgeld, -er trifling sum
26 erwerben* acquire, obtain
27 winzig tiny
28 das Fünkchen, - little spark
29 der Grund, ˙-e base, bottom
30 die Neugierde curiosity
31 nachforschen trace, investigate
32 was es auf sich habe what it was all about
33 ältlich oldish, appearing old
34 eher but rather
35 drall buxom, robust
36 die Roulade, -n (here) hair curl made by a roller
37 die Schnurrbarthärchen (pl.) the little mustache
   hairs
38 halber (with preceding gen.) because of; wegen
39 die Kittelschürze, -n smocklike apron
40 der Flur, -e hallway; der Gang, ˙-e
41 schmal narrow
42 spiegelblank mirror-clear
43 bohnern wax, polish
44 drohen threaten
45 der Sturz, ˙-e fall
46 abwenden* (also weak) prevent, avert
47 vermögen* (zu tun) be able (to do)
48 behend nimble, adroit
49 das Geländer, - railing, banister
50 die Querstraße, -n crossroad
51 aufschließen* unlock, open up
52 sich trauen dare, venture
53 sich auf verstehen* (acc.) be skilled at, know how
54 sich überzeugen see for o.s.

⁵⁵ der **Wartburg** *(car manufactured in East Gemany)*
⁵⁶ der **Zündschlüssel, -** ignition key
⁵⁷ **keinen Zweck haben** be of no use, be pointless; **keinen Sinn haben**
⁵⁸ **kulant** accommodating, obliging
⁵⁹ die **Erlaubnis** permission; *(here)* **Fahrerlaubnis** driver's license
⁶⁰ **sachte** cautiously, gently
⁶¹ **schweben** float (in the air), hover
⁶² die **Blüte, -n** blossom
⁶³ der **Herd, -e** stove
⁶⁴ der **Vertrag, ⁻e** contract
⁶⁵ der **Pferdefuß, ⁻e** *(here)* the catch, the drawback
⁶⁶ **allerlei** all kinds of
⁶⁷ die **Unbedachtsamkeit** lack of caution, carelessness
⁶⁸ **jmdm. Schwindel machen** make s.o. giddy, cause s.o. dizziness
⁶⁹ **eine andere** another (woman)
⁷⁰ **verschweigen\*** keep secret (by not talking about s.th.), not mention
⁷¹ **dahinterkommen\*** find out, discover
⁷² **teigig** doughy, puffy
⁷³ der **Ofensetzer, -** stove fitter
⁷⁴ **in Rente gehen\*** retire; **in Pension gehen\***
⁷⁵ **meins** mine (i.e., my share)
⁷⁶ das **Sparkassenbuch, ⁻er** savings book
⁷⁷ der **Erlös, -e** (net) proceeds
⁷⁸ **jmdm. eins auswischen** pull a nasty one on s.o., deal s.o. a sudden blow
⁷⁹ **verschenken** give away
⁸⁰ **es heißt** it says (the testament)
⁸¹ die **Strähne, -n** lock *or* strand of hair
⁸² **peinlich** embarrassing
⁸³ **schlaff** slack; flabby

# 19

¹ **wickeln** wrap
² die **Windel, -n** diaper
³ **flüchten: fliehen\*, sich retten**
⁴ **sodann** *(arch.)* **dann, danach**
⁵ **verjähren** *(here)* become past history
⁶ **zurückkehren** return; **zurückkommen\***
⁷ **gedeihen\*** thrive; **wachsen\*, sich gut entwickeln**
⁸ **im stillen** quietly, secretly, privately
⁹ **zunehmen\*** increase; **größer werden\***
¹⁰ das **Wohlgefallen** *(here)* pleasing demeanor
¹¹ **es litt ihn die Welt** people liked him
¹² **alles daransetzen** do everything possible
¹³ **ordentlich** decent, respectable
¹⁴ der **Verdruß** annoyance, aggravation
¹⁵ der **Schoß, ⁻e** lap
¹⁶ die **Verborgenheit** obscurity; concealment
¹⁷ **aufbrechen\*** set out, depart
¹⁸ **verkünden** proclaim
¹⁹ **Wunder wirken** work miracles
²⁰ **sorgen für** provide for
²¹ die **Unterhaltung, -en** entertainment
²² der **Schweinezüchter, -** pig breeder
²³ **jmdn. um etwas bringen\*** deprive s.o. of s.th.
²⁴ das **Eigentum, ⁻er** property, possession, belongings
²⁵ **regeln** regulate, control
²⁶ das **Versammlungsverbot, -e** ban on public gatherings
²⁷ der **Zulauf** following, crowd
²⁸ **indes(sen)** meanwhile; **inzwischen**
²⁹ **predigen** preach
³⁰ **taub** deaf
³¹ die **Anklage, -n** charge, indictment
³² die **Obrigkeit** ruling body, authorities
³³ **aufwiegeln** incite, instigate, stir up
³⁴ **jmdm. etwas vorspiegeln** delude *or* deceive s.o.
³⁵ **ersehnen** long for; **innig erwarten**
³⁶ der **Erlöser, -** redeemer
³⁷ **jmdm. etwas zuleide tun\*** do harm to s.o.
³⁸ **zu vermögen\*** be able to; **können**
³⁹ **niemandem ein Haar krümmen** not touch a hair on anyone's head
⁴⁰ **unbeschadet** *(gen.)* notwithstanding
⁴¹ das **Wesen, -** character; behavior
⁴² **im Grunde** basically; **eigentlich**
⁴³ **immerhin** still, yet
⁴⁴ **erachten für** deem, regard as; **halten\* für**
⁴⁵ der **Prozeß, -(ss)e** trial
⁴⁶ die **Verteidigung, -en** defense
⁴⁷ **zur Sache** to the point
⁴⁸ **im übrigen** in other respects, otherwise
⁴⁹ die **Zeit(en)wende** change from B.C. to A.D.
⁵⁰ **einwandfrei** faultless, unobjectionable
⁵¹ das **Verfahren, -** trial; procedure, process
⁵² das **Erdbeben, -** earthquake
⁵³ **verzeichnen** register, record
⁵⁴ **sich ereignen** happen, come to pass; **geschehen\***
⁵⁵ **gering** slight; **sehr wenig, sehr klein**
⁵⁶ der **Sachschaden, ⁻** property damage

# 20

1 **lag es daran** it was because
2 **gleichsam** as it were, as if
3 **vorschriftsmäßig** as prescribed
4 **sich zusammensetzen aus** be composed, consist of
5 der **Unsinn** nonsense
6 **bei Hofe** at court
7 **derb** coarse, uncouth; **grob**
8 **rülpsen** belch
9 **abgezirkelt** precise, exact
10 **überaus** extremely, excessively
11 die **Spitzendecke, -n** lace tablecloth
12 **schonen** protect, preserve
13 das **Gedeck, -e** table setting
14 **geschliffen** polished; elegantly formed
15 der **Kragen, -** collar
16 **würgen** choke
17 **drücken** *(here)* pinch, press
18 **(es) begab sich** *(arch.)* it happened
19 **umwehen** blow around, fan
20 **tauschen** trade, exchange
21 **um jmdn. bangen** be anxious about s.o.; **Angst haben um jmdn.**
22 **wahrhaftig** truly, indeed
23 **vorfallen*** occur, happen; **geschehen***
24 **gewitternd** tempestuous, stormy
25 die **Miene, -n** mien; facial expression; der **Gesichtsausdruck, -̈e**
26 der **Aufruhr, -e** tumult, uproar, riot
27 der **Spott** ridicule, scorn
28 **schnellen** *(here)* flip up, shoot up
29 **würdelos** undignified
30 der **Vorgang, -̈e** occurrence, incident
31 **anlangen** arrive, reach
32 **abräumen** clear off or away (the dishes)
33 das **Hauptgericht, -e** main course of a meal
34 **die Achseln zucken** shrug one's shoulders
35 **trotzig** defiant
36 **betäubt** stunned, bewildered
37 **streng** strict
38 das **Herkommen** custom, tradition
39 **einhalten*** observe, adhere to
40 **es ging darum** the whole point was, it was a matter of
41 **grob** uncouth, coarse; **derb**
42 **unflätig** dirty, lewd
43 die **Ausdrucksweise, -n** way of talking, manner of expression
44 **sich einer Sache befleißen*** *(usually)* **befleißigen** *(gen.)* take great pains with (doing) s.th.
45 **verhalten** reserved, restrained
46 die **Erregung** excitement, emotion, agitation
47 **ließ sich denken** they could imagine
48 **geheim** secret, secretive
49 **bisweilen** occasionally, now and then; **ab und zu**
50 **überraschend** surprising, startling
51 **schwanken** totter, sway

52 das **Treiben** actions, goings-on
53 **verlegen** embarrassed
54 **betreten** disconcerted, surprised
55 das **Einverständnis** agreement, understanding, consent
56 **begehen*** commit (an error, sin, etc.)
57 **fluten** cascade, flow
58 **zustande kommen*** come about; **entstehen***
59 **emporheben*** lift, raise; **hochheben***
60 **zerschellen** shatter
61 die **Heiterkeit** merriment
62 der **Schenkel, -** thigh
63 **johlen** howl
64 **übermütig** high-spirited
65 **anstellen** *(here)* do naughty or silly things
66 (das) **Haschen** game of tag
67 die **Fensterscheibe, -n** windowpane
68 **einen Purzelbaum schlagen*** do a somersault
69 **närrisch** foolish, silly, eccentric
70 **erschallen*** *(also weak)* resound, ring
71 der **Schausteller, -** performer
72 **ankündigen** advertise; announce
73 der **Gaukler, -** juggler, illusionist, magician
74 der **Zufall, -̈e** coincidence, accident
75 **samt allem** together with everything
76 die **Habe** *(usually with poss. pron.)* belongings
77 **sich beraten*** consult one another
78 **aushandeln** negotiate, bargain for
79 **schüchtern** shy, timid
80 **kräftig** vigorous
81 **nachdrücklich** emphatic
82 das **Anerbieten, -** proposal
83 **allgemach** *(arch.)* gradually; **allmählich**
84 **Vertrauen fassen** (begin to) trust
85 **im Nu** in no time at all, in the twinkling of an eye
86 das **Dasein** being, existence
87 **verwegen** bold, daring
88 der **Aufputz** finery, flashy dress
89 **unbedingt** absolutely, without fail
90 **jmdm. an etwas mangeln** *(dat.)* lack or be missing s.th.
91 **betteln** beg
92 **winken** wave
93 **leidlich** passable, tolerable
94 die **Ziehharmonika** accordion
95 **zupfen** pluck
96 **besessen** possessed
97 **mit etwas umzugehen wissen*** know how to use or handle s.th.

# 1

1 der **Studienrat, -̈e** tenured secondary-school teacher
2 **einschläfern** lull to sleep; **schläfrig machen**
3 das **Gebet, -e** prayer
4 die **Gefühlsaufwallung, -en** burst or (up)surge of emotion
5 **vor allem** above all
6 **anwenden** use; **benutzen, gebrauchen**
7 **polieren** polish
8 das **Oktavheftchen, -** small school notebook
9 **eintragen*** make entries; **einschreiben***
10 **zupfen** pull, pluck
11 **Gesichter schneiden*** make faces
12 die **Schauspielerin, -nen** actress
13 **überholen** pass, overtake
14 **Brigitte Horney** (a well-known actress of the time)
15 **reizen** provoke, irritate; **ärgern**
16 **necken** tease
17 **die Backen aufblasen*** puff up one's cheeks
18 **surren** whiz, buzz
19 der **Tiefflieger, -** low-flying plane
20 der **Lastwagen, -** truck
21 **schüttern** rattle
22 das **Gedröhn** roar, thundering sounds
23 **sich drängen** throng, crowd
24 der **Panzer, -** armored tank
25 das **Trottoir, -e** or **-s** (arch.) sidewalk; der **Bürgersteig, -e**
26 **abgerissen** in tatters; **in kaputten Kleidern**
27 **aufwühlen** stir up; **in Panik versetzen**
28 der **Anhänger, -** adherent, follower
29 **bewaffnen** arm; **Leuten Waffen geben***
30 **verteilen** distribute
31 das **Gewehr, -e** gun; die **Handfeuerwaffe, -n**
32 die **Panzerfaust, -̈e** bazooka
33 die **Sperre, -n** barrier, barricade
34 **errichten** erect; **aufstellen**
35 **ausheben*** dig out
36 **begeistert: voller Enthusiasmus**
37 **ehemalig** former; **früher**
38 der **Hügel, -** hill
39 die **Tafel, -n** bar (of candy)
40 **sich täuschen** be mistaken; **sich irren**
41 das **Flittchen, -** flirt; **leichtlebiges Mädchen**
42 **eher** but rather; **vielmehr**
43 **husten** cough
44 die **Lerche, -n** lark
45 die **Furche, -n** furrow
46 **empfangen*** receive
47 **so'n Wahnsinn** such insanity
48 **unheimlich** uncanny, weird
49 **stolpern** stumble
50 **schütteln** shake
51 **zornig** angry, furious; **voller Wut**
52 **durchwühlen** plow up, churn up
53 **gellen** shriek
54 **sich aufrichten** raise o.s. (up); **aufstehen***

55 der **Strahl, -en** stream, jet
56 die **Röhre, -n** tube, pipe
57 der **Kelch, -e** chalice, goblet
58 **sich wölben** arch, vault
59 **klaffen** gape; **weit offen sein**
60 **lähmen** paralyze
61 **stoßen*** (here) spurt out
62 **zusammenbrechen*** collapse; **zusammenfallen***
63 **in die Hocke sacken** sag into a crouch
64 der **Schatten, -** shadow
65 **zielen** aim; **die Waffe auf ein Ziel richten**
66 **der: er**

# 22

1 der **Regisseur -e**   stage, film, radio, *or* television director
2 **angestrengt**   strained, intense
3 **erlangen**   achieve, attain; **erreichen**
4 die **Sendung, -en:**   das **Radio- oder Fernsehprogramm**
5 **leidenschaftlich**   passionate, avid
6 **bedrucken**   print on s.th.
7 **verwirrt**   confused, bewildered
8 **unsinnig**   nonsensical; **dumm**
9 **vortragen***   recite; **hersagen, vorsprechen***
10 **Karlsbad**   *(famous spa in Czechoslovakia)*
11 **barsch**   brusque, gruff; **grob, unfreundlich**
12 **außer Fassung geraten***   lose one's composure
13 **stöhnen**   moan, groan
14 **ungebildet**   uneducated; **ohne Bildung**
15 **verspüren**   perceive, sense, feel
16 die **Hitze**   heat
17 **überwältigen**   overwhelm, overcome
18 **widmen**   devote, dedicate
19 **erledigen**   take care of a task, finish; **fertigmachen**
20 **jmdm. zuflüstern**   whisper to s.o.
21 **mustern**   scrutinize; **prüfend betrachten**
22 der **Mut**   courage
23 **gestehen***   confess, admit; **zugeben***
24 **jmdm. egal sein**   be all the same to s.o.; **jmdm. nicht wichtig sein, jmdm. gleich sein**
25 die **Jungs** *(pl., coll.)*   guys, fellows, gang
26 die **Schallplatte, -n**   phonograph record
27 **nicht einmal**   not even
28 die **Leitung, -en**   line
29 der **Hörer, -**   (telephone) receiver
30 **ahnen**   have an inkling, have a premonition
31 die **Lawine, -n**   avalanche
32 **zu spüren bekommen***   begin to feel
33 **verursachen**   cause; der **Grund für etwas sein**
34 die **Abteilung, -en**   department, section
35 **einer Person gedenken*** *(dat.)*   commemorate, honor s.o.
36 **sich beherrschen**   control o.s.
37 **drohen**   threaten
38 die **Zahnprothese, -n**   denture; **künstliches Gebiß**
39 **anfertigen**   make, manufacture; **herstellen**
40 **zischeln**   hiss, whisper
41 **verworren**   muddled
42 **schwirren**   whirr, buzz, fly around
43 **besorgt**   worried about, intent upon
44 der **Rückzug, ⁼e**   retreat
45 **unauffällig**   inconspicuous; **nicht sehr bemerkbar**
46 **aufleuchten**   light up
47 **anbringen*: installieren**
48 **jmdm. mitteilen**   inform s.o.; **jmdn. wissen lassen***
49 **fliegen**   *(here)* lose one's job; **entlassen werden***
50 **dröhnen**   roar, boom; **laut ertönen**
51 die **Berichterstattung, -en**   report, reportage
52 **beschäftigt**   busy
53 **gefälligst**   if you please
54 **erleben**   experience
55 **sich davonschleichen***   sneak away
56 **vollkommen**   ganz, völlig
57 **auf etwas angewiesen** *(acc.)*   dependent upon s.th.
58 das **Vertrauen**   trust, confidence
59 **zufällig**   by chance, perchance
60 **naja (nun ja)**   oh well
61 **du verstehst schon**   you know what I mean
62 **etwas widerstehen*** *(dat.)*   resist s.th.
63 **beisetzen**   inter, bury; **einen toten Menschen begraben***
64 **sich überschlagen***   crack, break (of a voice)
65 das **Ziel, -e**   destination, goal
66 **mich trifft der Schlag** *(exclamation of surprise)*   well, strike me dead
67 **anknurren**   growl at
68 **funkeln**   sparkle
69 **erschlaffen**   go limp, slacken; **schlaff werden***
70 **beben**   tremble; **zittern**
71 **ausführlich**   in detail; **sehr genau, eingehend**
72 **zugänglich**   accessible
73 **erzeugen: produzieren**
74 **stattfinden***   take place; **sich ereignen**
75 **würdigen**   laud, honor

1 das **Gewühl, -e** throng, crowd; **eine sich drängende Menge**
2 der **Puff, ⁼e** bump, push
3 die **Rempelei(en)** jostling, pushing and shoving
4 **sich beschweren** complain; **sich beklagen**
5 **zwingen*** compel, force
6 **stören** disturb, bother
7 **forschen** search; **suchen**
8 die **Sperre, -n** gate, barrier
9 die **Taube, -n** pigeon
10 das **Versandhaus, ⁼er** mail-order house
11 **durchgedreht** on the verge of a nervous breakdown
12 die **Bombenstellung, -en** super position
13 **(die Worte) dehnen** drawl, stretch out (words)
14 **umsatteln** change jobs or careers
15 der **Einkaufsleiter, -** purchasing manager
16 die **Werft, -en** shipyard
17 **mit einem Blick streifen** glance at
18 der **Streit, -e** quarrel
19 der **Schlosser, -** mechanic
20 die **Brücke, -n** *(here)* reconciliation
21 **wagen** dare
22 **bestimmt** surely; **sicher**
23 der **Termin, -e** appointment; deadline
24 **vornehm** high-class, elegant
25 **anschließend** immediately thereafter; **danach**
26 **schaffen** do, accomplish
27 die **Krähenfüßchen** *(pl.)* crow's feet
28 **nicht einmal** not even
29 die **Schale, -n** bowl-shaped glass, bowl
30 **einfangen*** capture, captivate, catch
31 **ansteckend** contagious
32 **steil** steep, vertical
33 die **Falte, -n** fold, wrinkle
34 **sowieso** anyway
35 **mustern** scrutinize; **prüfend betrachten**
36 **faulenzen** loaf; **faul sein, nichts tun***
37 **anrucken** start moving with a jerk
38 die **Unterwäsche** underwear
39 **jmdm. imponieren** impress; **jmdn. beeindrucken**
40 die **Großbaustelle, -n** heavy-construction site
41 der **Bauführer, -** construction supervisor
42 **also dann** OK then; **na gut**
43 der **Polier, -** construction foreman; der **Vorarbeiter, -**
44 die **Bude, -n** stall or small room (with sleeping quarters)
45 der **Blödsinn** nonsense, stupidity; **der Unsinn, die Dummheit**
46 **verletzen** offend; injure, damage

1 die **Gasse, -n** lane, (narrow) street, alley
2 **unbegabt: ohne Talent**
3 **feige** cowardly
4 der **Trieb, -e** drive, urge
5 die **Bestrebung, -en** endeavor
6 die **Strafe, -n** punishment
7 der **Zug, ⁼e** trait
8 das **Exemplar, -e** copy
9 das **Schicksal, -e** destiny, fate
10 **mißbilligen** disapprove
11 die **Wissenschaft, -en** science
12 die **Krebsforschung** cancer research
13 **annehmen*** assume
14 **zulassen*** permit, allow
15 das **Bestreben** striving
16 **sich auszeichnen** distinguish o.s.
17 **stets** constantly, continuously; **immer, jederzeit**
18 **im Einklang** in harmony
19 die **Afferei, -en** tomfoolery
20 **viel auf etwas halten*** regard s.th. highly
21 der **Vorgesetzte (-en), -en** superior
22 die **Schilderung, -en** description, portrayal: die **Beschreibung, -en**
23 **reizend** charming
24 **berechtigt** justified
25 **zuwider** *(dat.)* contrary to
26 **Anschluß finden*** make some acquaintances, find contact
27 **einem Verein beitreten*** join a club
28 das **Unglück** misfortune
29 **darauf angewiesen sein** be nothing left for one to do but
30 **sich um etwas kümmern** concern o.s. with s.th.
31 **gewissenhaft** conscientious
32 **unentgeltlich** gratis; **kostenlos**
33 **ermäßigen** lower, reduce (prices)
34 der **Tuchknopf, ⁼e** cloth button
35 **kantig** edged
36 die **Haltung, -en** posture, bearing
37 der **Saal, (pl.) Säle** hall, large room
38 **fromm** pious, well-behaved
39 **preisen*** praise; **loben**
40 **verdienstvoll** meritorious
41 die **Zuverlässigkeit** reliability
42 **erweisen*** prove
43 **schließen*** *(here)* deduce
44 der **Kram** junk, trash
45 **grünspanig** covered with copper acetate
46 **beherrschen** have command of, be master of
47 **bezeichnen** label, mark
48 **abschaffen** abolish; **be**
49 die **Scheibe, -n** pane
50 **vorzüglich** excellent
51 **kontrollieren** check
52 **aufatmen** breathe
53 **würdigen** deem
54 das **Erzeugnis, -s**

55 der **Holzschnitzer, -**   woodcarver
56 **tüchtig**   able, capable
57 der **Kerl, -e**   fellow
58 die **Standuhr, -en**   grandfather clock
59 **elfenbeinern**   ivory
60 **billigen**   approve of, countenance
61 **gähnen**   yawn
62 das **Erbstück, -e**   heirloom
63 **fesseln**   hold, capture (curiosity)
64 der **Gegenstand, ⁼e**   object
65 der **Aberglaube (-ns)**   superstition
66 das **Zauberbuch, ⁼er**   book of magic
67 der **Hexenstaat**   witchcraft trappings
68 die **Esse, -n**   forge
69 der **Mörser, -**   mortar
70 **bauchig**   bulgy, bellied
71 **dürr**   withered
72 die **Schweinsblase, -n**   pig's bladder
73 der **Blas(e)balg, ⁼e**   bellows
74 das **Seil, -e**   rope
75 **unbedenklich**   unhesitating
76 **betasten**   finger, feel
77 das **Zeug**   stuff
78 **sich mit etwas befassen**   concern o.s. with, deal
   with
79 **hingegen**   on the other hand
80 der **Goldmachertiegel, -**   smelting pot for making
   gold
81 das **Gewicht, -e**   weight
82 **genieren** *(French)*   embarrass
83 **darum**   for that reason; **deswegen, deshalb**
84 **harzartig**   resinous
85 **hochmütig**   haughty, arrogant
86 **je nachdem (wie)**   depending on (how)
87 **aus Versehen**   inadvertently, by mistake
88 **kratzen**   scratch
89 **hinabspülen**   wash down
90 der **Käfig, -e**   cage
91 **Stand fassen**   stop, take up a stand
92 **jmdn. anblinzeln**   wink at s.o.
93 **gutmütig**   good-natured
94 **jmdm. zunicken**   nod to s.o.
95 **angewidert**   disgusted, nauseated
96 die **Meerkatze, -n**   long-tailed monkey
97 **ausgelassen**   boisterous
98 **jmdn. nachahmen**   imitate s.o.
99 der **Hungerleider, -**   needy wretch
100 die **Zähne blecken**   bare one's teeth
101 **ertragen***   bear, stand
102 **bestürzt**   dismayed, aghast
103 **lenken**   steer, direct
104 der **Hirsch, -e**   stag
105 das **Reh, -e**   deer
106 das **Gitter, -**   bars (of a cage)
107 die **Ergebung:**   die **Resignation**
108 **überlegen**   superior
109 **samt** *(dat.)*   together with
110 das **Geschmeiß**   vermin

111 **lächerlich**   ridiculous
112 **widerlich**   loathsome, repulsive
113 das **Vieh**   beast, dumb animal
114 der **Steinbock, ⁼e**   Alpine ibex
115 die **Gemse, -n**   chamois, Alpine goat
116 **würdelos**   undignified
117 **geckenhaft**   dandyish, foolish
118 die **Verkleidung, -en**   disguise
119 **sachlich**   factual; **objektiv**
120 **gemessen**   precise, in measured words
121 **sich äußern**   express o.s.
122 **erstarrt**   paralyzed, stiff, rigid
123 die **Schwermut**   melancholy
124 der **Ast, ⁼e**   branch
125 der **Häher, -**   jay
126 der **Anstand**   decorum, proper demeanor
127 das **Achselzucken**   shrug of the shoulders
128 **benommen**   benumbed, confused
129 die **Not, ⁼e**   need, want
130 **lauschen**   listen for, eavesdrop
131 **tröstlich**   consoling
132 die **Gebärde, -n**   gesture; bearing, appearance
133 **enttäuschen**   disappoint
134 **entartet**   degenerate, debased
135 **sich verstellen**   dissemble, pretend, sham
136 **unbändig**   tremendous, mighty
137 der **Stiefel, -**   boot, shoe
138 **schluchzen**   sob
139 das **Aufsehen**   commotion, sensation

96

# Strong and Irregular Verbs
## *including prefix verbs*

Following is a list of the strong and irregular verbs most frequently used in German. Most of them, including all those with prefixes or complementary adverbs, occur in this reader. The word **ist** precedes past participles of the main verbs that take the auxiliary **sein.** Auxiliaries are indicated for the prefix verbs only where the auxiliary is not the same as the one used with the main verb. For example, **gehen** takes **sein** as its auxiliary, as do all the prefix verbs with **gehen** except for **begehen,** which is thus followed by **hat.** Participles of verbs that take either **haben** or **sein,** depending on whether they are used transitively or intransitively, are preceded by **ist, hat.** However, if one of the subsequent prefix verbs takes only **haben** or **sein,** then this is indicated by either **(ist)** or **(hat).** For example, **fahren** can take either **haben** or **sein,** but **entfahren** always requires the auxiliary **sein,** which is indicated by **(ist).** Since **abfahren** is not followed by any auxiliaries, it can be used with **haben** or **sein,** just like **fahren.**

| Infinitive | 3rd sing. pres. | Past | Past participle |
|---|---|---|---|
| **befehlen**  *to command, order* | **befiehlt** | **befahl** | **befohlen** |
| **beginnen**  *to begin* | | **begann** | **begonnen** |
| **beißen**  *to bite* | | **biß** | **gebissen** |
| **durch-beißen**  *to bite through* | | | |
| **biegen**  *to bend* | | **bog** | **ist, hat gebogen** |
| **bieten**  *to offer* | | **bot** | **geboten** |
| **verbieten**  *to forbid* | | | |
| **binden**  *to bind* | | **band** | **gebunden** |
| **auf-binden**  *to tie up* | | | |
| **verbinden**  *to join, connect* | | | |
| **bitten (um)**  *to request* | | **bat** | **gebeten** |
| **blasen**  *to blow* | **bläst** | **blies** | **geblasen** |
| **auf-blasen**  *to puff up* | | | |
| **bleiben**  *to remain* | | **blieb** | **ist ge'** |
| **hängen-bleiben**  *to get stuck* | | | |
| **stehen-bleiben**  *to stop; remain standing* | | | |
| **übrig-bleiben**  *to be left over* | | | |
| **weg-bleiben**  *to stay away* | | | |

| | | | |
|---|---|---|---|
| **zurück-bleiben**   *to stay back* | | | |
| **zusammen-bleiben**   *to remain together* | | | |
| **brechen**   *to break* | **bricht** | **brach** | **ist, hat gebrochen** |
| **ab-brechen**   *to break off* | | | |
| **auf-brechen**   *to break open; set out, depart* | | | |
| **(her)aus-brechen**   *to break out* | | | |
| **unterbrechen (hat)**   *to interrupt* | | | |
| **zerbrechen**   *to break to pieces* | | | |
| **zusammen-brechen (ist)**   *to collapse* | | | |
| **brennen**   *to burn* | | **brannte** | **gebrannt** |
| **an-brennen**   *to scorch* | | | |
| **an-brennen (ist)**   *to catch fire* | | | |
| **bringen**   *to bring* | | **brachte** | **gebracht** |
| **ab-bringen**   *to dissuade; divert* | | | |
| **an-bringen**   *to attach, affix* | | | |
| **bei-bringen (jmdm.)**   *to teach, impart (to s.o.)* | | | |
| **mit-bringen**   *to bring along* | | | |
| **unter-bringen**   *to lodge, house* | | | |
| **verbringen**   *to spend (time)* | | | |
| **vor-bringen**   *to bring forth, utter* | | | |
| **denken**   *to think* | | **dachte** | **gedacht** |
| **aus-denken**   *to think up* | | | |
| **gedenken** *(gen.)*   *to remember, be mindful of* | | | |
| **nach-denken (über)**   *to think about, ponder* | | | |
| **dringen**   *to press, force* | | **drang** | **ist, hat gedrungen** |
| **dürfen**   *to be permitted* | **darf** | **durfte** | **gedurft** |
| **erlöschen**   *to go out (light)* | **erlischt** | **erlosch** | **ist erloschen** |
| **erschallen**   *to sound, ring* | | **erscholl/ erschallte** | **ist erschollen/ erschallt** |
| **erschrecken**   *to be frightened* | **erschrickt** | **erschrak** | **ist erschrocken** |
| **essen**   *to eat* | **ißt** | **aß** | **gegessen** |
| **fahren**   *to go, ride; drive* | **fährt** | **fuhr** | **ist, hat gefahren** |
| **ab-fahren**   *to depart; wear out from driving* | | | |

**aus-fahren**   *to drive out*
**entfahren (ist)**   *to slip out, escape*
**erfahren (hat)**   *to learn, find out; experience*
**fort-fahren**   *to drive away; continue*
**los-fahren (ist)**   *to drive off, set out*
**nieder-fahren (ist)**   *to come down, descend*
**überfahren (hat)**   *to run over*
**zu-fahren (auf jmdn.)**   *to drive toward*

| | | | |
|---|---|---|---|
| **fallen**   *to fall* | **fällt** | **fiel** | **ist gefallen** |

**auf-fallen**   *to be conspicuous*
**ein-fallen**   *to come to mind*
**entfallen**   *to escape, slip out*
**gefallen (hat)**   *to be pleasing*
**(her)aus-fallen**   *to fall out*
**mißfallen (hat)**   *to displease*
**überfallen (hat)**   *to raid; attack without warning, take by surprise*
**um-fallen**   *to fall over*
**zu-fallen (jmdm.)**   *to fall to one's lot*

| | | | |
|---|---|---|---|
| **fangen**   *to catch* | **fängt** | **fing** | **gefangen** |

**an-fangen**   *to begin*
**ein-fangen**   *to capture, close in*
**empfangen**   *to receive, welcome*

| | | | |
|---|---|---|---|
| **fechten**   *to fight; fence* | **ficht** | **focht** | **gefochten** |
| **finden**   *to find* | | **fand** | **gefunden** |

**ab-finden (sich mit)**   *to come to accept*
**befinden (sich)**   *to be*
**empfinden**   *to feel, sense*
**erfinden**   *to invent*
**statt-finden**   *to take place*
**vor-finden**   *to find present*

| | | | |
|---|---|---|---|
| **fliegen**   *to fly; be fired* | | **flog** | **ist, hat geflogen** |

**rund-fliegen (ist)**   *to fly around*
**überfliegen (hat)**   *to skim, go over quickly*
**verfliegen (ist)**   *to fly away, vanish*

| | | | |
|---|---|---|---|
| **fliehen**   *to flee* | | **floh** | **ist geflohen** |
| **entfliehen**   *to escape* | | | |
| **fließen**   *to flow* | | **floß** | **ist geflossen** |
| **frieren**   *to freeze* | | **fror** | **gefroren** |
| **gefrieren (ist)**   *to congeal, freeze* | | | |
| **gebären**   *to give birth* | **gebärt/gebiert** | **gebar** | **geboren** |
| **geben**   *to give* | **gibt** | **gab** | **gegeben** |
| **ab-geben**   *to hand in, hand over* | | | |
| **an-geben**   *to state* | | | |
| **auf-geben**   *to give up* | | | |
| **aus-geben**   *to spend (money)* | | | |
| **durch-geben**   *to pass on, wire* | | | |
| **zu-geben**   *to admit, concede* | | | |
| **gedeihen**   *to thrive* | | **gedieh** | **ist gediehen** |
| **gehen**   *to go* | | **ging** | **ist gegangen** |
| **an-gehen (jmdn.)**   *to approach s.o.* | | | |
| **begehen (hat)**   *to commit* | | | |
| **(her)um-gehen**   *to go around* | | | |
| **(her)vor-gehen**   *to go forth* | | | |
| **(hin)ein-gehen**   *to go in, enter* | | | |
| **fort-gehen**   *to go away; keep going* | | | |
| **los-gehen**   *to start* | | | |
| **nach-gehen** (dat.)   *to pursue (a matter)* | | | |
| **um-gehen (mit etwas)**   *to use or handle s.th.* | | | |
| **vergehen**   *to pass, disappear* | | | |
| **vorbei-gehen**   *to go past* | | | |
| **gelingen**   *to succeed* | | **gelang** | **ist gelungen** |
| **gelten**   *to be valid, hold* | **gilt** | **galt** | **gegolten** |
| **genesen**   *to recover (from illness)* | | **genas** | **ist genesen** |
| **genießen**   *to enjoy* | | **genoß** | **genossen** |
| **geschehen**   *to happen* | **geschieht** | **geschah** | **ist geschehen** |
| **gewinnen**   *to win* | | **gewann** | **gewonnen** |
| **gießen**   *to pour* | | **goß** | **gegossen** |
| **vergießen**   *to shed* | | | |
| **gleichen**   *to resemble* | | **glich** | **geglichen** |
| **vergleichen**   *to compare* | | | |
| **gleiten**   *to glide, slide* | | **glitt** | **ist geglitten** |
| **graben**   *to dig* | **gräbt** | **grub** | **gegraben** |
| **greifen**   *to seize, grab* | | **griff** | **gegriffen** |
| **begreifen**   *to comprehend, grasp* | | | |
| **ergreifen**   *to seize, grip* | | | |

| | | | |
|---|---|---|---|
| **haben**  *to have* | **du hast, er hat** | **hatte** | **gehabt** |
| **halten**  *to hold* | **hält** | **hielt** | **gehalten** |
| **ab-halten**  *to hold off; hold a meeting, session, etc.* | | | |
| **an-halten**  *to stop; continue* | | | |
| **auf-halten**  *to hold up, delay, stop* | | | |
| **ein-halten**  *to follow, observe (regulations)* | | | |
| **enthalten**  *to contain* | | | |
| **erhalten**  *to receive; preserve* | | | |
| **fern-halten**  *to keep at a distance* | | | |
| **fest-halten**  *to hold tight* | | | |
| **halten für**  *to regard as* | | | |
| **inne-halten**  *to pause, stop doing* | | | |
| **unterhalten**  *to amuse; support* | | | |
| **unterhalten (sich)**  *to converse* | | | |
| **verhalten (sich)**  *to behave, act* | | | |
| **hängen**  *to hang* | | **hing/hängte** | **gehangen/ gehängt** |
| **(her)unter-hängen**  *to hang down* | | | |
| **hauen**  *to thrash, strike, chop* | | **hieb/haute** | **gehauen** |
| **heben**  *to lift, raise* | | **hob** | **gehoben** |
| **aus-heben**  *to dig out; lift out* | | | |
| **beheben**  *to eliminate, remove* | | | |
| **empor-heben**  *to raise, elevate* | | | |
| **heißen**  *to be called* | | **hieß** | **geheißen** |
| **helfen**  *to help* | **hilft** | **half** | **geholfen** |
| **kennen**  *to know (persons)* | | **kannte** | **gekannt** |
| **erkennen**  *to recognize* | | | |
| **klingen**  *to sound* | | **klang** | **geklungen** |
| **kommen**  *to come* | | **kam** | **ist gekommen** |
| **abhanden kommen**  *to be mislaid, get lost* | | | |
| **bekommen (hat)**  *to get, receive* | | | |
| **dahinter-kommen**  *to find out* | | | |
| **durch-kommen**  *to get through, come through* | | | |
| **heim-kommen**  *to come home* | | | |
| **herum-kommen**  *to get around* | | | |

| | | | |
|---|---|---|---|
| **hin-kommen** *to come to a spot* | | | |
| **nach-kommen** *to follow, come after* | | | |
| **um-kommen** *to get killed* | | | |
| **vor-kommen** *to occur; seem* | | | |
| **wieder-kommen** *to come again* | | | |
| **zustande kommen** *to come into being, come about* | | | |
| **zusammen-kommen** *to come together* | | | |
| **können** *to be able* | **kann** | **konnte** | **gekonnt** |
| **kriechen** *to creep* | | **kroch** | **ist gekrochen** |
| **laden** *to load* | **lädt** | **lud** | **geladen** |
| **ein-laden** *to invite* | | | |
| **lassen** *to let, leave* | **läßt** | **ließ** | **gelassen** |
| **ein-lassen (sich mit)** *to get involved (with)* | | | |
| **verlassen** *to leave, go away from* | | | |
| **zu-lassen** *to permit, allow* | | | |
| **zurück-lassen** *to leave behind* | | | |
| **laufen** *to run* | **läuft** | **lief** | **ist gelaufen** |
| **auseinander-laufen** *to go separate ways* | | | |
| **(her)um-laufen** *to run around* | | | |
| **um(her)-laufen** *to run around* | | | |
| **leiden** *to suffer* | | **litt** | **gelitten** |
| **leihen** *to lend* | | **lieh** | **geliehen** |
| **verleihen** *to lend; confer upon* | | | |
| **lesen** *to read* | **liest** | **las** | **gelesen** |
| **vor-lesen** *to read aloud* | | | |
| **liegen** *to lie, be situated* | | **lag** | **gelegen** |
| **fern-liegen** *to be far removed* | | | |
| **vor-liegen** *to be submitted* | | | |
| **lügen** *to lie, tell a lie* | | **log** | **gelogen** |
| **belügen** *to lie to, deceive* | | | |
| **meiden** *to avoid* | | **mied** | **gemieden** |
| **vermeiden** *to avoid* | | | |
| **messen** *to measure* | **mißt** | **maß** | **gemessen** |
| **mögen** *to like; may* | **mag** | **mochte** | **gemocht** |
| **vermögen** *to be able to* | | | |
| **müssen** *to have to, must* | **muß** | **mußte** | **gemußt** |

| | | | |
|---|---|---|---|
| **nehmen**  *to take* | **nimmt** | **nahm** | **genommen** |
|   **ab-nehmen**  *to take off* or *away; become less* | | | |
|   **an-nehmen**  *to accept; assume* | | | |
|   **auf-nehmen**  *to take up* or *in, accept* | | | |
|   **benehmen (sich)**  *to behave* | | | |
|   **ein-nehmen**  *to take in, collect* | | | |
|   **entnehmen (aus)**  *to conclude, infer from* | | | |
|   **fest-nehmen**  *to seize, arrest* | | | |
|   **mit-nehmen**  *to take along* | | | |
|   **vernehmen**  *to hear, perceive; interrogate* | | | |
|   **weg-nehmen**  *to take away* | | | |
|   **zu-nehmen**  *to increase, become greater* | | | |
|   **zurück-nehmen**  *to take back* | | | |
| **nennen**  *to name* | | **nannte** | **genannt** |
| **pfeifen**  *to whistle* | | **pfiff** | **gepfiffen** |
| **preisen**  *to praise* | | **pries** | **gepriesen** |
| **quellen**  *to gush* | **quillt** | **quoll** | **ist gequollen** |
| **raten**  *to advise* | **rät** | **riet** | **geraten** |
|   **erraten**  *to guess correctly* | | | |
|   **geraten (ist)**  *to get into, fall into* | | | |
|   **verraten**  *to betray, reveal* | | | |
| **reiben**  *to rub* | | **rieb** | **gerieben** |
| **reißen**  *to tear, rip* | | **riß** | **ist, hat gerissen** |
|   **ab-reißen**  *to tear off* | | | |
|   **auf-reißen**  *to tear open* | | | |
|   **zerreißen**  *to tear into pieces, tear apart* | | | |
| **reiten**  *to ride (on an animal)* | | **ritt** | **ist, hat geritten** |
| **rennen**  *to run* | | **rannte** | **ist gerannt** |
| **riechen**  *to smell* | | **roch** | **gerochen** |
| **rufen**  *to call* | | **rief** | **gerufen** |
|   **zu-rufen** *(dat.)*  *to call to* | | | |
| **saufen**  *to drink, booze* | **säuft** | **soff** | **gesoffen** |
| **saugen**  *to suck* | | **sog/saugte** | **gesogen/gesaugt** |
| **schaffen**  *to create* | | **schuf** | **geschaffen** |
| **scheiden**  *to part, separate* | | **schied** | **ist, hat geschieden** |
|   **entscheiden (hat)**  *to decide* | | | |

| | | | |
|---|---|---|---|
| **scheinen** *to shine; seem* | | **schien** | **geschienen** |
| **erscheinen (ist)** *to appear* | | | |
| **schieben** *to shove* | | **schob** | **geschoben** |
| **vor-schieben** *to push forward, push ahead* | | | |
| **schießen** *to shoot* | | **schoß** | **geschossen** |
| **schlafen** *to sleep* | **schläft** | **schlief** | **geschlafen** |
| **ein-schlafen (ist)** *to fall asleep* | | | |
| **aus-schlafen (sich)** *to get enough sleep* | | | |
| **schlagen** *to strike, hit* | **schlägt** | **schlug** | **geschlagen** |
| **ab-schlagen** *to refuse, reject* | | | |
| **auf-schlagen** *to open; turn up* | | | |
| **ein-schlagen** *to hit, strike* | | | |
| **überschlagen (sich)** *to crack (of a voice); tip over* | | | |
| **vor-schlagen** *to suggest* | | | |
| **schleichen** *to sneak, creep* | | **schlich** | **ist geschlichen** |
| **schließen** *to close* | | **schloß** | **geschlossen** |
| **ab-schließen** *to conclude; lock* | | | |
| **auf-schließen** *to unlock, open* | | | |
| **beschließen** *to resolve, decide to do* | | | |
| **ein-schließen** *to enclose, encircle; lock in* | | | |
| **schmeißen** *to fling* | | **schmiß** | **geschmissen** |
| **schmelzen** *to melt* | **schmilzt** | **schmolz** | **ist, hat geschmolzen** |
| **schneiden** *to cut* | | **schnitt** | **geschnitten** |
| **schreiben** *to write* | | **schrieb** | **geschrieben** |
| **auf-schreiben** *to write down* | | | |
| **aus-schreiben** *to write out* | | | |
| **beschreiben** *to describe* | | | |
| **um-schreiben** *to rewrite* | | | |
| **unterschreiben** *to sign* | | | |
| **schreien** *to scream, cry out* | | **schrie** | **geschrie(e)n** |
| **schreiten** *to stride* | | **schritt** | **ist geschritten** |
| **schweigen** *to be silent* | | **schwieg** | **geschwiegen** |
| **verschweigen** *to keep silent about* | | | |
| **schwellen** *to swell* | **schwillt** | **schwoll** | **ist geschwollen** |
| **schwimmen** *to swim* | | **schwamm** | **ist, hat geschwommen** |
| **schwinden** *to disappear* | | **schwand** | **ist geschwunden** |
| **verschwinden** *to disappear, vanish* | | | |
| **schwingen** *to swing* | | **schwang** | **ist, hat geschwungen** |
| **schwören** *to swear* | | **schwor** | **geschworen** |

| | | | |
|---|---|---|---|
| **sehen** *to see* | **sieht** | **sah** | **gesehen** |
|   **an-sehen** *to look at* | | | |
|   **auf-sehen** *to look up(ward)* | | | |
|   **aus-sehen (wie/nach)** *to look like* | | | |
|   **ersehen (aus)** *to see (from a fact)* | | | |
|   **fern-sehen** *to watch television* | | | |
|   **nach-sehen** *to watch with one's eyes; look into, investigate* | | | |
|   **satt-sehen (sich)** *to see enough of* | | | |
|   **übersehen** *to overlook* | | | |
|   **vor-sehen (sich)** *to take care, watch out* | | | |
|   **wieder-sehen** *to see again* | | | |
|   **zu-sehen** *(dat.) to watch, observe* | | | |
| **sein** *to be* | **ist** | **war** | **ist gewesen** |
| **senden** *to send* | | **sandte/sendete** | **gesandt/gesendet** |
| **singen** *to sing* | | **sang** | **gesungen** |
| **sinken** *to sink* | | **sank** | **ist gesunken** |
|   **nieder-sinken** *to sink down, drop* | | | |
| **sinnen** *to think, ponder* | | **sann** | **gesonnen** |
| **sitzen** *to sit* | | **saß** | **gesessen** |
| **sollen** *shall, ought to* | **soll** | **sollte** | **gesollt** |
| **spinnen** *to spin; be crazy* | | **spann** | **gesponnen** |
| **sprechen** *to speak* | **spricht** | **sprach** | **gesprochen** |
|   **an-sprechen** *to address, appeal to* | | | |
|   **aus-sprechen** *to pronounce, say, speak* | | | |
|   **besprechen** *to discuss* | | | |
|   **entsprechen** *(dat.) to correspond to* | | | |
|   **widersprechen** *(dat.) to contradict* | | | |
| **springen** *to jump* | | **sprang** | **ist gesprungen** |
|   **an-springen** *to start (a motor)* | | | |
|   **hoch-springen** *to jump up* | | | |
|   **zerspringen** *to shatter* | | | |
| **stechen** *to sting, prick* | **sticht** | **stach** | **gestochen** |
| **stecken** *to stick; be (hidden)* | | **stak/steckte** | **gesteckt** |
| **stehen** *to stand* | | **stand** | **gestanden** |
|   **auf-stehen (ist)** *to get up, stand up* | | | |
|   **bestehen (aus/in)** *to consist (of/in)* | | | |

| | | | |
|---|---|---|---|
| **entstehen (ist)** *to arise, originate* | | | |
| **fest-stehen** *to be for sure* | | | |
| **gestehen** *to confess, admit* | | | |
| **(her)um-stehen** *to stand around* | | | |
| **verstehen** *to understand* | | | |
| **widerstehen** *(dat.) to resist* | | | |
| **stehlen** *to steal* | **stiehlt** | **stahl** | **gestohlen** |
| **steigen** *to climb* | | **stieg** | **ist gestiegen** |
| **aus-steigen** *to climb out, get off* | | | |
| **besteigen (hat)** *to climb, mount* | | | |
| **ein-steigen** *to climb in, get on* | | | |
| **übersteigen (hat)** *to surpass, exceed* | | | |
| **um-steigen** *to transfer* | | | |
| **sterben** *to die* | **stirbt** | **starb** | **ist gestorben** |
| **stinken** *to stink* | | **stank** | **gestunken** |
| **stoßen** *to push* | **stößt** | **stieß** | **gestoßen** |
| **streichen** *to stroke* | | **strich** | **gestrichen** |
| **streiten** *to argue, quarrel* | | **stritt** | **gestritten** |
| **ab-streiten** *to dispute, deny* | | | |
| **tragen** *to carry; wear* | **trägt** | **trug** | **getragen** |
| **ein-tragen** *to record, enter* | | | |
| **ertragen** *to bear, endure* | | | |
| **fort-tragen** *to carry away* | | | |
| **vor-tragen** *to recite, perform; lecture* | | | |
| **zu-tragen (sich)** *to happen* | | | |
| **treffen** *to meet; hit* | **trifft** | **traf** | **getroffen** |
| **treiben** *drift, float; push, drive* | | **trieb** | **ist, hat getrieben** |
| **aus-treiben (hat)** *to drive out, expel* | | | |
| **(her)um-treiben (sich) (hat)** *to loiter, gad about* | | | |
| **vertreiben (hat)** *to drive away, disperse* | | | |
| **treten** *to step; kick* | **tritt** | **trat** | **ist, hat getreten** |
| **bei-treten (ist)** *(dat.) to join (a club)* | | | |
| **betreten (hat)** *to enter, walk on* | | | |
| **ein-treten (ist)** *to enter* | | | |
| **(her)vor-treten (ist)** *to step forth; stand out* | | | |

| | | | |
|---|---|---|---|
| **trinken** *to drink* | | **trank** | **getrunken** |
| **trügen** *to be deceitful* | | **trog** | **getrogen** |
| **betrügen** *to deceive, defraud* | | | |
| **tun** *to do* | | **tat** | **getan** |
| **auf-tun** *to open* | | | |
| **weh tun** *(dat) to hurt* | | | |
| | | | |
| **verderben** *to spoil* | **verdirbt** | **verdarb** | **ist, hat verdorben** |
| **verdrießen** *to annoy* | | **verdroß** | **verdrossen** |
| **vergessen** *to forget* | **vergißt** | **vergaß** | **vergessen** |
| **verlieren** *to lose* | | **verlor** | **verloren** |
| | | | |
| **wachsen** *to grow* | **wächst** | **wuchs** | **ist gewachsen** |
| **auf-wachsen** *to grow up* | | | |
| **nach-wachsen** *to grow back (in)* | | | |
| **waschen** *to wash* | **wäscht** | **wusch** | **gewaschen** |
| **ab-waschen** *to wash off* | | | |
| **weichen** *to yield, give way* | | **wich** | **ist gewichen** |
| **weisen** *to show, point* | | **wies** | **gewiesen** |
| **beweisen** *to prove* | | | |
| **erweisen (sich)** *to prove to be* | | | |
| **zurück-weisen** *to decline, refuse* | | | |
| **wenden** *to turn* | | **wandte/wendete** | **gewandt/ gewendet** |
| **ab-wenden** *to avert, prevent* | | | |
| **an-wenden** *to apply, make use of* | | | |
| **um-wenden (sich)** *to turn around or over* | | | |
| **verwenden** *to employ, use* | | | |
| **(hin)weg-wenden (sich)** *to turn away* | | | |
| **zu-wenden (sich)** *to turn to(ward)* | | | |
| **werben (um)** *to apply for, woo* | **wirbt** | **warb** | **geworben** |
| **erwerben** *to acquire, gain* | | | |
| **werden** *to become* | **du wirst, er wird** | **wurde** | **ist geworden** |
| **werfen** *to throw* | **wirft** | **warf** | **geworfen** |
| **(her)aus-werfen** *to throw out* | | | |
| **weg-werfen** *to throw away* | | | |
| **wiegen** *to weigh* | | **wog** | **gewogen** |
| **winden** *to wind* | | **wand** | **gewunden** |
| **überwinden** *to overcome* | | | |
| **wissen** *to know (facts)* | **weiß** | **wußte** | **gewußt** |
| **wollen** *to want, intend* | **will** | **wollte** | **gewollt** |

| | | |
|---|---|---|
| **zeihen**  *to accuse* | zieh | geziehen |
|   **verzeihen**  *to pardon, forgive* | | |
| **ziehen**  *to move, go; pull* | zog | ist, hat gezogen |
|   **an-ziehen (hat)**  *to put on; attract* | | |
|   **erziehen (hat)**  *to raise, bring up, educate* | | |
|   **fort-ziehen**  *to move away; pull away* | | |
|   **(her)auf-ziehen**  *to move up; pull up* | | |
|   **(her)aus-ziehen**  *to draw near; pull out* | | |
|   **(her)vor-ziehen (hat)**  *to pull out or forth* | | |
|   **mit-ziehen**  *to go along; pull along* | | |
|   **zurück-ziehen**  *to move back; pull back* | | |
|   **zurück-ziehen (sich) (hat)**  *to pull back, withdraw* | | |
| **zwingen**  *to force* | zwang | gezwungen |
|   **bezwingen**  *to conquer, overcome* | | |

# Vocabulary

This vocabulary includes all German words and idioms occurring in this book except geographical and proper names, **der-** words, possessive adjectives, numbers, diminutives, and some obvious cognates. When reading, students should not need to refer to the end vocabulary, since presumably all unfamiliar words are explained in the glosses for each story. For a list of abbreviations in the vocabulary, see "Using the Glosses," p. xv.

The vocabulary contains the following features:

1. Meanings for words are given for the specific contexts in which they occur in this reader. However, every attempt has been made also to provide indications of the major or most common meanings of a word.
2. Plural endings are listed unless the plural is uncommon or does not exist. Irregular genitive endings are also given.
3. Strong and irregular verbs are indicated by an asterisk (*). (For the principal parts of strong and irregular verbs, see pp. 197–208.)
4. Verbs with separable prefixes are hyphenated.
5. Verbs that normally require the auxiliary verb **sein** are indicated by **(s)** after the verb. Verbs that take either auxiliary, depending on whether they are used transitively (with **haben**) or intransitively (with **sein**), are indicated by **(h** or **s).**
6. If a verb requires a dative object, this is indicated by **jmdm. (jemandem)** or *(dat.),* and for the accusative by **jmdn. (jemanden)** or *(acc.).*
7. Reflexive verbs are preceded by **sich.** If the verb can also be used nonreflexively with exactly the same meaning, this is indicated by **(sich).** Where the reflexive is in the dative, this is indicated by *(dat.).*

## A

**ab** off; **ab und zu** now and then, off and on

**ab-brechen\* (h** or **s)** to break off

sich **ab-bringen lassen\*** to be dissuaded

**ab-drehen** to turn off, switch off

**ab-drucken** to print (a copy of)

der **Abend, -e** evening; **eines Abends** one evening; **abends** in the evening

das **Abendbrot, -e** supper, evening meal

das **Abendessen, -** supper, evening meal

der **Aberglaube (-ns)** superstition

**ab-fahren\* (h** or **s);** to depart; drive away

**abfahrbereit** ready to depart

sich **ab-finden\* mit etwas** to come to accept, resign o.s. to, or come to grips with s.th.

**ab-geben\*** to hand over, check *(baggage);* give *(an opinion, testimony, etc.)*

**abgegriffen** worn (out) from being handled

**ab-gehen\* (s)** depart

**abgerissen** in tatters

**abgezirkelt** precise, exact

der **Abgrund, ⁼e** abyss, chasm, deep hole

**ab-halten\*** to hold *(a meeting, conference);* ward off

**abhanden kommen\* (s)** to get lost, be mislaid

**209**

**abhold** *(with dat.)*  averse to
**ab-holen**  to fetch, pick (s.o.) up
**ab-lehnen**  to decline, refuse, reject
**ab-leiten**  to derive
**ab-lenken**  to distract, divert one's attention
**ab-machen**  to settle, conclude an agreement
**ab-nehmen***  to take off; remove; reduce, lose weight; **jmdm. etwas abnehmen**  to relieve s.o. of s.th.
**ab-pflücken**  to pluck, pick
**ab-räumen**  to clear away *or* off *(the dishes)*
**ab-reißen* (h** *or* **s)**  to tear off *or* away
der **Absatz, -̈e**  paragraph
**ab-schaffen**  to do away with, abolish
**ab-schlagen* (jmdm. etwas)**  to refuse (s.o. s.th.)
**ab-schließen***  to conclude; close off
der **Abschluß (-sses), -̈(ss)e**  close, conclusion; end; edge, border
der **Abschnitt, -e**  segment, section; paragraph
**abseits**  off to the side, off the beaten path
**ab-stammen (s)**  to be derived *or* descended from
**ab-streiten***  to dispute, deny *(an assertion, a fact, etc.)*
das **Abteil, -e**  compartment
die **Abteilung, -en**  department, section, division
**ab-trennen**  to separate, detach
**ab-tupfen**  to wipe *or* dab off
**ab-waschen***  to wash off
**ab-wechseln**  to alternate
die **Abwechslung, -en**  change (of pace), variety
**ab-wenden*** *(also weak)*

to prevent, avert; turn away; ward off
**abwesend**  absent; absent-minded
**ab-wischen**  to wipe off
**ach!**  oh! ah! alas; **ach so!**  oh, I see; **ach was!**  nonsense! oh, come on! certainly not!
das **Achselzucken**  shrugging of the shoulders; **die Achseln** *or* **mit den Achseln zucken**  to shrug one's shoulders
**achten**  to heed, pay attention
**achtlos**  inattentive, negligent
die **Achtung**  attention; esteem, respect; **alle Achtung**  very good, not bad
der **Adel**  nobility
die **Ader, -n**  vein, artery
der **Affe, -n, -n**  monkey, ape
das **Affenhaus, -̈er**  monkey house
die **Afferei, -en**  tomfoolery
**ahnen**  to have an inkling, have a foreboding *or* premonition, suspect
die **Ahnung, -en**  presentiment; **keine Ahnung**  (I've) no idea
der **Akkord**  wage *(based on work done rather than hours worked)*
die **Akkordprämie, -n**  bonus *(based on work done)*
**albern**  silly, daffy, foolish
**all-**  all
**alle** *(coll.)*  sold out, gone, at an end, over
**allein**  alone; **von allein**  without help, by oneself
**allerhand**  all kinds of, all sorts of
**allerlei**  all kinds of
**allerletzt-**  the very last
**alles**  everything; **alles in allem**  all in all; **alles daran setzen**  to do everything possible

**allgemach**  gradually
**allgemein**  general
**allmächtig**  almighty, omnipotent
**allmählich**  gradually
**alltäglich**  daily
der **Alltagstrott**  daily routine, everyday humdrum
**allzu**  all too
**als**  as, when; as if; than
**also**  so, thus; okay, well; therefore, consequently
**alt**  old
das **Alter**  age
**älter**  older, elderly
**ältlich**  oldish, appearing old
**altmodisch**  old-fashioned
das **Amt, -̈er**  official position, office
**an**  at, to, by, near
**an-blicken**  to look at, view
**an-blinzeln**  to wink at
**an-brennen***  to scorch; **(s)**  to start to burn
**an-bringen***  to affix, apply, install
**ander-**  other
**andererseits**  on the other hand
**ändern**  to change; **sich ändern**  to change, become changed
**an-deuten**  to indicate, intimate
**aneinander**  together; to *or* against one another; **aneinander vorbei**  past one another
das **Anerbieten, -**  proposal
der **Anfang, -̈e**  beginning, start
**an-fangen***  to begin, start
**anfangs**  in the beginning
**an-fertigen**  to make, manufacture; prepare
**an-fragen**  to inquire
**an-führen**  to bring forward *(arguments)*
die **Angabe, -n**  statement; assertion
**an-geben***  to state, give *(facts)*
das **Angebot, -e**  offer
**an-gehen***  to approach,

solicit; **jmdn. nichts
an-gehen (s)** to not
concern s.o., not be
s.o.'s business
**an-gehören** *(dat.)* to
belong to, be part of
die **Angelegenheit, -en**
affair, matter, business
**angeln** to fish
**angemessen** appropriate,
suitable, fitting
**angenehm** pleasant,
pleasing
**angestrengt** strained,
intense
**angewidert** disgusted,
nauseated
**angewiesen sein\* auf** to
be dependent on, be left
with nothing to do but
**angezogen** dressed
die **Angst, ⁼e** fear; **Angst
haben\*** to be afraid
**ängstlich** fearful
**an-halten\*** to stop, halt;
continue unabated, not
cease
**anhand (von)** with the
aid of
der **Anhänger, -** follower,
adherent, disciple
**an-heften** to fasten (on),
pin on, affix
die **Anklage, -n** charge,
accusation, indictment
**an-klagen** to accuse
**an-klopfen** to knock, tap
(to s.o.)
**an-knurren** to growl at,
grumble at
**an-kündigen** to advertise,
proclaim; announce
**an-lächeln** to smile at
**an-lachen** to laugh at;
smile at *or* on
**an-langen (bei) (s)** to
arrive (at), reach
**an-nähen** to sew on
**an-nehmen\*** to assume;
accept
die **Annonce, -n** *(French)*
advertisement,
announcement
**annoncieren** *(French)* to
advertise
**an-ordnen** to arrange, put
in order

**an-reden** to address,
speak to
**anrüchig** disreputable,
shady
**an-rucken (s)** to start
moving with a jerk
der **Anruf, -e** telephone
call
**an-rufen\*** to call up,
phone
**an-schaffen** to purchase;
procure
die **Anschaffung, -en**
purchase
**anschauen** to look at,
observe
der **Anschein**
appearance, impression;
**den Anschein
erwecken** to create the
impression, appear *or*
look as if
**anschließend**
immediately (there)after,
following
der **Anschluß, -(ss)es,
⁼(ss)e** contact;
**Anschluß finden\*** to
find contact, make some
acquaintances
**an-schreien\*** to scream
at, shout at
**an-sehen\*** to look at,
view, regard; sich **etwas
ansehen** *(dat.)* to take a
look at s.th.
das **Ansehen** appearance;
**vom Ansehen** by sight,
from appearance
die **Ansicht, -en** view;
opinion
**an-sprechen\*** to speak to;
appeal to, take one's
fancy
**an-springen\*** to start *(a
motor)*
der **Anstand** decorum,
proper demeanor
**an-starren** to stare at
**an-steckend** contagious
**an-stellen** to appoint,
employ; cause *or* do
*(mischief, something
naughty, etc.)*
der **Anstoß, ⁼e** impetus
**an-strahlen** to illuminate,
shine light on

**anstrengend** strenuous
die **Anstrengung, -en**
exertion, effort, strain
die **Anteilnahme** interest,
concern
die **Antwort, -en** answer
**antworten** to answer
die **Anweisung, -en**
instruction, direction
**an-wenden\*** *(also weak)*
to make use of, use,
apply
**an-widern** to disgust,
nauseate
die **Anzeige, -n** ad;
notice, announcement
**an-ziehen\*** to dress, put
on; attract
der **Anzug, ⁼e** suit
der **Apfel, ⁼** apple
der **Apparat, -e**
apparatus, device
die **Arbeit, -en** work;
term paper
**arbeiten** to work
das **Arbeitszimmer, -**
workroom, den
**arg** bad
**ärgern** to annoy, irritate,
provoke; sich **ärgern** to
be annoyed
der **Ärmel, -** sleeve
**ärmlich** poor, pitiful
die **Art, -en** type, kind;
way, manner, fashion;
**auf solche Art** in such
a manner
**-artig** *(suffix)* -like
die **Arzneipille, -n**
medicine pill
der **Arzt, ⁼e** doctor
der **Aschenbecher, -**
ashtray
der **Ast, ⁼e** branch
das **Atelier, -s** art studio
der **Atem** breath
die **Atempause, -n**
breather, breathing
pause
der **Atemzug, ⁼e** breath of
air
**auch** also; **auch wenn** *or*
**wenn auch** even if,
even though
**auf** *(prep.)* on, onto,
upon; **auf** *(adv. or sep.
prefix)* up, upward;

open; **auf einmal** suddenly, all of a sudden, all at once; **auf und ab** up and down; **auf . . . zu** up to, toward

**auf-atmen** to breathe a sigh of relief

**auf-bauen** to construct

**auf-binden*** to tie up

**auf-blasen*** to inflate, puff up

**auf-blicken** to look up, glance up

**auf-brechen*** (**h** or **s**) to set out, depart; break open

der **Aufenthalt, -e** stay, abode

**auf-fallen*** (**s**) to be noticeable, be conspicuous

**auf-flammen** (**s**) to suddenly get brighter, flare up

**auf-fressen*** to eat up (of beasts); devour

**auf-geben*** to give up

**aufgeregt** excited, agitated

**auf-halten*** to hold up, delay, stop

**auf-hören** to cease, stop (doing)

**auf-knöpfen** to unbutton

die **Auflage, -n** edition, reprint

**auf-legen** to hang up (a telephone receiver)

**auf-leuchten** to light up, flash

(sich) **auf-lösen** to dissolve

**auf-machen** to open (up)

**aufmerksam** attentive; **aufmerksam machen auf** to draw attention to

die **Aufmerksamkeit, -en** attentiveness

**auf-nehmen*** to take up or in, receive; photograph

(sich) **auf-opfern** to sacrifice

der **Aufputz** finery, flashy dress

**auf-regen** to excite, stir up; sich **auf-regen** to

get excited, become upset

**aufregend** exciting; upsetting

**auf-reißen*** (**h** or **s**) to rip open, tear open

sich **auf-richten** to sit up, raise o.s., get into an erect position

**aufrichtig** honest, sincere

der **Aufruhr, -e** tumult, uproar, riot

der **Aufsatz, ⸚e** written composition, article

**auf-schlagen*** to open up; break open

**auf-schließen*** to open up, unlock

**auf-schreiben*** to write down

die **Aufschrift, -en** label

**auf-sehen*** to look up, raise one's head

das **Aufsehen** commotion

**aufs neue** anew

**auf-stecken: es auf-stecken** to give it up

**auf-stehen*** (**s**) to stand up, get up

**auf-stellen** to set up; sich **auf-stellen** to position o.s.

der **Aufstieg, -e** rise, ascent

**auf-tauen** (**h** or **s**) to thaw (out)

**auf-tun*** to open (up)

**auf-wachsen*** (**s**) to grow up

**auf-weisen*** to show, exhibit

**auf-wiegeln** to incite, stir up, instigate

**auf-wühlen** to stir up, plow up

**auf-zählen** to count up, enumerate

**auf-zeigen** to show, point out

das **Auge, -n** eye

der **Augenblick, -e** moment

**augenblicklich** momentar(il)y

**aus** out, out of, from; **von mir aus** as far as I'm concerned

die **Ausbildung** education; training

**aus-denken*** to think up

der **Ausdruck, ⸚e** expression; **zum Ausdruck bringen*** to express

**aus-drücken** to express

die **Ausdrucksweise, -n** manner of expression, way of talking

**auseinander** apart

**auseinander-laufen*** (**s**) to go (their) separate ways

**aus-fahren*** (**h** or **s**) to drive out, go out

der **Ausflug, ⸚e** excursion, outing

**aus-fragen** to interrogate, question

**ausführlich** detailed, in detail

**aus-füllen** to fill out

die **Ausgangssituation, -en** initial situation, point of departure

**aus-geben*** to spend

**ausgebreitet** spread out

**ausgelassen** boisterous, hilarious

**ausgerechnet** (adv.) precisely; of all times (places, things, people, etc.)

**ausgesprochen** (adj.) pronounced, marked

**aus-handeln** to negotiate, bargain for

**aus-heben*** to dig out, excavate

die **Auskunft, ⸚e** information

**aus-lachen** to laugh at, deride

**aus-machen** to turn off; find; arrange, settle upon

das **Ausrotten** extermination

**aus-rutschen** (**s**) to slip, lose one's traction or footing

die **Aussage, -n** statement

(sich) **aus-schlafen*** to get enough sleep

der **Ausschnitt, -e** décolletage, neckline

**aus-schreiben*** to write out
**aus-sehen*** to appear, look like
das **Aussehen** appearance, look
**außer** *(dat.)* except for, besides; outside of
**außerdem** besides, anyway, moreover
**äußerlich** outward, external; superficial
sich **äußern** to express o.s.
die **Äußerung, -en** utterance, remark; expression, manifestation
**aus-sprechen*** to say, speak (out); pronounce
**aus-spucken** to spit out
**aus-steigen* (s)** to get off, climb out
**aus-tauschen** to exchange
**aus-treiben*** to drive out, expel
**aus-üben (einen Beruf)** to
◄ practice *(a profession)*
**aus-weichen* (s)** to evade
**ausweichend** evasive
der **Ausweis, -e** ID, identification
**auswendig** by heart
**aus-wischen (jmdm. eins)** to pull a nasty one on s.o., deal s.o. a sudden blow
**aus-zählen** to count out
sich **aus-zeichnen** to distinguish o.s.
die **Autobahn, -en** superhighway, freeway
der **Autostopp** hitchhiking

## B

die **Backe, -n** cheek; **die Backen auf-blasen*** to puff up one's cheeks
der **Bahnhof, ⁼e** train station
der **Bahnsteig, -e** (station) platform
**bald** soon; **bald darauf** soon thereafter
der **Balkon, -e** *or* **-s** balcony

**bangen** to be afraid *or* anxious; **es bangt mir vor etwas** I am afraid of s.th.
die **Bank, ⁼e** bench
der **Bär, -en, -en** bear
die **Baracke, -n** barrack
**barfuß** barefoot
**barsch** rude, brusque, gruff
der **Bau, -ten** structure, edifice; construction, building trade
die **Bauart, -en** style of construction
der **Bauch, ⁼e** belly
**bauchig** bellied, bulgy
**bauen** to build, construct
der **Bauführer, -** construction supervisor
der **Baum, ⁼e** tree
der **Bautyp, -en** model *(of a car, engine, etc.)*
**beachten** to heed, take note
**beantworten** to answer
**beben** to tremble
**bedauern** to regret, be sorry for
**bedeuten** to mean, signify
**bedeutend** important; significant, weighty
**bedeutsam** meaningful, significant
die **Bedeutung, -en** meaning, significance
die **Bedienung** waiter; service
**bedrucken** to print on s.th.
**beeindrucken** to impress
**beeinflussen** to influence
sich **befassen mit** to concern *or* occupy o.s. with, deal with
der **Befehl, -e** command, order
**befehlen* (jmdm.)** to order, command; to be in charge
sich **befinden*** to be
sich **befleiß(ig)en** *(gen.)* to take great pains *(to do correctly)*
die **Befreiung** freeing, deliverance

**begabt** gifted, talented
**begeben*: es begab sich, daß** *(arch.)* it happened *or* chanced that
**begegnen (jmdm.) (s)** to meet up with s.o., run across, encounter
die **Begegnung, -en** encounter; **keine einzige Begegnung** didn't meet anybody at all
**begehen*** to commit *(an error, sin, etc.)*
**begeistert** enthusiastic
die **Begeisterung** enthusiasm
**beginnen*** to begin
**beglücken** to make very happy
**begreifen*** to comprehend, understand
der **Begriff, -e** concept, idea, conception; **im Begriff sein*** to be about to do, be on the verge of doing
**begründen** to substantiate, give reasons
**begrüßen** to greet
die **Begrüßung, -en** greeting
**behandeln** to treat
**behängen** to drape, cover
die **Behauptung, -en** assertion, claim
**beheben*** to remove, eliminate
**behend** nimble, adroit
**beherrschen** to control, have command of, be master of; sich **beherrschen** to control o.s., restrain o.s.
**behilflich sein* (jmdm.)** to lend s.o. a helping hand
**bei** by, near, with, among, at
**bei-bringen* (jmdm. etwas)** to teach (s.o. s.th.)
**beid-** both
**beidseitig** on both sides
das **Bein, -e** leg; bone
**beinahe** almost, nearly
**beiseite** aside; **beiseite**

**legen** to set aside
**bei-setzen** to inter, bury, lay to rest
die **Beisetzung, -en** burial
das **Beispiel, -e** example; **z.B. = zum Beispiel** for example
**beißen\*** to bite
**bei-treten\* (s)** *(dat.)* to join
**beizen** to stain wood
**bekannt** known
**bekanntlich** as is well known, as you know
**bekannt machen** to make known, introduce
sich **beklagen** to complain
**bekleiden** to clothe
**bekommen\*** to get, receive
**belästigen** annoy, pester
**belehren** to instruct, enlighten; apprise
**beliebt** popular
**bellen** to bark
**beloben** to praise, commend
**belügen\*** to lie to, deceive by lying
**bemerken** to notice; comment
**benachbart** neighboring
das **Benehmen** behavior
sich **benehmen\*** to behave
**beneiden** to envy
**benommen** confused, benumbed
**benützen** to use
**beobachten** to observe; follow, obey *(rules)*
**bequem** comfortable
**beraten\*** to advise; sich **beraten** to consult; take counsel together
**berechtigt** justified
**bereden** to talk over, discuss s.th. with s.o.
der **Bereich, -e** field, area, domain
**bereit** ready, prepared
**bereiten** to prepare
**bereits** already
**bereitwillig** ready, willing, eager

der **Bericht, -e** report
**berichten** to report
die **Berichterstattung, -en** report, coverage, reportage
**berichtigen** to correct, make right
das **Berufsleben** professional life
**beruhigen** to calm, quiet, reassure
**berühmt** famous
die **Berühmtheit** fame, renown; celebrity
das **Berühren** touching
**beschädigen** to damage
**beschäftigt** occupied (with), busy
**beschleunigen** to speed up, accelerate
**beschließen\*** to decide (to do), resolve
**beschmieren** to smear
**beschreiben\*** to describe
die **Beschreibung, -en** description
sich **beschweren** to complain, make a complaint
**beseitigen** to eliminate, do away with
**besessen** possessed
**besetzt** occupied
**besiegen** to conquer, overcome
**besichtigen** to inspect; view
der **Besitzer, -** owner
**besonders** particularly, especially
**besorgt** worried, anxious, intent upon, worrying about
**besprechen\*** to discuss
**bestätigen** to confirm, verify
**bestehen\*** to exist; **bestehen aus** to consist of; **bestehen in** to consist in
**besteigen\*** to climb
**bestellen** to order *(goods, food, etc.)*
**bestimmen** to determine, ascertain
**bestimmt** *(adv.)* certainly, without doubt, for sure;

*(adj.)* certain, determined, specific
**bestrafen** to punish
das **Bestreben** striving, effort
die **Bestrebung, -en** endeavor, effort, exertion
**bestürzt** dismayed, aghast
der **Besuch, -e** visit; **zu Besuch kommen\*** to come to visit
der **Besucher, -** visitor
**betasten** to touch *or* feel *(with one's hands)*, finger
**betäuben** to bewilder; stun, anesthetize
**beten** to pray
**betonen** to stress, accentuate, emphasize
**betrachten** to observe; reflect on; look at, view
das **Betragen** behavior
**betreten\*** to enter upon, set foot on
**betreten** *(adj.)* disconcerted, surprised, stunned
**betrübt** sad, gloomy, depressed
**betrügen\*** to cheat, deceive
**betrunken** drunk
das **Bett, -en** bed
der **Bettbezug, ⸗e** bed linen
**betteln** to beg
**beurteilen** to judge, form an opinion
**bewaffnen** to arm, provide with weapons
sich **bewegen** to move (o.s.)
die **Bewegung, -en** movement, motion; emotion
**beweisen\*** to prove, demonstrate, show
der **Bewohner, -** inhabitant, dweller
**bewußtlos** unconscious
das **Bewußtsein** consciousness
**bezahlen** to pay
**bezeichnen** to designate, label, mark

der **Bezirk, -e**  district
**bezwingen***  to overcome, conquer, subdue
die **Bibliothek, -en**  library
die **Biene, -n**  bee
das **Bild, ̈-er**  picture
**bilden**  to form
die **Bildung, -en**
    formation, development;
    *(no pl.)* upbringing,
    education; culture
**billig**  cheap, inexpensive
**billigen**  to approve of
**bis**  until; **bis dahin**  until
    then
**bisher**  up until now
**bißchen: ein bißchen**  a
    little bit
**bisweilen**  now and then,
    occasionally
**bitte**  please
die **Bitte, -n**  request
**bitten* um**  to ask for,
    request
der **Blas(e)balg, ̈-e**
    bellows
**blasen***  to blow
das **Blatt, ̈-er**  tree leaf,
    leaf of a book
**blättern**  to page, leaf
    *(through a book)*
das **Blech, -e**  tin, sheet
    metal
**blecken: die Zähne**
    **blecken**  to bare one's
    teeth
**bleiben* (s)**  to remain,
    stay
**bleich**  pale
der **Bleistift, -e**  lead
    pencil
der **Blick, -e**  glance,
    look; view, glimpse
**blicken**  to look, glance
der **Blickkreis, -e**  field of
    vision
der **Blödsinn**  imbecility,
    stupidity
**bloß**  simply, merely; **bloß**
    **so**  simply
die **Blume, -n**  flower
die **Bluse, -n**  blouse
der **Blust: in Blust**
    *(dialect)*  in blossom
das **Blut**  blood
die **Blüte, -n**  blossom,
    bloom

der **Boden, ̈-**  ground, soil;
    base, bottom, floor
der **Bogen, -** *or* **̈-**  arc;
    arch, bow; sheet of
    paper
**bohnern**  to wax, polish
die **Bombe, -n**  bomb
die **Bombenstellung, -en**
    super position
**böse**  evil, bad; angry
**brauchen**  to need, want;
    use
**brechen* (h** *or* **s)**  to
    break; pick *(flowers)*
**brennen***  to burn
das **Brett, -er**  board
die **Bretterwand, ̈-e**
    board fence
der **Brief, -e**  letter
die **Brille, -n**  eyeglasses
**bringen***  to bring; **es**
    **hinter sich bringen**  to
    get s.th. behind one; **es**
    **weit bringen**  to go a
    long way *(in one's*
    *career);* **es zu etwas**
    **bringen**  to succeed in
    attaining *or* gaining s.th.;
    manage to acquire s.th.;
    **jmdn. um etwas bringen**
    to deprive s.o.
    of s.th., take s.th. from
    s.o.
der **Brocken, -**  morsel
die **Brücke, -n**  route of
    contact; bridge
das **Bruderherz, -ens,**
    **-en**  dear brother
die **Brust, ̈-e**  breast;
    chest; bosom
der **Buchstabe, -ns, -n**
    letter of the alphabet
sich **bücken**  to stoop,
    bow, bend over
die **Bude, -n**  stall, small
    room *(with sleeping*
    *quarters)*
**bummeln**  to stroll, walk
    around
**bunt**  colored,
    multicolored
der **Bürger, -**  citizen
der **Bürgermeister, -**
    mayor
der **Bürgersteig, -e**
    sidewalk
das **Büro, -s**  office

**büßen**  to pay for, suffer
    for, atone for

## C

der **Chef, -s**  boss, head,
    manager
der **Chor, ̈-e**  choir;
    chorus

## D

**da**  here, there
**dabei**  yet, for all that;
    while doing so; thereby;
    moreover
das **Dach, ̈-er**  roof;
    shelter
**dadurch**  thereby, in that
    way
**dafür**  for it *or* them; for
    that
**dagegen**  on the other
    hand
**daher**  thus, for this *or*
    that reason; (to) here
**dahinter-kommen* (s)**  to
    find out, discover
**damals**  at that time, then
die **Dame, -n**  lady
**damit** *(conj.)*  so that, in
    order to; *(adv.)* with it;
    with that, therewith
**danach**  thereafter, after
    that; after it; accordingly
der **Dank**  thanks
**dankbar**  grateful
**danke**  thanks, thank you
**danken (jmdm.)**  to thank
**dann**  then; **dann und**
    **wann**  now and then;
    **von dannen**  away from
    there
**daran**  thereby; **daran ist**
    **nichts zu ändern**
    nothing about that can
    be changed
**darauf**  thereupon;
    afterward, then, next
**dar-stellen**  to depict,
    portray, present
**darum**  therefore, for that
    reason
**darunter**  among them; by
    this

das **Dasein**   being, existence
**dauern**   to last, continue, endure, take *(time)*
**dauernd**   continual(ly)
**davon**   from it *or* them
**dazu**   to that; besides, moreover
**dazwischen**   in between
die **Decke, -n**   blanket, cover; ceiling
**decken**   to cover; to set *(a table)*
das **Deckengemälde, -**   ceiling fresco
**dehnen**   lengthen, stretch (out)
**denken***   to think; sich **denken** *(dat.)*   imagine; **denken an**   think about, remember; **denken von**   think of *(opinion)*, have an opinion about
die **Denkgewohnheit, -en**   mental habit
die **Denkmaschine, -n**   thinking machine
die **Denkweite**   breadth of thought
**denn** *(conj.)*   because, for, since *(as particle often used in questions for emphasis and not translatable)*
**dennoch**   nevertheless, yet, still
**deplaziert**   displaced
**derb**   coarse, uncouth, rude
**dergleichen**   the like
**derselbe, dieselbe, dasselbe**   the same
**deshalb**   therefore, for this reason
**desinfizieren**   to disinfect
**dessen** *(adj.)*   his, its (i.e., the latter's); *(rel. pron.)* whose
**deswegen**   for this reason, therefore
**deutlich**   clear, distinct, evident
die **Deutung, -en**   interpretation
**d.h. = das heißt**   that is (to say), i.e.
**dicht**   thick, tight

**dichten**   to compose, write poetry
die **Dichtung, -en**   fiction; poetic writing
**dick**   fat
der **Diener, -**   servant
das **Ding, -e**   thing, object
**doch**   oh yes! yes, there is! *(contradicting a negative)*; but, yet, however; after all; indeed, of course; *(common intensifier with imperatives)*
der **Dom, -e**   cathedral; dome
der **Donnerschlag, ⁼e**   thunderbolt
**Donnerwetter!** *(interj.)*   I'll be darned!
**dort**   there; **dort drüben**   over there
**dösen**   doze
**drall**   buxom, robust
sich **drängeln**   to push one's way, jostle, shove
sich **drängen**   to press, throng, crowd, push one's way
**draußen**   outside
der **Dreck**   mud, dirt, filth; **jmdn. einen Dreck interessieren** *(coll.)*   to not interest s.o. a damn
**drehen**   to turn, twist, rotate; sich **drehen**   to turn o.s.
**dreimal**   three times
**drin** *(coll.)* = **darin**   in it
**dringend**   urgent, pressing
**dritt-**   third; **zu dritt**   in groups of three
**drohen (jmdm.)**   to threaten
**dröhnen**   to roar, boom, rumble
**drollig**   droll, comical, odd
**drüben**   over there, on the other side
der **Druck, ⁼e**   pressure; impression; *(pl. -e)* print
**drücken**   to pinch *(shoe)*, press
der **Druckfehler, -**   misprint

der **Duckmäuser, -**   coward, pussyfoot
der **Duft, ⁼e**   fragrance, scent, odor, smell, aroma
**dunkel**   dark
**dunkeln**   to turn dark
**durch** *(prep.)*   through; **durch . . . hindurch**   right through
**durchaus**   thoroughly, quite, absolutely, completely, by all means; **durchaus nicht**   absolutely not
**durch-drehen**   to put through the wringer; **(s)**   flip out, be on the verge of a nervous breakdown
**durch-beißen***   to bite through
**durch-geben***   to pass on, transmit, wire
**durch-kommen (s)**   to come through, get through
sich **durch-setzen**   to successfully assert o.s., get one's way
die **Durchsuchung, -en**   search *(of baggage, etc.)*
**durchwühlen**   to plow up, churn up
**dürr**   withered

## E

**eben** *(adv. and particle)*   just, right now, precisely, exactly; *(adj.)* flat, level, even; **eben doch**   but you see
**ebenso**   just as, likewise
**ebensowenig**   just as little
**echt**   genuine
die **Ecke, -n**   corner; edge
**eckig**   cornered, edged
**egal** *(coll.)*   all one, all the same; **das ist mir ganz egal**   it's all the same to me
**ehe** *(conj.)*   before
die **Ehe, -n**   marriage, wedlock
die **Ehefrau, -en**   wife

das **Eheleben**  marital life
**ehemalig**  former, past
**eher**  sooner; but rather;
  formerly
die **Ehre, -n**  honor
**ehrlich**  honest
**eifersüchtig**  jealous,
  envious
**eifrig**  eager, keen,
  zealous; ardent
**eigenartig**  peculiar,
  strange
der **Eigensinn**  obstinacy;
  caprice
**eigentlich** *(adv.)*  strictly
  speaking, actually,
  really; *(adj.)* proper,
  true, real
das **Eigentum, -̈er**
  property, possession,
  belongings
sich **eignen (zu)**  to be
  suited *or* qualified for
**eilen (h** *or* **s)** *or* sich
  **eilen**  to hasten, hurry,
  make haste
**eilfertig**  hasty, rash;
  eager to serve
**eilig**  quick, speedy, in a
  hurry; **es eilig haben***
  to be in a hurry
**ein** *(prefix)*  in, into; **ein
  paar**  several, a few; **ein
  und aus**  in and out;
  **was für ein**  what kind
  of
**ein-bauen**  to install, build
  in
sich **ein-betten**  to
  become embedded
der **Eindruck, -̈e**
  impression
**einer**  (some)one
**einfach**  simple
**ein-fallen* (jmdm.) (s)**  to
  occur to s.o., come to
  mind
**ein-fangen***  to capture,
  catch; captivate
**eingehend**  in detail
**ein-halten***  to adhere to,
  observe *(rules)*
**einig**  in agreement,
  united, as one; (sich)
  **einig werden***  to come
  to an agreement
**einig-**  some

sich **einigen über** *(acc.)*
  to agree upon, come to
  terms on
**einiges**  a few things
der **Einkaufsleiter, -**
  purchasing manager
der **Einklang**  accord,
  harmony
**ein-laden***  to invite
sich **ein-lassen* (mit jmdm.
  in** *or* **auf etwas)**  to
  have dealings (in s.th.
  with s.o.), engage in
  (s.th. with s.o.), get
  involved (with s.o.)
**ein-legen**  to insert
**ein-lösen**  to cash *(a
  check);* redeem *(coupon,
  pledge)*
**ein-lullen**  to lull to sleep,
  lull into
**einmal**  once, one time;
  **auf einmal**  all at once,
  suddenly; **es ist nun
  einmal so**  well that's
  just the way it is; **nicht
  einmal**  not even; **noch
  einmal**  once more
**ein-nehmen***  to occupy,
  take up *(space);* take in
sich **ein-reihen**  to get in a
  line *or* row
sich **ein-rollen**  to roll o.s.
  up (into s.th.)
**ein-schenken**  to pour
  *(a beverage),* fill *(a glass)*
**ein-schlafen* (s)**  to fall
  asleep
**ein-schläfern**  to put to
  sleep, lull to sleep
der **Einschlag, -̈e**  hit,
  impact *(of bombs, blows)*
**ein-schlagen***  to hit,
  strike; bash in
**ein-schließen***  to lock in,
  lock up; to enclose
**ein-setzen**  to insert, put
  *or* set in
**einsilbig**  taciturn,
  monosyllabic
**ein-spannen**  to insert *(a
  piece of typing paper);*
  fasten in; harness up
**einst**  once, one day *(past
  or future)*
**ein-stecken**  to put in
  *(one's pocket, purse*

*etc.),* put away; plug in
**ein-steigen* (s)**  to get in,
  board, climb in
**ein-stellen**  to put away *(a
  car);* focus, adjust, set,
  regulate; sich **bei jmdm.
  einstellen**  to come to
  mind
**ein-tragen***  to enter,
  make entries *(in a book,
  register, etc.),* post
**ein-treten***  to enter
der **Eintritt, -e**  entrance
**ein-trocknen (s)**  to dry in
  *or* up; shrivel up
das **Einverständnis**
  understanding,
  agreement, consent
**einwandfrei**
  unobjectionable,
  faultless
der **Einwurf, -̈e**
  interjection, interruption
**einzig**  single, only, sole;
  unique
das **Eis**  ice cream; ice
**eisig**  icy
der **Elch, -e**  elk, moose
das **Elend**  misery,
  distress; misfortune
**elfenbeinern**  ivory
**elterlich**  parental
die **Eltern** *(pl.)*  parents
**empfangen***  to receive;
  welcome
**empfinden***  to feel,
  sense
die **Empfindung, -en**
  feeling, sentiment;
  sensation, perception
**empor-heben***  to lift,
  raise up
das **Ende, -n**  end; **zu
  Ende**  at an end, over,
  finished
**enden**  to end
**endlich**  finally
**eng**  narrow, confined,
  tight
**entarten (s)**  to degenerate
**entartet**  degenerate,
  debased
die **Entdeckung, -en**
  discovery
**entfahren* (jmdm.) (s)**  to
  slip out from *(of words);*
  escape

**entfallen\* (jmdm.) (s)** to slip out; escape one's memory

**entfernen** to remove, take away, eliminate

**entfernt** distant, removed, remote; slight, faint

die **Entfernung, -en** distance, range; removal

**entfliehen\* (s)** to flee from, escape

**enthalten\*** to contain, hold

der **Enthusiasmus** enthusiasm

**entkräften** to refute *(an assertion)*

**entlang** *(followed by dat. or preceded by acc.)* along; **den Fluß entlang** *or* **entlang dem Fluß** along the river

**entlassen\*** to dismiss

**entleeren** to empty

**entlegen** *(adj.)* distant, removed, remote

**entnehmen\*** to deduce *or* infer, conclude, gather

**entscheiden\*** to decide, determine, give a decision; sich **entscheiden** to decide, make up one's mind

**entscheidend** decisive, deciding

die **Entscheidung, -en** decision

sich **entschließen\*** to decide

der **Entschluß, -(ss)es, ⁼(ss)e** decision, resolve

**entschuldigen** to excuse, pardon

die **Entschuldigung, -en** excuse, apology

**entsetzlich** awful, horrible, frightful, dreadful

**entspannen** to relax, relieve tension; sich **entspannen** to relax become relaxed

**entsprechen\*** *(dat.)* to correspond to

**entstehen\* (s)** to originate, arise

**enttäuschen** to disappoint

**entweder . . . oder** either . . . or

**entweichen\* (s)** vanish, disappear

(sich) **entwickeln** to develop, evolve

die **Entwicklung, -en** development

**erachten für** to regard as, deem

**erarbeiten** to work out, get by working

**erbauen** to erect, construct; edify

der **Erbe, -n, -n** heir

**erblicken** to catch sight of, behold, see

die **Erbse, -n** pea

das **Erbstück, -e** heirloom

das **Erdbeben, -** earthquake

der **Erdboden** earth, ground

die **Erde** earth, ground, soil; planet earth

sich **ereignen** to occur, happen, come to pass

das **Ereignis, -se** event; **ein freudiges Ereignis** a joyful event *(i.e., the birth of a child)*

**erfahren\*** to come to find out, learn, discover

**erfassen** to seize; comprehend, grasp

**erfinden\*** to invent

der **Erfinder, -** inventor

die **Erfindung, -en** invention

**erfragen** to inquire into, ascertain by questioning

**erfreulich** pleasing, welcome

**ergänzen** to complete, add to

die **Ergebung** resignation

**ergreifen\*** to seize, take hold of, grasp

**erhalten\*** to get, receive; preserve, maintain

**erinnern** to remind; sich **erinnern** to remember

die **Erinnerung, -en** remembrance, recollection

**erkennen\*** to recognize, discern

**erklären** to explain; declare

sich **erkundigen (nach)** to inquire (about)

**erlangen** to achieve, attain, acquire

**erlauben** to allow, permit

die **Erlaubnis** permission; license

**erläutern** to explain, elucidate

**erleben** to experience; witness

**erledigen** to take care of or finish *(a task),* discharge *(a duty)*

**erleichtern** to ease, lighten, alleviate

**erlernen** to learn, acquire

**erlogen** false, fabricated

der **Erlös, -e** (net) proceeds

**erlöschen\* (s)** to be(come) extinguished

der **Erlöser, -** redeemer, savior

**ermahnen** to admonish, warn

**ermäßigen** to reduce, lower

**ermitteln** to ascertain, find out

**ermüdend** tiring, fatiguing

**erneut** *(adv.)* anew, again

**ernst** serious, grave; earnest

**ernstlich** serious

**erobern** to conquer, overcome

**eröffnen** to open, start

die **Eröffnung, -en** opening; beginning

**erraten\*** to guess correctly

**erregen** to stir, excite

die **Erregung** excitement, emotion, agitation

**erreichen** to reach, attain

**errichten** to erect, raise; set up

(sich) **ersäufen** to drown o.s.

**erschallen\*** *(also weak)* to resound, ring

**erscheinen\* (s)** to appear; seem

**erschlaffen** to go slack *or* limp; relax
**erschrecken\* (s)** to be frightened; be startled
**erschrocken** startled, frightened, scared
**ersehen\*** to see, perceive; **daraus ist zu ersehen** from that it is clear
**ersehnen** to long for, desire
**ersetzen** to replace
**erst** at first; not until, only, just; **fürs erste** for the present
**erster, erste, erstes** first, foremost, prime
**erstarrt** paralyzed with fear, benumbed, stiff, rigid
**erstaunen** to astonish, amaze; **(s)** be astonished *or* surprised
**erstaunlich** amazing, astonishing
**erstaunt** amazed
**ertönen** to ring, resound
**ertragen\*** to endure, bear, stand
**(sich) ertränken** to drown o.s.
**erwachen (s)** to wake up, awake
**erwähnen** to mention
**erwarten** to expect, await
die **Erwartung, -en** expectation
**erwecken** to awaken, wake up
**erweisen\*** to prove; sich **erweisen als** to prove to be
**erwerben\*** to acquire, gain, obtain
**erwidern** to reply, answer
**erwischen** to catch, capture, get a hold of
**erzählen** to tell, relate, narrate
**erzeugen** to produce, manufacture; procreate, beget
das **Erzeugnis, -se** product
die **Erziehung** education, upbringing

die **Erziehungsweise, -n** method of upbringing
das **Erziehungswesen** educational system
der **Esel, -** ass, donkey
die **Esse, -n** forge
**essen\*** to eat
das **Essen, -** food, meal
das **Etikett, -e** *or* **-s** label, tag
**etwa** about, roughly; perhaps, perchance
**etwas** *(pron. & adj.)* something, anything; *(adv.)* somewhat
**ewig** eternal
die **Ewigkeit, -en** eternity
das **Exemplar, -e** copy; specimen

## F

die **Fabrik, -en** factory
das **Fabrikareal, -e** factory area
der **Fabrikbesitzer, -** factory owner
**fahren\* (s)** to go *(in a vehicle)*, travel, ride; drive; **mit der Hand fahren** pass one's hand (over s.th.)
der **Fahrer, -** driver
der **Fahrgast, ¨e** passenger
**fahrplanmäßig** according to schedule
die **Fahrt, -en** ride, drive, trip
das **Fahrzeug, -e** vehicle, vessel
das **Faktum,** *(pl.)* **Fakta** *or* **Fakten** fact
der **Fall, ¨e** case; instance, event; **auf jeden Fall** in any case; by all means
**fallen\* (s)** to fall; **fallen lassen\*** to drop
die **Falte, -n** fold, crease, wrinkle
**falten** to fold
der **Fang, ¨e** catch, prey, booty; fang, talon
**fangen\*** to catch
die **Farbe, -n** color, tint; paint, dye

der **Farbfilm, -e** color film
**fassen** to seize, grasp; sich **fassen** to compose o.s., pull o.s. together
die **Fassung, -en** composure; setting, mounting; **außer Fassung** completely beside o.s.
**fast** almost
**faul** lazy, indolent; rotten
**faulenzen** to be lazy, laze about, loaf
die **Feder, -n** pen, quill
**fehlen** to be missing *or* lacking
**feige** cowardly
**fein** fine
**feindlich** hostile
**feindselig** hostile
das **Feld, -er** field
das **Fenster, -** window
die **Fensterscheibe, -n** windowpane
die **Ferien** *(pl.)* vacation
**fern** far, distant
die **Ferne** distance, distant place *or* time
**fern-halten\*** to keep at a distance
**fern-liegen\* (s)** to be far from one's thoughts
der **Fernschreiber, -** teleprinter, teletype machine
**fern-sehen\*** to watch television
der **Fernseher, -** television set
**fertig** ready, finished, done
der **Fesselballon, -e** *or* **-s** tethered hot-air balloon
**fesseln** to fetter, chain, bind; fascinate, capture *(attention)*
**fest** firm, solid, fast, stable
**(sich) fest-halten\* (an)** to keep a firm grip, hold fast *or* tight (to), not let go (of s.th.)
**fest-legen** to determine; stipulate
**fest-nageln (jmdn.)** to pin s.o. down, get one's

statement on record; nail down

**fest-nehmen*** to seize

**fest-stehen*** to be certain, be for sure

**fest-stellen** to ascertain, determine

**fett** fat; greasy

der **Fettdruck** boldface print

der **Fetzen, -** rag, tatter, shred

**feucht** moist

das **Feuer, -** fire

das **Feuerzeug, -e** cigarette lighter

die **Fingerspitze, -n** finger tip

der **Fischschwarm, ⁻e** school of fish

**flach** flat, plain, level

die **Flasche, -n** bottle

**flattern** to flutter, float in the wind; dangle

das **Fleisch** meat; flesh, pulp

die **Fliege, -n** fly

**fliegen*** **(s)** to fly; get the sack (slang), be fired; flunk an exam

**fliehen*** **(s)** to flee

**flink** nimble, quick, agile

das **Flittchen, -** flirt

die **Flosse, -n** fin

**fluchen** to curse, swear

**flüchten (s)** or sich **flüchten** to flee, take to flight, save (o.s.)

der **Flur, -e** hallway, entrance hall, corridor; floor

**flüstern** to whisper

die **Flut, -en** incoming tide

**fluten** to flow, flood, cascade

die **Folge, -n** series

**folgen (s)** (dat.) to follow; **daraus folgt** from this it follows

die **Fontäne, -n** fountain

**forschen** to search (out), inquire, do research

die **Forschung, -en** research, investigation

**fort** away, gone; on, forward

**fort-dauern** to last, continue, endure

**fort-fahren*** to continue, go on (with s.th.); **(s)** depart

**fort-gehen*** **(s)** to go away; continue

der **Fortschritt, -e** progress, advance

die **Fortsetzung, -en** continuation

**fort-tragen*** to carry off

**fort-ziehen*** to drag away; **(s)** move away

der **Fotoapparat, -e** camera

die **Frage, -n** question, inquiry

der **Fragebogen, -** questionnaire

**fragen** to ask; **fragen nach** inquire about

der **Franzose, -n, -n** Frenchman

**französisch** French

die **Frau, -en** woman; Mrs.

**frech** impudent, cheeky

**frei** free; open

**freilich** to be sure

**freimütig** frank, candid

**freitags** (on) Fridays

**fremd** foreign, strange, unfamiliar

der/die **Fremde, -n, -n** (adj. noun) stranger, foreigner

die **Fremdsprache, -n** foreign language

**fressen*** to eat (of beasts), devour

die **Freude, -n** joy

**freudestrahlend** beaming for joy

**freudig** joyful, joyous, happy

**freuen** to make glad, delight; sich **freuen (über)** to rejoice, be glad (about)

der **Freund, -e** (boy)friend

die **Freundin, -nen** girlfriend, lady friend

**freundlich** friendly

die **Freundschaft, -en** friendship

**frevel(haft)** wanton, sacrilegious

der **Friede, -ns, -n;** der **Frieden, -s, -** peace

**friedlich** peaceful

**frieren*** **(h** or **s)** to freeze; be or feel cold

die **Frisur, -en** hairdo

**froh** happy

**fromm** pious, well-behaved

der **Frosch, ⁻e** frog

**frösteln** to shiver (from the chill), feel chilly

die **Frucht, ⁻e** fruit

**früh** early

der **Frühling, -e** spring

das **Frühstück, -e** breakfast

**fühlen** to feel, sense; sich **fühlen** to feel, feel like

**führen** to lead, guide; bring

der **Fuhrherr, -n,** (pl.) **-leute** (horse) cart driver

der **Füller, -** fountain pen

die **Füllfeder, -n** fountain pen

der **Funk** radio transmission; **per Funk** by radio contact

das **Fünkchen, -** little spark

**funkeln** to sparkle, twinkle

die **Funktionspartikel, -n** flavoring particle

die **Furche, -n** furrow

die **Furcht** fear

**furchtbar** frightful, terrible, awful

sich **fürchten** to be afraid

der **Fuß, ⁻e** foot; **zu Fuß** on foot

das **Futter, -** lining

# G

die **Gabel, -n** fork

der **Gabelgriff, -e** fork handle

**gähnen** to gape; yawn

der **Gang, ⁻e** hall, corridor

**ganz** whole, entire, complete; **ganz und gar** completely, totally

**gar** even; **gar nicht** not

at all; **gar nichts**
nothing at all
**garantieren** to guarantee
die **Gardine, -n** drape,
curtain
die **Gasse, -n** lane,
(narrow) street, alley
der **Gast, ̈e** guest
der **Gastarbeiter, -**
foreign worker
die **Gastgeberin, -nen**
hostess
das **Gasthaus, ̈er**
restaurant; inn
die **Gaststätte, -n**
restaurant; inn
der **Gaukler, -** juggler,
illusionist, magician
die **Gebärde, -n** gesture;
bearing, appearance
das **Gebäude, -** building,
structure
**geben*** to give; **es gibt**
there is, there are
das **Gebet, -e** prayer
das **Gebiß, -(ss)e**
dentures, set of artificial
teeth; set of teeth
**gebrauchen** to use
die **Gebrauchsanweisung,
-en** directions or
instructions for use
das **Geburtsland, ̈er**
country of birth
das **Gebüsch, -e** bushes
**geckenhaft** dandyish,
foolish
der **Gedanke, -ns, -n**
thought, idea
**gedankenlos** thoughtless
das **Gedeck, -e** table
setting
**gedeihen* (s)** to thrive,
prosper
**gedenken*** (gen.) to
remember, be mindful
of, commemorate
das **Gedröhn** roar,
thundering sounds
die **Geduld** patience
**geduldig** patient
**gefallen* (jmdm.)** to be
pleasing (to s.o.); **es
gefällt mir** I like it; **sich
gefallen lassen*** (dat.)
to put up with
**gefälligst** if you please

die **Gefangenschaft**
captivity
das **Gefängnis, -se** prison,
jail
**gefrieren* (s)** to freeze
solid, congeal
die **Gefühlsaufwallung,
-en** burst or (up)surge
of emotion
**gegen** against; toward
der **Gegensatz, ̈e**
opposite
**gegenseitig** mutual, each
to the other, reciprocal
der **Gegenstand, ̈e** object
**gegenüber** across from,
vis-à-vis; **sich
gegenüber** across from
each other
der **Gehalt** (inner) content
**geheim** secret, secretive
das **Geheimnis, -se** secret
**gehen* (s)** to go; **es geht
um etwas** it is a matter
of, it is about, the point
is
das **Gehirn, -e** brain;
brain power
**gehoben** elevated
**gehören** (dat.) to belong
to
der **Gehorsam** obedience
der **Geist, -er** spirit;
mind, intellect; ghost
**gekachelt** tiled
das **Geländer, -** railing,
banister
das **Geld, -er** money
der **Geldverkehr** money
transaction
die **Gelegenheit, -en**
opportunity, occasion
**gelingen* (jmdm.) (s)** to
succeed (in doing)
**gellen** to shriek, scream
**gelten*** to be valid, hold;
**gelten lassen*** to let
pass, not dispute
das **Gelüst, -e** desire
**gemeinsam** common,
mutual; jointly, together
**gemessen** precise, in
measured words
das **Gemisch** mixture, mix
die **Gemse, -n** chamois,
Alpine goat
**genau** exact, precise;

**genauso** just as, exactly
as
**genial** ingenious, very
creative
**genieren** (from French)
embarrass
**genießen*** to enjoy
der **Genosse, -n, -n**
comrade, companion
**genug** enough
**genügen** to suffice, be
enough
das **Gepäck** luggage,
baggage
**gerade** (adv.) precisely,
particularly, quite,
exactly, just, at that very
moment; (adj.) straight;
even
**geradeaus** straight ahead
**geradezu** downright
das **Gerät, -e** tool,
instrument, apparatus
**geraten* (s)** to fall into,
get into; **außer Fassung
geraten** to lose one's
composure
das **Geräusch, -e** noise
**geregelt** normal,
regulated
das **Gericht, -e** court of
law, tribunal
**gering** slight, trifling
**gern** gladly
der **Geruch, ̈e** smell,
odor
der **Geruchssinn** sense of
smell
**gesamt** whole, entire,
complete
der **Gesang, ̈e** singing;
song
das **Geschäft, -e** store
**geschehen* (s)** to
happen, occur
das **Geschenk, -e** present,
gift
die **Geschichte, -n** story;
history
die **Geschichtsfälschung**
falsifying of history
das **Geschirr** dishes,
tableware
**geschliffen** polished;
elegantly formed
der **Geschmack, ̈e** taste,
flavor

das **Geschmeiß**  vermin
die **Geschwindigkeit, -en**
speed, velocity
die **Gesellschaft, -en**
society; company
die **Gesellschaftsschicht,
-en**  social stratum
das **Gesicht, -er**  face;
**Gesichter schneiden***
to make faces
der **Gesichtsausdruck, ⸚e**
facial expression
das **Gespräch, -e**
conversation, discussion,
talk
die **Gestalt, -en**  figure;
shape
der **Gestapohof, ⸚e**
Gestapo yard
**gestehen***  to admit,
confess
**gestern**  yesterday
**gesund**  healthy
**gewaltig**  mighty, huge,
vast
das **Gewehr, -e**  rifle, gun;
weapon
das **Gewicht, -e**  weight
**gewillt**  willing, inclined
**gewinnen***  to win, gain
**gewiss** *(adv.)* certainly, of
course; *(adj.)* certain;
sure
**gewissenhaft**
conscientious
die **Gewißheit**  certainty,
assurance
**gewitternd**  stormy,
tempestuous
sich **gewöhnen (an)**  to
become accustomed to,
get used to
die **Gewohnheit, -en**
habit
**gewöhnlich**  usual,
customary; regularly; **für
gewöhnlich**  usually
**gewohnt**  accustomed,
customary
das **Gewühl, -e**  throng,
crowd
das **Gitter, -**  bars *(of a
cage)*
der **Glanz**  splendor,
radiance
**glänzen**  to shine, glitter,
be resplendent
**glänzend**  splendid

die **Glasplatte, -n**  glass
plate
der **Glasschrank, ⸚e**  glass
cabinet
**glatt**  smooth; slippery
die **Glatze, -n**  bald head;
bald spot
der **Glaube, -ns**  belief,
religious faith
**glauben**  to believe
**glaubhaft**  plausible,
credible
**gleich** *(adj.)* equal, like;
*(adv.)* just,
immediately, alike; **es
war gleich so**  it was
that way from the start
**gleichmäßig**  even, regular
**gleichsam**  as it were, as
if; almost
**gleichzeitig**  simultaneous
**gleiten* (s)**  to slide, glide
das **Glied, -er**  limb
das **Glockenspiel, -e**
carillon, chimes
der **Glockenturm, ⸚e**  bell
tower
das **Glück**  luck, good
fortune; happiness;
**Glück haben***  to be
lucky *or* fortunate
**glücklich**  happy,
fortunate
**glühen**  to glow; burn
die **Glut, -en**  passion,
ardor; glow
**gnädig**  gracious; die
**Gnädige** *or* **gnädige
Frau**  madam
der **Goldmachertiegel, -**
smelting pot for gold
die **Gondel, -n**  gondola
**gotisch**  Gothic
der **Götze, -n, -n**  idol,
false deity
der **Graben, ⸚**  ditch,
trench
der **Grabenrand, ⸚er**  edge
of a ditch
die **Granate, -n**  grenade,
shell
die **Graphitspitze, -n**
graphite tip
**gräßlich**  awful, horrible
**gratulieren (jmdm.)**  to
congratulate
**grau**  gray
**greifen***  to grip, seize;

**greifen nach**  to reach
for, grab
der **Greis, -e**  old man
**grell**  dazzling *(of colors)*;
shrill *(of sounds)*
**grinsen**  to grin
**grob**  uncouth, coarse,
rude
**grollen**  grumble
**groß**  large, great, big;
tall; **im großen und
ganzen**  by and large,
for the most part
**großartig**  splendid, great,
grand
die **Großbaustelle, -n**
heavy-construction site
die **Großmutter, ⸚**
grandmother
**großsprecherisch**
boastful, bragging
**großzügig**  in large letters
die **Grünanlage, -n**  park
with greenery; lawn
der **Grund, ⸚e**  reason,
argument; ground; base,
bottom, foundation; **im
Grunde**  really,
basically
**grundsätzlich**  on
principle
**grünspanig**  covered with
copper acetate
die **Gruppe, -n**  group
das **Guckloch, ⸚er**
peephole
die **Gummihülle, -n**
rubber holder
**günstig**  favorable,
advantageous
**gut**  good
**gütig**  kind(ly)
**gutmütig**  good-natured
der **Gymnasiast, -en, -en**
student in a **Gymnasium**

## H

das **Haarwuchsmittel, -**
hair-growing tonic
die **Habe**  belongings
**haben**  to have
der **Habenichts, -e**  have-
not
der **Hafen, ⸚**  harbor
der **Häher, -**  jay
der **Haifisch, -e**  shark

**halb** half

**halber** *(with preceding gen.)* because of, on account of

die **Hälfte, -n** half; **zur Hälfte** *(adv.)* half

die **Halle, -n** hall

der **Hals, ⁔e** neck; throat

die **Halskette, -n** necklace

**halten*** to hold, keep; sich **halten (an)** to stick to, depend upon; **halten für** to regard as, consider to be; **auf etwas halten** to insist upon s.th., lay stress upon s.th.; **viel auf etwas halten** regard highly

die **Haltestelle, -n** bus stop

die **Haltung, -en** posture, bearing

die **Hand, ⁔e** hand; **zur Hand nehmen*** to take in one's hand

**handeln** to act, behave; **es handelt sich um etwas** it is a question *or* matter of; **handeln von** to be about *(of stories)*

die **Handfeuerwaffe, -n** gun, rifle, pistol; weapon

die **Handfläche, -n** palm

die **Handlung, -en** plot

das **Handlungsgerüst, -e** main points of the plot

der **Handschuh, -e** glove

die **Handtasche, -n** handbag

das **Handwerk, -e** trade, craft

**hängen*** *(also weak)* to hang

**hängen-bleiben* (s)** to catch, be caught on

der **Harlekin, -e** joker, clown *(comic figure from the Italian commedia dell'arte)*

**harmlos** not dangerous

**harzartig** resinous

(das) **Haschen** game of tag

der **Haß** hate

**hassen** to hate

**häßlich** ugly

**hastig** hasty

**hauen*** *(also weak; past part.* **gehauen***)* to thrash, strike, whip; chop, hew

**häufig** frequent(ly)

der **Hauptgedanke, -ns, -n** main idea

das **Hauptgericht, -e** main course of a meal

die **Hauptperson, -en** main person

die **Hauptsache, -n** main thing

das **Haus, ⁔er** house; home; **nach Hause** (go) home; **zu Hause** (be) at home

der/die **Hausangestellte, -n, -n** (domestic) servant, maid

die **Hausaufgabe, -n** homework assignment

der **Hausbesitzer, -** homeowner

der **Hausherr, -n, -en** head of the family, master of the house

die **Haut, ⁔e** skin; hide

**heben*** to raise, lift; sich **heben** to rise

die **Hecke, -n** hedge

**heda!** hey there!

**heftig** hard, with intensity; fervent, passionate

**heilig** sacred

**heim-kehren (s)** to return home

**heim-kommen* (s)** to come home

**heimlich** secret(ly); secretive(ly)

der **Heimweg, -e** way home

**heiß** hot

**heißen*** to be called; **das heißt** that is (to say); **es heißt** it says (that)

die **Heiterkeit** cheerfulness; merriment

die **Heizung, -en** heating

der **Held, -en, -en** hero

**heldenmütig** heroic, valiant

das **Heldentum** heroism

**hell** bright, light

der **Helm, -e** helmet

das **Hemd, -en** shirt

**hemmungslos** unrestrained

**henken** to execute by hanging

**her** here, this way; **es ist** *or* **es sind fünf Jahre her** it has been five years

sich **herab-beugen** to bend over, bend down

**heran-ziehen*** to consult

**herauf-ziehen*** to pull up

**heraus-brechen* (h** *or* **s)** to break out

**heraus-fallen* (s)** to fall out

**heraus-pflügen** to plow out

**heraus-werfen*** to throw out; **(s)** move out

**heraus-ziehen*** to pull out

der **Herd, -e** stove

**herein-blicken** to look in

**herein-strömen (s)** to stream in

das **Herkommen** tradition, custom

**hernach** after this, hereafter, afterward

der **Herr, -n, -en** gentleman; lord; sir; Mr.

**herrlich** splendid, magnificent

die **Herrlichkeit, -en** magnificence, splendor

**her-sagen** to recite

**her-stellen** to make, produce

**herüber-schauen** to look over toward

**herum-gehen* (s)** to go around, walk about

**herum-kommen* (s)** to get around

**herum-laufen* (s)** to run around

**herum-tanzen (s)** to dance around

sich **herum-treiben*** to gad about; loiter

**herunter-haben*** to have kilometers *or* miles on an engine

**herunter-hängen*** to hang down
**herunter-stürzen (s)** to plunge down, fall
**hervor-bringen*** to bring forth; utter
**hervor-gehen* (s)** to go forth
**hervor-treten* (s)** to stick out; step forward
**hervor-ziehen*** to pull out or forth
das **Herz, -ens, -en** heart; **jmdm. am Herzen liegen*** to be very important to s.o.
das **Herzklopfen** palpitations
**herzlich** cordial; sincere
die **Hetze, -n** chase, pursuit; mad rush
**heute** today
der **Hexenschwindel** witches' hocus-pocus
der **Hexenstaat** witchcraft trappings
**hierbei** hereby
die **Hilfe, -n** help
**hilflos** helpless
**hilfsbereit** helpful, obliging
der **Himmel** sky; **freier Himmel** open sky
**hin** there; toward; **hin und her** to and fro, back and forth; **vor sich hin** in front of oneself
**hinab-spülen** to wash down
**hinauf-blicken** to look up (at)
**hinaus-blicken** to look out(ward)
**hinein-gehen* (s)** to go in(to)
**hinein-gucken** to peek in
**hinein-schauen** to look in(to)
**hingegen** on the other hand
**hin-kommen* (s)** arrive (there)
**hin-legen** to set down
**hin-schauen** to look over toward
**hinter** behind

**hinterdrein** after, behind
**hinterher** after or behind s.o.
der **Hinterkopf, ̈e** back of the head
die **Hinterseite, -n** other side; drawback
**hinüber-treten* (s)** to walk over (to)
**hinunter** down, downward
**hinweg-strecken** to stretch over (toward)
**hinweg-wenden*** to turn away
das **Hirn, -e** brain; brain power, intellect
der **Hirsch, -e** stag
die **Hitze** heat
**hoch, höher, höchst-** high
die **Hochachtung** high regard
(sich) **hoch-klappen** to flip up
**hochmütig** haughty, arrogant
**hoch-springen* (s)** to spring or jump up
**höchst** (adj.) highest; (adv.) highly, extremely; **höchste Zeit** high time, about time
**höchstbestens** (coll., interject.) great!
**höchstens** at most, at best
die **Hochzeit, -en** wedding
die **Hochzeitsreise, -n** honeymoon trip
die **Hocke, -n** squatting position
**hocken** to crouch, squat
der **Hof, ̈e** backyard; courtyard, court
der **Hofarzt, ̈e** court physician
**hoffentlich** hopefully
die **Hoffnung, -en** hope
**höflich** polite
die **Höflichkeit, -en** politeness, courtesy
**hohe(r)** high
die **Hoheit, -en** nobility; Highness (title)
**holen** to fetch, come and pick up

**höllisch** hellish
das **Holz, ̈er** wood
der **Holzschnitzer, -** woodcarver
der **Holzzaun, ̈e** wooden fence
**honett** (French) respectable, honorable
der **Hörapparat, -e** hearing aid
**hören** to hear
der **Hörer, -** (telephone) receiver
das **Hörspiel, -e** radio play
die **Hosenfalte, -n** pant crease
**hübsch** pretty, handsome, nice
der **Hubschrauber, -** helicopter
der **Hügel, -** hill, knoll
der **Hummer, -** lobster
der **Hund, -e** dog
der **Hungerleider, -** needy wretch
**hüpfen (s)** to hop; leap, skip
**husten** to cough
der **Hut, ̈e** hat, cap
sich **hüten** to be on guard, watch out

# I

die **Illustrierte, -n** magazine with pictures
**immer** always; continually; **immer mehr** more and more; **immer schneller** faster and faster
**immerfort** continuously
**immerhin** still, yet, all the same
**immerzu** continually, all the time
**imponieren (jmdm.)** to impress
**indem** (conj.) by . . . ing
**indes(sen)** meantime, meanwhile
**infam** shameless
der **Infanterist, -en, -en** infantryman
der **Ingenieur, -e** engineer

der **Inhalt, -e** content(s)
die **Initiale, -n** initial
**inne-halten*** to pause, stop (doing s.th.)
**innerlich** inner, internal
**innig** fervent, intense, with deep feeling
der **Insasse, -n, -n** passenger; occupant; inmate
das **Inserat, -e** advertisement, ad insert *(in newspaper)*
**insgesamt** all together
**inwiefern** to what extent
**inzwischen** in the meantime
**irgend** some . . .; any . . .; **irgendein-** some or other; **irgendwann** sometime or other; **irgendwas** *(coll.)* = **irgend etwas** something or other; **irgendwer** someone or other; **irgendwo** somewhere or other
sich **irren** to err, be mistaken, be wrong
das **Irrenhaus, ⁻er** insane asylum
das **Irrlicht, -er** jack-o'-lantern
der **Irrtum, ⁻er** mistake, error
der **Italiener, -** Italian
**italienisch** Italian
**i wo! = ach was!** *(interject.)* oh, come on!, out of the question!

## J

**ja** yes; indeed; of course
die **Jacke, -n** jacket
der **Jäger, -** hunter
das **Jahr, -e** year
das **Jahrhundert, -e** century
**je** each, in each case; **je mehr . . . um so** or **desto mehr** the more . . . the more; **je nachdem** depending on (how)

**jed-** every, each; **ein jeder** each one
**jedenfalls** in any case, in any event, at any rate
**jedesmal** every time
**jedoch** however, nevertheless
**jeglich-** *(elevated style)* each, every
**jemand** someone
**jen-** that; *(pl.)* those
**jetzt** now
**jeweilig** respective(ly), at the moment
**johlen** to howl
**jung** young
der **Junge, -n, -n** boy, youth; **Jungs** *(coll.)* guys, fellows, gang
der **Jüngling, -e** youth, lad, young man
**juristisch** pertaining to the question of legality, legal
der/das **Juwel, -en** jewel, gem

## K

die **Kachel, -n** ceramic tile
der **Käfig, -e** cage
**kahl** bald; bare
der **Kai, -e** or **-s** wharf, quay
**kalt** cold
die **Kälte** cold(ness)
die **Kanne, -n** jug, pot
**kantig** edged
die **Kantine, -n** canteen, mess
die **Kapelle, -n** band, small orchestra
die **Kappe, -n** cap, hood
**kaputt** broken, ruined
der **Karfreitag, -e** Good Friday
die **Kartoffel, -n** potato
das **Kassenbuch, ⁻er** ledger
der **Kasten, ⁻** chest, case, box
der **Kastenbau, -ten** case construction
die **Katze, -n** cat; **die**

**Katze im Sack kaufen** to buy a pig in a poke
**kauen** to chew
**kaufen** to buy
der **Kaufvertrag, ⁻e** purchase contract
**kaum** scarcely, barely
die **Kehrseite, -n** reverse side
**keiner** no one
der **Kelch, -e** chalice; cup, goblet
der **Keller, -** cellar, basement
**kennen*** to know, be acquainted with
**kennen-lernen** to become acquainted with, get to know
die **Kenntnis, -se** knowledge, information; **zur Kenntnis nehmen*** *(bureaucratic or legal expression)* to take note of
**kennzeichnen** to mark, characterize
der **Kerl, -e** fellow
der **Kinderwagen, -** baby carriage
**kindisch** childish
das **Kino, -s** cinema, movie theater
das **Kinoinserat, -e** movie advertisement
die **Kinovorstellung, -en** movie showing
die **Kirche, -n** church
der **Kirchenchor, ⁻e** church choir
die **Kiste, -n** box, chest, trunk, crate
die **Kittelschürze, -n** smocklike apron
**klaffen** to gape, be wide open
der **Klang, ⁻e** sound, ring
die **Klappe, -n** flap, lid, hatch
**klappern** to clatter; rattle; **mit den Zähnen klappern** chatter one's teeth
das **Kleid, -er** dress; *(pl.)* clothes
**kleiden** to dress

das **Kleidungsstück, -e**
piece of clothing
**klein** small, little
**klingen*** to sound, ring
**klischeehaft** clichéd
**klopfen** to knock, tap
der **Klopfton, ⁼e** knock,
knocking sound
**knapp** terse, succinct;
scarce
das **Knie, -** knee
der **Knopfdruck, ⁼e**
pressing a button
**knurren** to grumble
der **Kohlenmann, ⁼er**
coal-delivery man
der **Kollege, -n, -n**
colleague
das **Kollektivgesicht, -er**
collective face, face like
all the others
**komisch** strange, odd;
funny, comical
**kommen* (s)** to come;
**um etwas kommen** to
lose, be deprived of
der **Kommissar, -e** police
inspector
der **Konditor, -en**
confectioner, baker of
fancy pastry
die **Konferenz, -en**
conference, meeting
die **Kontaktgläser**
*(uncommon)* =
**Kontaktlinsen** *(pl.)*
contact lenses
**kontrollieren** to check
das **Konzentrationslager, -**
concentration camp
der **Kopf, ⁼e** head
**kopfunten** upside down
der **Korb, ⁼e** basket
der **Körper, -** body
**korrigieren** to correct
**kräftig** strong, powerful,
vigorous, firm; **ein
kräftiger Schluck** a big
gulp *or* swallow
der **Kragen, -** collar
die **Krähenfüße** *(pl.)*
crow's feet, wrinkles
der **Kram** trash, junk;
small wares
der **Kran, ⁼e** crane, hoist
der **Kranführer, -** crane
operator

**krank** sick, ill
das **Krankenbett, -en**
sickbed
das **Krankenhaus, ⁼er**
hospital
**kratzen** to scratch
das **Kraut, ⁼er** cabbage;
herb
der **Krawattensitz** way a
necktie sits
der **Krebs** cancer
die **Krebsforschung**
cancer research
der **Kreis, -e** circle;
circuit
das **Kreuz, -e** cross
die **Kreuzung, -en**
crossing
**kribbeln** to tickle, tingle
der **Krieg, -e** war; **Krieg
führen** to wage war
**kriegen** *(coll.)* to get
der **Kriminalfilm, -e**
crime *or* detective film
**krümmen** to crumple;
**niemandem ein Haar
krümmen** to not touch
a hair on anyone's head
die **Küche, -n** kitchen
der **Kuchen, -** cake;
pastry
die **Kugel, -n** sphere, ball
**kühl** cool
das **Kühlhaus, ⁼er** cold-
storage depot
**kulant** *(French)*
accommodating,
obliging
der **Kummer** worry,
sorrow, care
sich **kümmern um** to
concern o.s. with, care
for, worry about
die **Kümmernis, -se**
worry, concern; grief
die **Kunst, ⁼e** art; skill
die **Kuppel, -n** cupola,
dome
die **Kursivschrift** italics
**kurz** short, brief; **vor
kurzem** recently
**kürzlich** recently
die **Küste, -n** coast

---

## L

**lächeln** to smile

**lachen** to laugh
**lächerlich** ridiculous
die **Lachsrechte** *(pl.)*
salmon-fishing rights
der **Lack, -e** enamel
paint; lacquer
der **Laden, ⁼** store, shop
**lähmen** to paralyze,
cripple
**lakieren** to enamel, paint
das **Lamm, ⁼er** lamb
der/das **Lampion, -s**
Chinese lantern
das **Land, ⁼er** land;
country; **aufs Land
fahren*** to travel into
the country(side)
die **Landpartie, -n**
country outing
**lange** for a long time;
**lange her** a long time
ago
**langen (nach)** to reach
(for)
**länger** longer
die **Langeweile** boredom
**langsam** slow(ly)
**längst** long since, long
ago; **schon längst** long
since, long ago
**langweilen** to bore; **sich
langweilen** to be bored
**langweilig** boring
**lassen*** to let (do); leave
*(in a certain state)*
der **Lastwagen, -** truck,
van
der **Lauf, ⁼e** course; **im
Lauf(e)** in *or* during the
course of
**laufen* (s)** to run; go; walk
**lauschen** to listen for,
eavesdrop
**laut** loud
**lautlos** silent
der **Lautsprecher, -**
loudspeaker
die **Lawine, -n** avalanche
**leben** to live
das **Leben, -** life
die **Lebensbeschreibung,
-en** biography
die **Lebensgeschichte,
-n** life story, biography
der **Lebenslauf, ⁼e**
curriculum vitae,
résumé

die **Lebensmittelversorgung**
food supply
**ledig**  unmarried, single
**leer**  empty
die **Leerstelle, -n**
indeterminacy
**legen**  to lay, put, place;
sich **legen**  to lie down;
subside, die down
(sich) **lehnen**  to lean
die **Lehre, -n**  lesson,
moral
**lehren**  to teach, instruct
der **Leib, -er**  body (of a
living thing)
**leibhaft**  in the flesh
**leicht**  easy; light
der **Leichtsinn**  rashness,
recklessness
**leiden\***  to suffer, tolerate,
put up with; **jmdn.**
**leiden können**  to like
s.o.
**leidenschaftlich**
passionate; avid,
enthusiastic
**leider**  unfortunately
**leidlich**  tolerable,
passable
**leid tun\***  to be sorry,
regret; **es tut mir leid**
I am sorry
**leise**  soft; low-voiced;
gentle, light
die **Leistung, -en**
accomplishment
die **Leiterin, -nen**  (fem.)
manager, head
die **Leitung, -en**
(telephone) line
die **Lektüre, -n**  reading
**lenken**  to steer, direct
die **Lerche, -n**  lark
**lernen**  to learn
**lesen\***  to read
das **Licht, -er**  light
**lieb**  dear
**lieben**  to love
**lieber**  (comp. of **gern**)
preferably, sooner,
rather
der **Liebesfilm, -e**
romantic film
das **Liebespaar, -e**  couple
in love
das **Lieblingswort, ⁻er**
favorite word

**liebkosen**  to caress
die **Lieferung, -en**
delivery
**liegen\***  to lie, be situated;
**es liegt daran**  it is
because
**links**  to the left, on the
left
der **Lippenstift, -e**  lipstick
**loben**  to praise
das **Loch, ⁻er**  hole
**löffeln**  to spoon
das **Lokal, -e**  pub
das **Lokalteil, -e**  local
section (of a newspaper)
**los**  loose; **was ist los?**
what's up? what's
wrong?
**lösen**  to loosen, detach;
dissolve; solve (a
problem, riddle, etc.)
**los-fahren\* (s)**  to drive
off, depart
**los-gehen\* (s)**  to set out,
begin
sich **los-machen**  to get
loose, get free from, get
away
der **Löwe, -n, -n**  lion
der **Löwenzahn**
dandelion
die **Lücke, -n**  gap,
opening
die **Luft, ⁻e**  air; **Luft**
**holen**  to get a breath of
air
die **Lüge, -n**  lie
**lügen\***  to tell a lie
der **Lügner, -**  liar
**Lungenzüge machen**
to inhale
die **Lust, ⁻e**  desire, wish,
longing
der **Lustgarten, ⁻**  pleasure
grounds, pleasure garden
**lustig**  merry, gay;
comical, funny
sich **lustig machen**
**(über)**  to make fun of
**lutschen**  to suck, let melt
in one's mouth

# M

die **Mäanderwindung,**
**-en**  meandering turn

**machen**  to do; make
die **Macht, ⁻e**  power,
force
**mächtig**  mighty; having
command of (e.g.,
languages)
das **Mädchen, -**  girl
die **Mahlzeit, -en**  meal;
**eine Mahlzeit ein-**
**nehmen\***  to eat a meal
der **Mai**  May
das **Maiglöckchen, -**  lily
of the valley
die **Makrele, -n**  mackerel
**mal**  (particle) just; times;
**mal = einmal**  once
das **Mal, -e**  time, turn;
**zum ersten Mal**  (for)
the first time
**malen**  to paint
**man**  one, they, we, you,
people
**manchmal**  sometimes,
now and then
**mangeln (jmdm.)**  to be
missing, be lacking
die **Mannschaft, -en**  team
der **Mantel, ⁻**  overcoat
das **Märchen, -**  fairy tale
die **Margerite, -n**  daisy
die **Marinadenfabrik, -en**
plant for marinating fish
die **Markthalle, -n**
covered market, market
hall
die **Maßnahme, -n**
measure: **Maßnahmen**
**treffen\***  take measures
die **Mauer, -n**  stone or
cement wall
das **Medikament, -e**
medicine, drug
das **Meer, -e**  sea; ocean
der **Meeresgrund**  ocean
floor, bottom of the sea
die **Meerkatze, -n**  long-
tailed monkey
**mehr**  more
**mehrere**  several
**mehrmals**  several times
**meinen**  to be of the
opinion, say; mean,
intend
**meinetwegen**  for all I
care, as far as I'm
concerned, (it's) OK by
me

die **Meinung, -en**  opinion
die **Meinungsäußerung,
-en**  expressed opinion
**meist**  most, mostly
**meistens**  mostly
der **Meister, -**  boss;
master; champion
**melden**  to report, send
word; sich **melden**  to
report (in), announce
one's presence
die **Meldung, -en**
announcement, report
die **Menge, -n**  multitude
der **Mensch, -en, -en**
human being, man,
person
der **Menschenstrom, ̈e**
throng of people
die **Menschheit**  mankind
**merken**  to observe,
notice, note; sich
**merken**  to take note of
**merkwürdig**  remarkable,
strange
**merkwürdigerweise**
remarkably, strange to
say
**meßbar**  measurable
die **Miene, -n**  mien;
facial expression
**minderjährig**  under age
der **Minderwertigkeits-
komplex**
inferiority complex
**mindestens**  at least
**mißbilligen**  to disapprove
**mißfallen\* (jmdm.)**  to
displease
**mißtrauisch**  distrustful
das **Mißvergnügen**
dissatisfaction
**mit**  with; **mit weg**  gone
like the others
der **Mitarbeiter, -**
coworker
**mit-bringen\***  bring along
**miteinander**  with each
other, together
**mit-lachen**  to join in
laughter
das **Mitleid**  pity, sympathy
**mit-machen**  to
participate, join in
**mit-nehmen\***  to take
along
**Mittag: zu Mittag**  at noon

das **Mittagessen, -**
noonday meal,
lunch
die **Mittagspause, -n**
noonday break
die **Mittagszeit, -en**
noontime
**mit-teilen**  to inform,
notify, impart,
communicate
die **Mitteilung, -en**
communication,
announcement, notice,
news
**mittel: mittlerer**  medium,
average, middle
das **Mittel, -**  means
**mittelalterlich**  medieval
der **Mittelpunkt, -e**  center
**mitten** (with following
prep.)  in the midst of,
in the middle of
**mittlerweile**  meanwhile
**mit-ziehen\* (s)**  to go
along with, accompany
die **Mode, -n**  fashion
das **Modejournal, -e**
fashion magazine
**möglich**  possible
**möglichst**  as much as (is)
possible
der **Monat, -e**  month
der **Mörder, -**  murderer
der **Morgen, -**  morning
**morgens**  in the morning,
mornings
die **Moritat, -en**  song of
evil deeds
der **Mörser, -**  mortar
die **Müllabfuhr, -en**
garbage pickup
der **Mund, ̈er**  mouth
**mündlich**  oral
der **Mundwinkel, -**  corner
of the mouth
**munter**  lively, alive;
cheerful
**murmeln**  to murmur,
mutter
**müßig**  idle, lazy
das **Musikstück, -e**  piece
of music
der **Muskel, -n**  muscle
**müßig**  idle, lazy
**mustern**  to inspect,
examine, scrutinize
der **Mut**  courage

**mütterlicherseits**  on the
mother's side, maternal
die **Mütze, -n**  cap

## N

**na** (interject.)  well; what
did I tell you! **na ja**  oh
well; **na, denn nicht**
OK, let's not
**nach**  after; toward, to;
**nach und nach**  little by
little
**nach-ahmen (jmdn.)**  to
imitate s.o.
der **Nachbar, -n,** or **-s,
-n**  neighbor
**nachdem** (conj.)  after
**nach-denken\* (über etwas)**
to ponder, think (s.th. over)
**nachdenklich**  reflective,
pensive
der **Nachdruck**  emphasis
**nachdrücklich**  emphatic
**nach-erzählen**  to retell
**nach-forschen**  to trace,
investigate
**nach-gehen\* (s)** (dat.)  to
pursue (a matter), inquire
into
**nachher**  afterward
**nach-kommen (jmdm.)
(s)**  to come after or
behind s.o.; rejoin
**nachmittags**  afternoons
die **Nachricht, -en**  news
**nach-rufen\* (jmdm.)**  to
call or shout after s.o.
**nach-sehen\* (jmdm.)**  to
look and see, look into;
follow with one's eyes
**nächst-**  next, nearest
die **Nacht, ̈e**  night; **eines
Nachts**  one night
**nächtlich**  nocturnal
**nachts**  at night, nights
**nach-wachsen\* (s)**  to
grow back (in)
**nachweisbar**
demonstrable, proveable
**nagen**  to gnaw
**nah(e), näher, nächst-**
near, close
die **Nähe**  proximity; **in
der Nähe**  nearby, close
by

**nahe-stehen\* (jmdm.)** to be close to s.o.

die **Nahrung** food, nourishment

**naja** oh well

der **Name, -ns, -n** name

**namentlich** namely, especially

**nämlich** namely, that is, you see

**närrisch** foolish, silly, eccentric

die **Nase, -n** nose

das **Nasenloch, ⁻er** nostril

**naß** wet, damp

**natürlich** (adj.) natural; (adv.) of course

**neben** beside

**nebenan** next door

**nebenbei** by the way

das **Nebenhaus, ⁻er** house next door

der **Nebentisch, -e** next table

**necken** to tease

der **Neger, -** Negro, black, Afro-American

**nehmen\*** to take

der **Neid** envy

die **Neigung, -en** proclivity, inclination; slope

die **Nelke, -n** carnation

**nennen** to name

**neuartig** new kind of, new-fashioned

die **Neugierde** curiosity

**neugierig** curious

**neulich** recently

**nicht** not; **nicht einmal** not even; **nicht mehr** no more, no longer; **nicht wahr?** isn't it? aren't you? right?

**nichts** nothing

**nicken** to nod

**nie** never

**nieder** (adj.) low, inferior; (adv.) down

sich **nieder-beugen** to bend over or down, bow

**nieder-blicken** to glance or look down

**nieder-fahren\* (s)** to come down, descend

**nieder-legen** to lay down, put down

**nieder-sinken\* (s)** to drop, sink

**niedrig** low(ly); inferior; base, mean

**niemand** no one, nobody

**nimmer** never, nevermore; **nie und nimmer** never at any time

**nippen** to sip, taste

**noch** still; **noch mal** (coll.) = **noch einmal** once more, once again; **noch immer** still

die **Nonne, -n** nun

die **Normaluhr, -en** public clock

die **Not, ⁻e** need, want

die **Note, -n** grade

**notieren** to make a note of, jot down

**nötig** necessary; **nötig haben\*** to need

die **Notiz, -en** note

**notwendig** necessary

**Nu: im Nu** in no time at all, in an instant, in the twinkling of an eye

die **Null, -en** zero

**nun** (adv.) now, at present; (particle) now, well; **es ist nun einmal so** well, that's just the way it is

**nur** only

**nützlich** useful

## O

**ob** whether

**oben** above, overhead

das **Oberhemd, -en** dress shirt

**oberst-** highest, top

**obgleich** although

die **Obrigkeit, -en** ruling body, authorities

**obwohl** although

der **Ofensetzer, -** stove fitter

**offenbar** evident, obvious

**offensichtlich** obvious, apparent

**öffnen** to open; sich **weit/tief öffnen** to gape

**oft** often

**öfter(s)** frequently, often; more often

**ohnehin** anyway, as it is

die **Ohnmacht, -en** faint, swoon, unconsciousness; powerlessness

**ohnmächtig** unconscious; powerless

das **Ohr, -en** ear

die **Ohrfeige, -n** slap in the face, box on the ear

das **Ohrgehänge, -** earring

das **Oktavheftchen, -** small school notebook

**ölverschmiert** oil-stained

die **Oma, -s** grandma

das **Opfer, -** victim; sacrifice

der **Orden, -** medal, decoration

**ordentlich** decent, respectable; (adv.) really

die **Ordnung** order, arrangement; orderliness

der **Ort, -e** place, spot, site

## P

**paar: ein paar** a few, several

das **Pack** mob, pack

der **Palast, ⁻e** palace

die **Palme, -n** palm

der **Pantoffel, -** or **-n** slipper

der **Panzer, -** armored tank

die **Panzerfaust, ⁻e** bazooka

die **Papeterie, -n** (French) stationery store

die **Parallelklasse, -n** parallel class

der **Passagier, -e** (French) passenger

**passen** (dat.) to fit, suit

**passend** appropriate, fitting

**passieren (s)** to happen

**peinlich** embarrassing
die **Pension** retirement
**per** *(prep. with acc.)* per,
by
der **Personalausweis, -e**
personal identification
card
die **Persönlichkeit, -en**
personality
die **Pest, -en** plague
der **Pfadfinder, -** Boy
Scout
der **Pfahl, ̈e** piling, post
die **Pfeife, -n** pipe;
whistle
der **Pfeiler, -** pillar
der **Pferdefuß, ̈e**
drawback, catch
der **Pferdewagen, -** horse-
drawn wagon
die **Pflanze, -n** plant
**pflücken** to pick, pluck
das **Pfund, -e** pound
*(weight)*
der **Plan, ̈e** plan
die **Plastiktüte, -n** plastic
bag
die **Platte, -n** leaf *or* top
of a table; slab
der **Plattfuß, ̈e** flat foot
der **Platz, ̈e** place, spot;
seat; (city) square; **am
Platz(e)** in the proper
place, in order, called
for; **Platz nehmen*** to
take a seat
**platzen (s)** to burst, pop,
explode
**plaudern** to chat,
converse
**plötzlich** sudden
der **Polier, -e**
construction foreman
**polieren** to polish
der **Polizist, -en, -en**
policeman
die **Portiersleute** *(pl.)*
building caretakers
der **Posten, -** sentry; post,
position, job
**prächtig** splendid,
magnificent
**predigen** to preach
der **Preis, -e** price; prize
**preisen*** to praise
die **Pritsche, -n** plank bed
die **Probe, -n** rehearsal

das **Protokoll, -e**
protocol, report
der **Prozeß, -(ss)e**
lawsuit, trial; process
der **Puff, ̈e** push, bump,
nudge; blow
**pünktlich** punctual
**Punkt zehn Uhr** at the
stroke of ten
der **Purzelbaum, ̈e**
somersault; **einen
Purzelbaum schlagen***
to do a somersault

## Q

die **Querstraße, -n**
crossroad

## R

der **Rachen, -** jaws *(of
beasts)*; throat
die **Rakete, -n** rocket
der **Rand, ̈er** edge,
border; brim
der **Rangierbahnhof, ̈e**
shunting yard
die **Rangliste, -n** ranking
in order
**rasch** quick
**rasen (s)** to speed, race,
drive fast
**rasieren** to shave
das **Rathaus, ̈er** town
hall
die **Ratlosigkeit**
perplexity, helplessness
der **Rauch** smoke
**rauchen** to smoke
die **Räucherei, -en**
smoking plant
das **Rauchzeichen, -**
smoke signal
der **Raum, ̈e** room,
space
**räumen** to clear away,
clean up
**rauschen** to make a
rushing sound, rustle
sich **räuspern** to clear
one's throat
**reagieren** to react
**rechnen** to do figures,
calculate

die **Rechnung, -en** bill;
calculation
**recht** right; real, very;
**recht haben*** to be
right; **jmdm. recht
sein*** to be fine *or* OK
by s.o.
**rechts** to the right, on the
right
**rechtzeitig** on time,
punctual
sich **recken** to stretch
one's limbs
der **Redakteur, -e** editor
die **Redaktion, -en**
editorial staff
die **Rede, -n** words, talk;
**(nicht) der Rede wert**
(not) worth talking about
**reden** to talk, speak
der **Redner, -** speaker
**regelmäßig** regular(ly)
**regeln** to regulate,
control
der **Regen** rain
der **Regenschirm, -e**
umbrella
der **Regenschirmstock,
̈e** umbrella cane
die **Regenwolke, -n** rain
cloud
**regieren** to rule, govern
die **Regierung, -en**
government
der **Regisseur, -e** stage,
film, radio, *or* television
director
**regnen** to rain
das **Reh, -e** deer
das **Reich, -e** realm,
empire
**reichen** to reach, extend;
suffice, be enough
**reichlich** abundant,
extreme
der **Reichstag** Imperial
Diet *(of the Holy Roman
Empire)*
der **Reichtum, ̈er** riches;
wealth, richness,
abundance
**reiflich** careful, thorough
die **Reihe, -n** row, series;
**der Reihe nach** one
after the other
die **Reihenfolge, -n**
sequence

**rein** clean, clear; pure
die **Reise, -n** trip, journey
das **Reisegepäck** travel
luggage
der **Reisescheck, -s**
traveler's check
**reißen\* (h** or **s)** to tear,
rip
**reizen** to irritate,
provoke; excite,
stimulate
**reizend** charming
die **Rempelei, -en**
jostling, scuffling,
pushing, and shoving
die **Rente, -n** pension; **in
Rente gehen\*** to retire
(sich) **retten** to rescue,
save (o.s.)
die **Rettung, -en** rescue,
deliverance
der **Richter, -** judge
**richtig** correct, right
die **Richtigkeit** correctness
die **Richtung, -en**
direction
**riechen\* (nach)** to smell
(like)
**riesig** gigantic, enormous
der **Rock, -̈e** coat (for
men); skirt (for women)
die **Rohkost** uncooked,
vegetarian food (fruits,
vegetables, nuts, etc.)
die **Röhre, -n** pipe, tube
**rostig** rusty
**rot** red
(das) **Rotkäppchen** Little
Red Riding Hood
die **Roulade, -n** hair curl
made by a roller
der **Rücken, -** back
die **Rücksicht** respect,
regard, consideration
die **Rücksichtnahme**
respect, consideration;
**unter Rücksichtnahme
auf** (bureaucratic
expression) with due
regard to, in due
consideration of
der **Rückzug, -̈e** retreat
das **Ruder, -** oar; rudder
**rudern** to row, paddle
**rufen\*** to call
die **Ruhe** rest
**ruhen** to rest

**ruhig** calm
**rührend** touching, stirring
die **Rührung** emotion,
feeling
**rülpsen** to belch
**rum-stehen\*** (coll.) =
**herum-stehen\*** to stand
around
**rund** round
die **Runde, -n** round
**rund-fliegen\* (h** or **s)** to
fly around
der **Rundfunk** radio,
wireless
(das) **Russisch** Russian
**runter** (coll.) = **herunter**
down(ward)
**rutschen (s)** to slip, slide,
lose traction

## S

der **Saal,** (pl.) **Säle** hall,
large room
die **Sache, -n** matter,
affair; **zur Sache** to the
point
**sachlich** objective
der **Sachschaden, -̈**
property damage
**sachte** gently, cautiously
**sacken (s)** to sag, sink,
collapse
**sagen** to say
**samt** (dat.) together with
**sämtlich** complete,
entire; (pl.) all
der **Sänger, -** singer
**satt** full, satiated
sich **satt-sehen\* an** (to
get) to see enough of,
get one's fill
**sausen (s)** to whiz,
zoom
**schäbig** shabby,
threadbare
die **Schachtel, -n** pack;
box, case
**schade!** (interject.) too
bad! a pity!
**schaffen\*** to create
**schaffen** to do, work,
accomplish
die **Schale, -n** bowl;
bowl-like glass
**schälen** to peel

**schallen** to make a loud
sound, ring, resound,
peal
die **Schallplatte, -n**
phonograph record
sich **schämen** to be
ashamed
**schänden** to violate,
rape; desecrate
der **Scharfsinn** acuity,
perception
der **Schatten, -** shadow;
shade
**schauen** to see, look (at);
**in die Runde schauen**
to look from one person
to the next
das **Schaufenster, -**
display window
der **Schaukasten, -̈**
display case
**schaukeln (h** or **s)** to
swing, rock
der **Schauspieler, -** actor,
performer
der **Schausteller, -**
performer, showman
die **Scheibe, -n** pane of
glass
der **Scheibenwischer, -**
windshield wiper
**scheinbar** seeming,
apparent
**scheinen\*** to seem,
appear
der **Scheinwerfer, -**
floodlight; headlight
der **Schenkel, -** thigh
**schenken** to give; **Leben
schenken** to give
birth
die **Scheu** timidity,
shyness
**scheuern** to scrape, rub,
scour, scrub
**schick** chic, stylish
**schicken** to send,
dispatch
das **Schicksal, -e** destiny,
fate
**schieben\*** to shove, push;
sich **schieben** to push
o.s.
**schielen** to cast a
sidelong glance, look
out of the corner of
one's eye

**schießen\* (h** *or* **s)** to shoot, fire; shoot *or* burst forth

das **Schild, -er** sign

**schildern** to depict, describe

die **Schilderung, -en** description, portrayal

**schimpfen** to express anger, curse; use bad language

der **Schlaf** sleep

die **Schläfe, -n** temple, side of the head

**schlafen\*** to sleep

**schlaff** limp, slack; flabby

**schläfrig** sleepy

der **Schlag, ⸚e** stroke; hit, punch

**schlagen\*** to hit, strike, beat, slap

**schlagfertig** quick with a repartee, quick with a clever response

der **Schlamm** mud, muck, mire

**schlau** sly

(sich) **schleichen\*** to creep, slink, sneak; **sich davon-schleichen** to sneak away

**schlimm** bad, serious, nasty

**schließen\*** to close, shut; conclude, deduce

**schließlich** *(adv.)* after all; finally, at last

der **Schlosser, -** mechanic

der **Schlot, -e** *or* **⸚e** smokestack

**schluchzen** to sob

der **Schluck, -e** *or* **⸚e** swallow, gulp

**schlucken** to swallow

**schlummern** to slumber

**schlürfen** to sip

der **Schluß, -(ss)es, ⸚(ss)e** end, conclusion

**schmal** narrow

**schmalverdienend** poor-earning

**schmecken (nach)** to taste (like)

**schmelzen\* (h** *or* **s)** to melt

der **Schmerz, -es, -en** pain, ache

**schmerzhaft** painful

der **Schmetterling, -e** butterfly

**schmücken** to decorate, adorn

**schmutzig** dirty, filthy

der **Schnee** snow

die **Schneiderin, -nen** seamstress

**schnell** fast, quick

**schnellen (h** *or* **s)** to flip up, spring up

**schnüffeln** to sniff, snoop

der **Schnurrbart, ⸚e** mustache

**schon** *(adv. and particle)* already, so far; probably; I'm sure; **schon lange** long ago, long since

**schön** beautiful, lovely, pretty

**schonen** to protect, preserve; **sich schonen** to look after o.s., take it easy

der **Schornstein, -e** chimney

der **Schoß, ⸚e** lap

**schrauben** to screw, turn a screw; twist

der **Schreck, -e;** der **Schrecken, -** fright

**schrecklich** terrible

**schreiben\*** to write

die **Schreibmaschine, -n** typewriter

das **Schreibwarengeschäft, -e** stationery store

**schreien\*** to scream, shout, yell

**schreiten\* (s)** to stride

die **Schrift, -en** writing; handwriting; script

**schriftlich** written

der **Schritt, -e** step

**schüchtern** shy, timid

der **Schuh, -e** shoe

die **Schularbeit, -en** schoolwork, homework

die **Schule, -n** school

die **Schulter, -n** shoulder

die **Schulung, -en** training, schooling

**schüren** to stir up, stoke (the fire)

die **Schürze, -n** apron

die **Schüssel, -n** bowl

**schütteln** to shake

**schüttern** to shake, rattle

**schwach** weak

die **Schwäche, -n** weakness, foible

der **Schwachsinn** imbecility, feeble-mindedness

**schwanken** to waver, sway, totter

**schwarz** black

**schweben** to float *(through the air),* hover

**schweigen\*** to keep silent, say nothing

**schweigsam** silent, taciturn

der **Schweinezüchter, -** pig breeder

die **Schweinsblase, -n** pig's bladder

der **Schweiß** perspiration

die **Schweiz** Switzerland

**schwer** heavy; difficult, hard

**schwerhörig** hard of hearing

die **Schwermut** melancholy

die **Schwierigkeit, -en** difficulty

der **Schwindel** dizziness, giddiness; swindle

**schwirren** to whir, buzz; **(s)** fly about

**schwitzen** to sweat, perspire

die **See, -n** sea

die **Seele, -n** soul, spirit

der **Seetang** seaweed

**sehen\*** to see; **sehen Sie nur** just look

die **Sehenswürdigkeit, -en** sightseeing attraction

**sehr** very, much

**seicht** shallow; insipid

die **Seife, -n** soap

das **Seil, -e** rope

**sein\* (s)** to be, exist

**seinesgleichen** of the likes of him

**seit** *(prep. or conj.)* since; for; **seitdem** *(conj.)* since *(temporal sense only)*

die **Seite, -n** side; page

die **Sekunde, -n** second
**selber, selbst** self; *(with personal pronouns)* **ich selber** *or* **selbst** I myself; **wir selber** *or* **selbst** we ourselves
die **Selbstvergessenheit** forgetting of o.s.
**selbstverständlich** *(adv.)* of course; *(adj.)* taken for granted, as it should be; self-evident, obvious
**selbst wenn** even if
**selig** deceased; blessed, blissful, happy
**selten** *(adv.)* seldom; *(adj.)* rare, unusual
**seltsam** strange, odd, unusual
die **Sendung, -en** broadcast
**senken** to lower, (cause to) sink
**setzen** to set, place; sich **setzen** to sit down
**seufzen** to sigh
**sicher** *(adv.)* for sure, certainly; *(adj.)* safe, secure
**sicherlich** for sure
**sichern** to secure, safeguard
**siehe da!** *(interject.)* lo and behold!
**singen\*** to sing
der **Sinn, -e** sense, intellect, mind; **in den Sinn kommen\*** to come to mind
**sinnlos** senseless, meaningless
der **Sitz, -e** seat
**sitzen\*** to sit
die **Skigymnastik** ski exercise (class)
**so** thus, in such a way, like this
**so ein-** such a(n)
**so lange** as long as
**so (et)was** such a thing, something
**sodann** *(arch.)* then, forthwith
**sofort** immediately
**sogar** even
**sogleich** immediately, at once

der **Sohn, ̈e** son
**solch-** such
**solcherlei** in such a fashion, such
der **Soldat, -en, -en** soldier
**sollen** to be supposed to, ought to, be said to
die **Sonne, -n** sun
die **Sonnenbrille, -n** sunglasses
**sonnig** sunny
**sonst** otherwise, else; **sonst niemand** nobody else
die **Sorge, -n** care, worry; sich **Sorgen machen um** to be worried about
**sorgen für** to provide for; see to it; take care (that)
**sorgfältig** careful; precise, accurate
**sozusagen** so to speak
**sowieso** anyway
das **Sparkassenbuch, ̈er** savings book
der **Spaß, ̈e** fun; joke
**spätabends** late in the evening
**später** later
**spätestens** at the latest
**spazieren** to take a walk
der **Spaziergang, ̈e** walk
der **Spazierstock, ̈e** walking cane
der **Speisesaal, -säle** dining hall
die **Sperre, -n** gate, barrier; barricade
der **Spiegel, -** mirror
das **Spiegelbild, -er** reflection
**spiegelblank** mirror-clear
**spiegeln** to mirror, reflect; sich **spiegeln** to be reflected
das **Spiel, -e** game
**spielen** to play
das **Spielzeug, -e** toy
der **Spinat** spinach
der **Spitzbart, ̈e** pointed beard, goatee
der **Spitzbogen, -** *or* ̈ Gothic *or* pointed arch
die **Spitze, -n** tip, point
die **Spitzen** *(pl.)* lace(work)

die **Spitzendecke, -n** lace tablecloth
der **Splitter, -** fragment, splinter, chip
der **Spott** ridicule, scorn, mockery
das **Spottgeld, -er** trifling sum
die **Sprache, -n** language; speech, diction
die **Sprachkürze** terseness
**sprechen\*** to speak
**sprengen** to (cause to) burst, explode
das **Sprichwort, ̈er** proverb, saying
**springen\* (s)** to leap, jump, spring
**spröde** brittle; rough, rasping
**spucken** to spit
die **Spur, -en** trace, track
**spüren** to feel, sense, perceive, be conscious of; **zu spüren bekommen\*** to begin to feel, discover
der **Staat, -en** state, country, government
der **Staatsanwalt, ̈e** state attorney
die **Staatsbahn, -en** railroad
die **Stadt, ̈e** city, town
der **Stahlhelm, -e** steel helmet
**stammen (s)** to be descended
der **Stand, ̈e** stand; **Stand fassen** to stop, take up a stand
**ständig** constant(ly), permanent(ly)
der **Standplatz, ̈e** bus *or* taxi stand
die **Standuhr, -en** grandfather clock
die **Stärke** strength
**stärker** stronger
**starr** stiff, rigid; fixed, staring
**starren (auf)** to stare (at)
der **Starrsinn** obstinacy
**statt-finden\*** to take place, happen
**stecken** to stick, put; be (hidden)

**stehen*** to stand; **jmdm. gut (schlecht) stehen** to look good (bad) on s.o.
**stehen-bleiben* (s)** to stop, come to a standstill; remain standing
**stehlen*** to steal
**steif** stiff
**steigen* (s)** to climb; rise, increase
**steil** steep, precipitous, vertical
der **Steinbock, ⁻e** Alpine ibex
die **Stelle, -n** place, point; **an Stelle** in place (of)
**stellen** to place, set; sich **stellen** to position o.s., take one's place; **eine Frage stellen** to ask a question
die **Stellung, -en** position
**sterben* (s)** to die
der **Sterbetag, -e** anniversary of a death
**stets** always, continually, constantly
das **Stichwort, -e** key word, cue, cue phrases
der **Stiefel, -** boot, shoe
der **Stiel, -e** stick; handle, stem
**still** quiet, silent; **im stillen** quietly, secretly, privately
die **Stille** quiet, stillness, calm
die **Stimme, -n** voice; **jmdm. die Stimme verschlagen*** to put s.o. at a loss for words
**stimmen** to be correct
die **Stimmung, -en** mood, atmosphere
**stinken*** to stink
die **Stirn, -en; die Stirne, -n** forehead, brow
der **Stock, ⁻e** cane; story (of a house)
**stöhnen** to moan, groan
**stolpern (s)** to stumble, trip
**stolz** proud

**stören** to disturb, bother annoy, interrupt
**stoßen* (s)** to spurt (out); push; punch; sich **stoßen (an)** to bump (against), knock against, hit
**stottern** to stutter
die **Strafe, -n** punishment
der **Strahl, -en** stream, jet (of water etc.); beam, ray
**strahlend** radiant
die **Strähne, -n** lock or strand of hair
der **Strand, ⁻e** shore, beach
die **Straße, -n** street
der **Straßenanzug, ⁻e** casual suit
die **Straßenbahn, -en** streetcar
das **Straßencafé, -s** sidewalk café
der **Straßenrand, ⁻er** side of the road
die **Strecke, -n** stretch, distance
**strecken** to stretch
**streicheln** to caress, stroke softly
**streichen*** to stroke, rub gently
der **Streifen, -** strip, stripe
**streifen** brush (against); **mit einem Blick streifen** to glance at, peruse with a glance
der **Streit, -e** quarrel, dispute, strife
**streng** strict, stern, severe
**stricken** to knit
der **Strom, ⁻e** broad river, stream; electricity
**strömen (s or h)** to stream, flow
das **Stück, -e** piece, bit
der **Studienrat, ⁻e** tenured secondary-school teacher
das **Studium, -dien** study
die **Stufe, -n** step, rung
der **Stuhl, ⁻e** chair, stool
**stumm** mute, silent, unable to speak
der **Stumpfsinn** stupidity
die **Stunde, -n** hour; (class) period

die **Stundengeschwindigkeit, -en** speed per hour
der **Stundenschlag, ⁻e** striking of the hour
der **Sturz, ⁻e** fall, tumble, plunge
**stürzen (s)** to plunge, fall; sich **stürzen** to rush, dash, plunge
das **Substantiv, -e** noun
**suchen** to try to find, seek, search (for)
**summen** to hum, buzz
die **Sünde, -n** sin
**sündigen** to sin
**surren** to buzz, whizz

# T

das **Tablett, -e** or **-s** tray
die **Tafel, -n** sign; bar of candy, wafer; table
der **Tag, -e** day; **eines Tages** one day
das **Tagebuch, ⁻er** diary
das **Tageslicht** daylight
die **Tageszeitung, -en** daily newspaper
der **Takt, -e** beat, measure
**taktieren** to tap a beat
die **Tante, -n** aunt
der **Tanzabend, -e** evening of dancing
**tanzen** to dance
die **Tasche, -n** pocket; purse, satchel
das **Taschentuch, ⁻er** handkerchief
die **Taschenuhr, -en** pocket watch
die **Tat, -en** deed, action
**tätig** active, employed
die **Tatsache, -n** fact
**tatsächlich** real(ly), actual(ly)
**taub** deaf
der **Tausch, -e** exchange, trade
**tauschen** to exchange, trade
sich **täuschen** to be mistaken, deceive o.s.
die **Technik** technology
der **Techniker, -** technician, engineer
der **Tee, -s** tea

**teigig** doughy, puffy
der **Teil, -e** part, section;
    **zum Teil** partly
**teilen** to divide, share
**teils** partly
der **Teller, -** plate
**tellerweiß** white as a
    plate
der **Termin, -e**
    appointment; deadline
**teuer** expensive
der **Teufel, -** devil
das **Textverständnis**
    comprehension of the
    text
die **Theke, -n** counter
**tief** deep
die **Tiefe, -n** depth
der **Tiefflieger, -** low-
    flying plane
der **Tiefschnee** deep
    snow
der **Tiefsinn** deep
    thought, perceptiveness
das **Tier, -e** animal
**tierähnlich** animallike
der **Tierfilm, -e** film on
    animals
das **Tierzeug** animal life,
    animals
die **Tinte, -n** ink
**tippen** to type
der **Tisch, -e** table
das **Tischtuch, ⸚er**
    tablecloth
der **Titel, -** title
die **Tochter, ⸚** daughter
der **Tod, -e** death
das **Todesurteil, -e** death
    sentence
**toll** crazy, mad, insane;
    fantastic
der **Ton, ⸚e** sound; note,
    tone
**tönen** to sound
der **Tontechniker, -**
    sound technician
die **Tönung, -en**
    coloration, tone
das **Tor, -e** gate
die **Träne, -n** tear
**tragen*** to carry; wear
sich **trauen** to dare,
    venture
die **Trauer** sadness,
    mourning
der **Traum, ⸚e** dream
**träumen** to dream

das **Traumgesicht, -er**
    dream face
**traurig** sad, depressed
**treffen*** to hit (the target),
    meet
**treiben*** to drive, impel;
    (s) drift, float
das **Treiben** actions,
    doings, goings-on
die **Treppe, -n** stair(s),
    flight of stairs
**treten* (s)** to tread, walk,
    step; (h) kick
der **Trieb, -e** drive, urge,
    instinct
**trinkbar** potable
**trinken*** to drink
der **Tritt, -e** step, pace;
    kick
die **Trommel, -n** drum
die **Trompete, -n** trumpet
**trösten** to console
**tröstlich** consoling
der **Trottel, -** dimwit,
    nincompoop, simpleton
das **Trottoir, -e** or **-s**
    (arch.) sidewalk
**trotz** (gen.) in spite of
**trotzdem** (conj.) in spite
    of; (adv.) in spite of this
**trotzig** defiant
**trüb** gloomy; cloudy
**trübsinnig** gloomy, sad,
    melancholic
der **Tuchknopf, ⸚e** cloth
    button
**tüchtig** capable, able
(sich) **tummeln** to romp,
    frolic
die **Tulpe, -n** tulip
**tun*** to do; put; **zu tun
    haben*** have s.th. to do
das **Tun** actions, doings
**tupfen** to dab, touch and
    wipe lightly
die **Tür, -en** door
der **Turmfalke, -n, -n**
    kestrel (a small European
    falcon)
der **Türsteher, -**
    doorkeeper, porter

# U

**u.a. = unter anderem**
    among other things
**überall** everywhere

**überaus** extremely,
    excessively
der **Überblick, -e** overview
**überbrücken** to bridge (a
    gap)
**übereinander** one on top
    of the other; about each
    other
**überfahren*** to run over
    (with a vehicle)
**überfallen* (jmdn.)** to
    attack by surprise, raid
**überfliegen*** to skim,
    glance over, read over
    quickly
**überfüllt** overfilled
der **Übergang, ⸚e**
    transition
**überhaupt** in general,
    generally; really, after
    all; **überhaupt nicht**
    not at all; **überhaupt
    kein-** no . . . at all
**überholen** to pass,
    overtake; overhaul, bring
    up to date
**überlassen*** to leave (to
    s.o.); to abandon
**überlegen** to ponder,
    think over, reflect on;
    sich **überlegen** (dat.)
    consider, think over
**überlegen** (adj.) superior
die **Überlegenheit**
    superiority
die **Überlegung, -en**
    consideration, reflection
**übermorgen** the day after
    tomorrow
**übermütig** high-spirited;
    arrogant
**übernachten** to stay the
    night
**übernatürlich**
    supernatural
**überraschen** to surprise
**überraschend** surprising,
    startling
**überreden** to persuade
sich **überschlagen*** to
    crack or break (of the
    voice); tip over
die **Überschrift, -en**
    heading, title
**übersehen*** to overlook
**übersetzen** to translate
**übersteigen*** to exceed,
    surpass

**überwältigen** to overwhelm, overcome
**überwinden*** to overcome, surmount
**überzeugen** to convince; sich **überzeugen** to see for o.s., satisfy o.s. about s.th.
**übrig** left over, remaining
**übrig-bleiben* (s)** to be left (over)
**übrigens** by the way, incidentally; moreover; **im übrigen** in other respects, otherwise
die **Uhr, -en** clock
**um** around; at; for; by; **um . . . willen** (gen.) for . . . sake; **um . . . zu** in order to
**umarmen** to embrace
**um-fallen* (s)** to fall over
der **Umfang** extent
**um-gehen*: mit etwas umgehen** to use or handle s.th.
**umher-irren (s)** to roam around, wander around
**umher-laufen* (s)** to run around
**um-satteln (h** or **s)** to change jobs or careers
**um-schreiben*** to rewrite, alter; (insep.) paraphrase
sich **um-sehen*** to look around
**um-steigen* (s)** to transfer (trains, buses, etc.)
**umwehen** to blow around, fan
(sich) **umwenden*** (also weak) to turn (o.s.) around
**unangebracht** out of place, inappropriate
**unangenehm** unpleasant
**unauffällig** inconspicuous
**unausstehlich** intolerable, insufferable
**unbändig** tremendous, mighty; unruly
die **Unbedachtsamkeit** lack of caution, carelessness, negligence
**unbedenklich** unhesitating

**unbedingt** absolutely, without fail
**unbegabt** untalented, ungifted
**unbegreiflich** incomprehensible
**unbegrenzt** unlimited
**unbeschadet** (prep. with gen.) notwithstanding
**undurchschaubar** impenetrable to the eye
**unentgeltlich** without compensation, gratis
die **Unentschiedenheit** indecision
**unerfindlich** incomprehensible, baffling
**unergründlich** unfathomable; bottomless
**unerträglich** intolerable
**unerwartet** unexpected
der **Unfall, ̈e** accident, mishap
der **Unfallwagen, -** car which has been in an accident
**unflätig** filthy, dirty; lewd
**ungebildet** ill-bred; uneducated
**ungeduldig** impatient
**ungefährlich** not dangerous
**ungelegen** inconvenient, inopportune
**ungenügend** insufficient
**ungewiß** uncertain
**ungewöhnlich** unusual, unaccustomed
**ungezogen** rude, ill-bred, impudent, uncivil
**unglaublich** unbelievable
das **Unglück, -e** misfortune, accident
**ungut** not good
**unheimlich** uncanny, weird
**uninteressant** boring
**unlauter** shady, dishonest
der **Unmensch, -en, -en** monster, brute, beast
**unmöglich** impossible
**unpünktlich** not punctual
**unregelmäßig** irregular
**unruhig** uneasy, unsettled
**unsanft** harsh, rough

**unsicher** uncertain, unsure
**unsichtbar** invisible
der **Unsinn** nonsense
**unsinnig** absurd, nonsensical, insane
die **Untat, -en** crime, misdeed
**unten** (adv.) beneath, below; **nach unten** downward
**unterbrechen*** to interrupt
die **Unterbrechung, -en** interruption
**unter-bringen*** to house, lodge, put up, store
**unterdrücken** to suppress, oppress, stifle
**untereinander** among themselves
sich **unterhalten*** to converse; amuse o.s.
die **Unterhaltung, -en,** amusement; conversation
die **Unterlippe, -n** lower lip
der **Unterricht** instruction
**unterrichten** instruct, teach
der **Unterschied, -e** difference
**unterschreiben*** to sign
die **Unterschrift, -en** signature
die **Unterwäsche** underwear
**unterwegs** on the way
**unverhofft** unexpected
die **Unterwühlung, -en** undermining
**unverwüstlich** indestructible
**unzufrieden** dissatisfied
der **Urlaub, -e** leave, vacation; **in Urlaub fahren*** to take a vacation trip

## V

die **Verabredung, -en** appointment; agreement
sich **verabschieden** to take leave, say goodbye

**verachten**  to despise, scorn
die **Verachtung**  contempt
die **Verantwortung, -en** responsibility
**verärgern**  to irritate, annoy, anger
der **Verband, ⁼e**  bandage; association
**verbessern**  to improve, correct
**verbieten***  to forbid, prohibit
**verbinden***  to bind, unite, join
die **Verborgenheit** obscurity, concealment
das **Verbot, -e**  prohibition
**verbotenerweise**  although forbidden
die **Verbotstafel, -n**  sign prohibiting s.th.
die **Verbreitung** spread(ing)
**verbringen***  to spend (time)
**verdammt**  damn
**verdeutlichen**  to elucidate, make clear
**verdienstvoll**  meritorious
**verdrucken**  to print wrong
sich **verdrücken**  to sneak off, slink away
der **Verdruß, -(ss)es** annoyance, irritation, aggravation
der **Verein, -e**  club
**vereinbaren**  to agree on, reconcile
**vereinfachen**  to simplify
**vereinzelt**  single, isolated
das **Verfahren, -**  process, procedure; trial
**verfassen**  to compose, write (text)
**verfluchen**  to curse
**verfolgen**  to follow, pursue
**vergehen*** (s)  to pass (of time), slip by, vanish
**vergessen***  to forget
**vergießen***  to shed (blood, tears, etc.)
**vergleichen***  to compare; **vgl. = vergleich(e)!**
das **Vergnügen**  pleasure

**vergnügt**  delighted, pleased, glad
**verhaften**  to arrest
die **Verhaftung, -en** arrest
das **Verhalten**  behavior
**verhalten** (adj.)  reserved, restrained
sich **verhalten***  to behave, act
das **Verhältnis, -se** relationship
**verheiratet**  married
**verhindern**  to prevent
**verjähren** (s)  to become past history
der **Verkauf, ⁼e**  sale
**verkaufen**  to sell
der **Verkäufer, -** salesperson
der **Verkaufsladen, ⁼** stand, booth
der **Verkehr**  traffic
die **Verkleidung, -en** disguise
**verkrampft**  cramped, rigid
**verkünden**  to proclaim, announce
der **Verlag, -e**  publishing house
**verlassen***  to leave, forsake, go away (requires direct object)
der **Verlauf**  course
**verlegen** (adj.) embarrassed
die **Verlegenheit, -en** embarrassment, awkward situation; **vor Verlegenheit**  of or from embarrassment
**verleihen***  to bestow, confer, grant; lend, give
**verletzen**  to offend, injure, damage
**verleugnen**  to deny, disavow
sich **verlieben (in)** (acc.) to fall in love (with)
**verliebt**  in love
**verlieren***  to lose
die **Verlobung, -en** engagement
**verlogen**  deceitful, not truthful

**verlustig**  no longer in possession of, having lost
**vermeiden***  to avoid
**vermieten***  to rent out
**vermögen*** (+ **zu** and inf.)  to be able (to do)
**vermuten**  to presume, suppose
**vernehmen***  to perceive, hear; interrogate
**verpacken**  to pack
**verpassen**  to miss, fail to take (an opportunity)
**verraten***  to divulge, reveal; betray
das **Versammlungsverbot, -e**  ban on public gatherings
das **Versandhaus, ⁼er** mail-order house
**verschämt**  ashamed
**verschenken**  to give away
**verschieden**  different, various
**verschlafen**  sleepy, drowsy
**verschlagen*** (jmdm. die Stimme, Sprache)**  to render s.o. speechless
sich **verschlucken**  to swallow s.th. the wrong way, choke on s.th.
die **Verschnaufpause, -n** breather, break
**verschweigen***  to not mention, keep silent (about s.th.), keep secret
**verschwinden*** (s)  to disappear
das **Versehen, -**  oversight, blunder; **aus Versehen** inadvertently
sich **verspäten**  to come (too) late
**verspüren**  to feel, perceive, sense, become aware of
der **Verstand**  intellect, intelligence, reason
sich **verständigen mit jmdm.**  to make o.s. understood to s.o.
die **Verständigung** making o.s. understood, communication

**verständlich** intelligible

das **Verständnis**
comprehension

**verstehen\*** to understand;
sich **verstehen auf** to
be skilled at, know how

sich **verstellen** to pretend,
dissemble, sham

**verstorben** dead,
deceased

**versuchen** to try, attempt;
tempt

die **Versuchung, -en**
temptation

die **Verteidigung, -en**
defense

**verteilen** to distribute,
divide

sich **vertiefen in** *(acc.)* to
engross o.s. in

der **Vertrag, -̈e** contract

**vertrauen (jmdm.)** to
trust, confide in s.o.

das **Vertrauen** trust,
confidence; **zu jmdm.
Vertrauen fassen** to
(begin to) trust *or* rely
upon s.o.

**vertraulich** confiding,
confidential, low (voice)

**vertraut** familiar

**vertreiben\*** to drive
away, expel

**vertrocknen (s)** to dry up

**verursachen** to cause

**vervollständigen** to
complete

die **Verwaltung, -en**
administration

der/die **Verwandte, -n, -n**
*(adj. noun)* relative

**verwechseln** to mistake
for s.o. *or* s.th. else,
confuse *(two or more
things)*

**verwegen** bold, daring

**verweilen** to dwell *(on a
subject)*, tarry, linger

**verwenden\*** *(also weak)*
to use, employ

**verwirrt** confused,
bewildered, perplexed

**verworren** confused,
muddled

**verwunden** to wound

die **Verwunderung**
amazement

**verzeichnen** to record,
register

**verzeihen\* (jmdm.)** to
forgive, pardon

**verzweifeln** to despair

**verzweifelt** in despair,
desperate

die **Verzweiflung** despair

der **Vetter, -** (male)
cousin

das **Vieh** beast, dumb
animal; livestock

**viel** much; *(pl.)* many

**vielerlei** many kinds of;
**vielerlei Art** of many
kinds

**vielleicht** perhaps

**vielmehr** but rather

**vierkantig** four-edged

der **Vogel, -̈** bird

die **Vokabel, -n**
(vocabulary) word

der **Volksspruch, -̈e** folk
saying

**vollends** completely

**völlig** full, entire,
complete

**vollkommen**
complete(ly); perfect

**vollständig** whole,
complete

**von** from, about

**von dannen** *(arch.)* away
from there

**von weitem** from afar

**voneinander** from each
other

**vor** before, in front of;
ahead of; ago; with; out
of; **vor allem** above all;
**vor kurzem** recently, a
short time ago; **vor sich
hin** to o.s., in front of
o.s.

**voran** in front, at the
front, on ahead

**vorbei** past, by

**vorbei-gehen\* (an jmdm.)
(s)** to go by s.o.

**vor-bereiten** to prepare

**vor-bringen\*** to bring
forth, state, utter

**voreinander** of each
other; in front of each
other

**vor-fallen\* (s)** to occur,
happen

**vor-finden\*** to meet with,
find, present, come
upon

**vor-führen** to
demonstrate, show

der **Vorgang, -̈e**
occurrence, incident

der/die **Vorgesetzte, -en,
-en** *(adj. noun)* superior

der **Vorhang, -̈e** curtain

**vorher** before, previously

der **Vorhof, -̈e** outer court

**vor-kommen\* (s)** to
occur, happen; (sich)
**vor-kommen** to seem,
appear

**vor-legen** to put forward,
submit, produce

**vor-lesen\*** to read aloud

die **Vorliebe** predilection,
preference

**vor-liegen\*** to be
submitted *(testimony,
evidence)*, be on file

**vorn** in front, at the front;
**nach vorn** to the front

**vornehm** distinguished,
elegant, high-class

**vor-schieben\*** to shove
forward

der **Vorschlag, -̈e**
suggestion

**vor-schlagen\*** to suggest

**vorschriftsmäßig** as
prescribed, according to
instructions

**vor-schwindeln** to make
up stories, lie

sich **vor-sehen\*** to look
out, be on one's guard

die **Vorsicht** caution,
care; foresight

**vorsichtig** careful,
cautious

**vor-spiegeln jmdm.
etwas** to present s.th.
to s.o. in a particular
light, deceive *or* delude
s.o.

das **Vorstadtviertel, -**
suburb section

**vor-stellen** to introduce;
sich **vor-stellen** *(dat.)* to
imagine

die **Vorstellung, -en**
showing, presentation,
performance

**vor-tragen*** to recite, perform; give a talk

der **Vortritt: jmdm. den Vortritt lassen*** to let s.o. go first

**vorübergehend** passing, temporary

die **Vorwarnung, -en** warning

der **Vorwurf, ⸚e** reproach, rebuke; **jmdm. Vorwürfe machen** to reproach s.o.

**vorzüglich** excellent, first-rate

## W

**wach** awake, alert

**wachsen*** (s) to grow, increase

die **Waffe, -n** weapon, arm

**wagen** to dare, venture, risk

der **Wagen, -** car; wagon

**wählen** to choose

der **Wahnsinn** insanity, madness

**wahnsinnig** mad, insane

**wahr** true

**während** (prep.) during; (conj.) while

**wahrhaft(ig)** (adv.) truly, really, indeed

die **Wahrheit, -en** truth

**wahrnehmbar** audible, perceptible; visible

der **Wald, ⸚er** wood, forest

die **Wand, ⸚e** wall (of a room), partition

die **Wanderdüne, -n** shifting sand dune

der **Wanderstiefel, -** hiking boot

**ward** (arch.) = **wurde**

die **Warntafel, -n** warning sign

der **Wartburg** (East German make of car)

**warten (auf)** to wait (for)

**warum** why

**was** what; something; **was es auf sich habe** what it was all about;

**was soll das?** what's that supposed to mean?

das **Wasser** water

das **Wasserfest, -e** water festival

**wechseln** to change, exchange

**wecken** to waken, awaken (s.o.)

**weder** neither; **weder . . . noch** neither . . . nor

**weg** away

der **Weg, -e** road, way, path

**weg-bleiben*** (s) to stay away

**wegen** (prep. with gen.) on account of; on behalf of

**weg-nehmen*** to take away

**weg-setzen** to lay aside, put away

**weg-sterben*** (s) to die off

**weg-werfen*** to throw away

**weh tun*** to ache, pain, cause pain

**wehen** to blow; flutter, blow in the breeze

sich **wehren** to defend o.s.; **sich seiner Haut wehren** to defend o.s. vigorously or tenaciously

**weich** soft; weak; gentle

die **Weihnacht;** das **Weihnachten** Christmas

**weil** because

die **Weile** a while, an amount of time

der **Wein, -e** wine

**weinen** to cry

**-weise** (suffix) -wise

die **Weise, -n** way, manner

die **Weisheit, -en** wisdom

**weit** far; wide, broad; **von weitem** from afar

**weiter** farther; further(more)

**weiterhin** in the future; furthermore

**welken** (s) to wilt, wither, shrivel up

die **Welle, -n** wave

der **Wellenkamm, ⸚e** whitecap

die **Wellenlinie, -n** wavy line

die **Welt, -en** world

**weltanschaulich** ideological

die **Weltanschauung, -en** philosophy of life, world outlook

die **Weltausstellung, -en** world's fair

der **Weltkrieg, -e** world war

**wenden*** (also weak) to turn (s.th.), turn over or around; sich **wenden** to turn (o.s.)

die **Wendung, -en** expression, turn of phrase

**wenig** little; (pl.) few; **ein wenig** a little, a bit

**wenigstens** at least

**wenn** when, whenever; if

**wer (wem, wen)** who, whoever (whom, whomever); **wer denn?** who?

der **Werbeprospekt, -e** travel brochure

**werden*** (s) to become

**werfen*** to throw, toss

die **Werft, -en** shipyard, wharf

das **Werk, -e** work

die **Werkstatt, ⸚en** workshop

**wert** worth, valuable; worthy

der **Wert, -e** value, worth

das **Wesen, -** being, creature; behavior; character, nature; essence

die **Wette, -n** bet

das **Wetter** weather

**wichtig** important

**wickeln** to wrap

**widerlich** loathsome, repulsive

**widersprechen*** (jmdm.) to contradict

**widerstehen*** (jmdm.) to resist, withstand

**widerwillig** reluctant
**widmen** to devote, dedicate
**wie** as, like; how; **wie?** right?
**wieder** again
**wiederholen** to repeat
**wieder-kommen\* (s)** to come again
**wieder-sehen\*** to see again
die **Wiege, -n** cradle
die **Wiese, -n** meadow
**wieso** how so, how is that
**wieviel** how much; **wie viele** how many
die **Wildsau, ⸚e** wild pig
der **Wind, -e** wind
die **Windel, -n** diaper
der **Winkel, -** corner, angle
**winken** to motion, beckon, wave; nod; wink
**winzig** tiny
**wirken** to cause to happen, have an effect, work
**wirklich** (adj.) actual, real; (adv.) really
die **Wirklichkeit, -en** reality
die **Wirkung, -en** effect
die **Wirtin, -nen** (fem.) hostess; innkeeper
das **Wirtshaus, ⸚er** inn
**wissen\*** to know
die **Wissenschaft, -en** science
die **Witwe, -n** widow
der **Witz, -e** joke; wit
**witzig** witty, funny, clever
**wobei** whereby
die **Woche, -n** week
das **Wochenende, -n** weekend
**wofür** what for, for what
**woher** from where
**wohl** (adv.) well; (particle) I suppose, I guess; I dare say, probably, for sure
das **Wohl** well-being
das **Wohlgefallen** pleasure, satisfaction; pleasing demeanor

der **Wohlstand** prosperity, wealth, well-being
**wohlwollend** benevolent, kind
der **Wohnblock, -s** apartment complex
**wohnen** to dwell, reside
die **Wohnung, -en** dwelling, apartment
das **Wohnzimmer, -** living room
sich **wölben** to arch, vault
die **Wolldecke, -n** wool blanket
**wollen** to want to; intend to; claim to
die **Wolljacke, -n** wool jacket
das **Wort** word (pl. ⸚er) unconnected, individual words; (pl. **-e**) words in context, comments, sayings
**wortkarg** taciturn
der **Wortschatz, ⸚e** vocabulary
**wozu** what for, why
die **Wunde, -n** wound
das **Wunder, -** miracle, wonder; **Wunder wirken** work miracles
das **Wunderding, -e** marvelous thing
**wunderlich** odd, strange
sich **wundern** to be surprised, be amazed
**wunderschön** very beautiful
**wünschen** to wish
der **Wunschtraum, ⸚e** wish fulfillment
die **Würde, -n** dignity
**würdelos** undignified
**würdigen** to deem worthy (of); laud, honor
**würgen** to choke
die **Wut** rage, anger, fury; **vor Wut** with or from rage
**wütend** furious, raving, raging

## Z

**zaghaft** timid, hesitant, fainthearted

die **Zahl, -en** number
**zahlen** to pay
**zählen** to count
der **Zähler, -** counter
der **Zahltag, -e** payday
der **Zahn, ⸚e** tooth
der **Zahnarzt, ⸚e** dentist
die **Zahnprothese, -n** denture
**zärtlich** tender, gentle; affectionate
das **Zauberbuch, ⸚er** book of magic
der **Zauberkram** magic stuff
der **Zaun, ⸚e** fence
das **Zeichen, -** sign, signal
die **Zeichensprache, -n** sign language
**zeichnen** to draw, sketch
der **Zeigefinger, -** index finger
**zeigen** to show; sich **zeigen** to become evident, manifest itself
der **Zeiger, -** dial, pointer, hand (of a clock)
die **Zeit, -en** time; **vor der Zeit** prematurely
das **Zeitalter, -** age, era
die **Zeitung, -en** newspaper
die **Zeit(en)wende** change from B.C. to A.D.
die **Zelle, -n** cell
die **Zellenmauer, -n** cell wall
**zerbrechen\* (h** or **s)** to break into pieces, shatter, smash
**zerreißen\* (h** or **s)** to tear up, tear to pieces
**zerschellen (s)** to shatter
**zerspringen\* (s)** to shatter, fly into pieces
der **Zettel, -** note, slip of paper
das **Zeug** stuff
**ziehen\* (h** or **s)** to pull, tow; move, go; **auf sich ziehen** to attract (attention, etc.)
die **Ziehharmonika, -s** accordion
das **Ziel, -e** goal, destination, end
**zielen (nach)** to aim (at)

**ziemlich**   rather, quite
die **Zigarettenschachtel,
-n**   cigarette package
das **Zimmer, -**   room
der **Zimmermann, -leute**
carpenter
**zischeln**   to whisper *(with
a hissing sound)*, hiss
das **Zitat, -e**   quotation
**zitieren**   to quote
**zittern**   to tremble, shiver,
shake
**zögernd**   hesitating
**zornig**   angry, irate, furious
**zu**   *(prep.)* to, toward, up
to; at; *(adv.)* too (much);
**zu all dem**
accompanying all this,
in addition to all that; **zu
drei Mann**   in groups of
three
**zucken**   to convulse,
twitch, start, wince
der **Zucker, -**   sugar
**zu-decken**   to cover up,
put a lid on
**zueinander**   to each other
**zuerst**   first, first of all, at
first
**zu-fahren\* (s)**   to drive
toward
der **Zufall, ¨e**
coincidence, chance,
accident
**zu-fallen\* (jmdm.) (s)**   to
fall to s.o., fall to one's
lot
**zufällig**   *(adj.)* chance,
random, accidental;
*(adv.)* by chance
**zu-flüstern (jmdm.)**   to
whisper to s.o.
**zufrieden**   satisfied
**zufrieden-stellen**   to
satisfy
der **Zug, ¨e**   trait, feature;
train; procession
**zugänglich**   accessible,
open (to)
**zu-geben\***   to admit,
concede
**zugleich**   at the same
time, along with
**zugrunde liegen\***   to be at
the bottom of, underlie
s.th.
**zu-hören (jmdm.)**   to
listen (to s.o.)

**zu-knüpfen**   to button up
**zu-kommen\***   to come up
to, approach; **auf jmdn.
zu-kommen**   come
toward s.o.
die **Zukunft**   future
**zu-lächeln (jmdm.)**   to
smile at s.o.
**zu-lassen\***   to allow,
permit
der **Zulauf**   following,
crowd
**zuleide: jmdm. etwas
zuleide tun\***   to do
harm to s.o.
**zuletzt**   finally, at last
**zum . . . hinaus**   out
the
**zu-marschieren (s)**   to
march toward
die **Zumutung, -en**
unreasonable demand *or*
expectation
der **Zündschlüssel, -**
ignition key
**zu-nehmen\***   to increase,
grow in size *or* weight
die **Zunge, -n**   tongue
**zu-nicken (jmdm.)**   to nod
to s.o.
**zupfen**   to pluck, pull, tug
**zurecht-machen**   to
prepare, get ready
**zurück**   back, backward(s)
**zurück-bleiben\* (s)**   to
remain behind
**zurückhaltend**   reserved,
cool, distant
**zurück-kehren (s)**   to
return
**zurück-lassen\***   to leave
behind
**zurück-nehmen\***   to take
back
**zurück-weisen\***   to refuse,
reject, decline
**zurück-ziehen\* (h** *or* **s)**   to
withdraw, take back;
sich **zurück-ziehen**   to
withdraw, retreat
**zu-rufen\***   to call to
**zusammen**   together
**zusammen-bleiben\* (s)**   to
remain together
**zusammen-brechen\* (s)**
to collapse
**zusammen-fallen\* (s)**   to
collapse

**zusammen-falten**   to fold
up
**zusammen-fassen**   to
summarize
**zusammen-halten\***   to
stick together, hold
together
der **Zusammenhang, ¨e**
context
**zusammen-kommen\* (s)**
to come together,
assemble
**zusammen-schrumpfen
(s)**   to shrivel up, shrink
sich **zusammen-setzen
aus**   to be comprised of
**zusammen-stellen**   to put
together
**zu-sehen\* (jmdm.)**   to
watch, look at s.o.
**zustande kommen\* (s)**   to
come about, come to
pass
sich **zutragen\***   to
happen, take place
die **Zuverlässigkeit**
reliability
**zuviel**   too much
**zu-wenden\*** *(also weak)* to
turn to(ward); sich **zu-
wenden**   to turn (o.s.)
toward
**zu-werfen\* (jmdm.)**   to
toss to s.o.
**zuwider**   against, contrary
to
**zu-winken (jmdm.)**   to
wave to s.o., nod *or*
beckon to s.o.
**zwar**   to be sure, of
course
der **Zweck, -e**   purpose;
**keinen Zweck haben\***
to be pointless, be of no
use
der **Zweibeiner, -**   two-
legged animal, bipod
**zweifach**   double
der **Zweifel, -**   doubt
der **Zwerg, -e**   dwarf
das **Zwielicht**   twilight
der **Zwilling, -e**   twin
**zwingen\***   to force,
compel
**zwischen**   between
der **Zwischenhändler, -**
middleman

**Cover Photograph**

Woodfin Camp & Assocs./Mike Yamashita

**Photo Credits**

p. 9: Pablo Picasso, *Woman with Hat*. Art Resource/Bildarchiv Foto Marburg
p. 46: Monkmeyer Press/Ursula Mahoney
p. 93: Monkmeyer Press/Bumiller

**Permissions and Acknowledgments**

The author wishes to thank the following publishers and copyright holders for their kind permission to reprint the selections in this reader.

Aufbau-Verlag Berlin und Weimar (GDR)
"Der weiße Fiat" by Margarete Neumann, from *Windflöte und andere Geschichten,* Berlin/Weimar, 1978.

Carl Hanser Verlag, Munich
"Forgive Me" by Hans Bender, from *Worte, Bilder, Menschen,* © 1969 Carl Hanser Verlag München Wien.
"In der Gondel" by Hans Bender, from *Mit dem Postschiff,* © 1962 Carl Hanser Verlag München Wien.
"Mittagspause" by Wolf Wondratschek, from *Früher begann der Tag mit einer Schußwunde,* © 1978 Carl Hanser Verlag München Wien.

Kiepenheuer & Witsch, Cologne
"Anekdote zur Senkung der Arbeitsmoral" by Heinrich Böll, from *Erzählungen 1950–1970,* © Verlag Kiepenheuer & Witsch Köln, 1972.
"Das Märchen vom kleinen Herrn Moritz, der eine Glatze kriegte" by Wolf Biermann. Reprinted by permission of the Verlag Kiepenheuer & Witsch Köln.

Luchterhand Verlag, Darmstadt and Neuwied
"Eis" by Helga Novak, from *Palisaden. Erzählungen,* © 1980 by Hermann Luchterhand Verlag, Darmstadt und Neuwied.
"Masken" by Max von der Grün, from *Etwas außerhalb der Legalität und andere Erzählungen,* © 1980 by Hermann Luchterhand Verlag, Darmstadt und Neuwied.
"Neapel sehen" by Kurt Marti, from *Dorfgeschichten,* © 1983 by Hermann Luchterhand Verlag, Darmstadt und Neuwied.

Österreichischer Bundesverlag, Vienna
"Sonntagvormittag" by Clemens Hausmann, from *Junge Literatur aus Österreich 83/84.*

**NOTIZEN**